新媒体广告学

郭荣春　白　玉　程鹏翔　王智慧　编著

西北工业大学出版社
西　安

【内容简介】 本书主要内容包括新媒体的界定、新媒体广告的界定、新媒体广告的特点、新媒体广告在国内外的发展、新媒体广告市场调查、新媒体广告策略、新媒体广告创意、新媒体广告文案、新媒体广告媒介的类型和特征（包括门户网站广告、搜索引擎广告、微博广告、微信广告、移动APP广告、电商直播广告、短视频广告等）与新媒体广告用户，并在每一章都会分析相应的新媒体广告案例。

本书可作为高等院校网络与新媒体、新媒体广告学等相关专业的教材，也适合从事策划创意、设计推广、文案营销工作的新媒体广告人员、运营人员等阅读参考。

图书在版编目（CIP）数据

新媒体广告学 / 郭荣春等编著 . — 西安：西北工业大学出版社，2023.11

ISBN 978-7-5612-9122-1

Ⅰ . ①新…　Ⅱ . ①郭…　Ⅲ . ①传播媒介 – 广告 – 高等学校 – 教材　Ⅳ . ① F713.8

中国国家版本馆 CIP 数据核字（2023）第 241472 号

XINMEITI GUANGGAOXUE

新 媒 体 广 告 学

郭荣春　白　玉　程鹏翔　王智慧　编著

责任编辑：杨　军　张　炜　　**策划编辑：**张　炜
责任校对：李文乾　　**装帧设计：**郭　伟
出版发行：西北工业大学出版社
通信地址：西安市友谊西路 127 号　　邮编：710072
电　　话：（029）88491757，88493844
网　　址：www.nwpup.com
印 刷 者：广东虎彩云印刷有限公司
开　　本：787 mm×1 092 mm　　1/16
印　　张：17.875
字　　数：350 千字
版　　次：2023 年 11 月第 1 版　　2023 年 11 月第 1 次印刷
书　　号：ISBN 978-7-5612-9122-1
定　　价：88.00 元

前言

在新媒体时代，企业的广告营销逐渐从电视、广播等传统媒体平台转移到新媒体平台。随着移动互联网的快速发展，新媒体广告已经成为广告领域的新阵地。新媒体广告凭借其在流量和用户群体上的特点，让众多企业和广告人越来越多地感受到它的优势。如何最大化呈现新媒体广告效果，提高品牌收益，同时强化形式和内容的互动关系，并且达到良好的社会效果，从而给企业带来效益、给用户带来全新的体验，是新媒体广告追寻的最终目的。

新媒体是新技术的产物，数字化、多媒体、网络等技术均是新媒体出现的必备条件。新媒体诞生以后，广告媒介传播的形态就发生了翻天覆地的变化。网络电视、网络广播、电子阅读器等均将传统媒体的内容移植到了新的媒介平台上，新媒体广告的概念可以从数字技术、网络技术和移动通信技术等技术层面，互联网、宽带局域网、无线通信网和卫星等渠道层面，电视、计算机和手机等主要输出终端层面，向用户提供视频、音频、语音数据服务、连线游戏、远程教育等集成信息和娱乐的服务层面，理解其范畴和概念。

本教材阐释了新媒体广告的最新理论与案例，为榆林市科技局项目（2022-181）、西安市科技局项目（23RKYI0046）的阶段性成果。本教材第一、二、三章由西安邮电大学数字艺术学院网络与新媒体系副教授、西安交通大学新闻与新媒体学院博士研究生郭荣春编写（约15万字），西安交通大学马克思主义学院博士研究生、榆林职业技术学院讲师白玉负责编写第六、七章（约8万字），西安交通大学马克思主义学院博士研究生、陕西艺术职业学院讲师程鹏翔负责编写第四章（约为6万字），西安交通大学马克思主义学院博士研究生王智慧负责编写第五章（约6万字）。

限于水平，教材中难免有不足或纰漏之处，恳请各位读者批评指正。

郭荣春

2023年11月

目 录

第一章 绪 论

第一节 新媒体的界定

如今，互联网已经被公认为继电视、广播、纸质媒体之后的“第四媒体”，手机媒体也被冠以“第五媒体”的称号。这些不断涌现的新媒体不仅改变了大众传播中传者和受者之间的关系，颠覆了大众媒体传统的传播模式和内容生产方式，而且给人类传播活动及生存方式带来了巨大的改变和影响，同时也给学术理论界带来了全新的课题。“新媒体”一词越来越多地受到各界人士的关注，也成为传播学理论研究的最前沿的研究对象。伴随着新媒体系统化研究的展开，关于“什么是新媒体”“新媒体定义的依据是什么”“哪些媒体属于新媒体范畴”等基础理论的探讨，成为学界与业界关注和迫切需要解决的问题。

我们知道，任何一个概念的定义都有它的内涵和外延。所谓内涵，就是思想的内容，可定义为“构成一概念元素之总和或特征的和”；概念的外延，或称指谓，是指一概念所能应用的范围，可定义为“一概念所能代表的个体和集体的总和”或“对象的和”。自新媒体一词诞生以来，对于什么是新媒体，在国内外的研究中有种种解释。很多学者专家都从不同角度对新媒体给出了不同的定义，对新媒体概念的内涵和外延也提出了自己的界定，可以说是各执一词。这使得新媒体的归属性和发展方向引发了越来越多的学术争议。早期，联合国教科文组织对新媒体做过这样的定义：新媒体就是网络媒体。此外，还有“新媒体是以数字技术为基础，以网络为载体进行信息传播的媒介”，等等，诸如此类的定义尽管这些概念已被广泛传播，但迄今为止尚无某种定义被广为认同。鉴于此，本书在列举了种种定义并进行分析比较之后，根据形式逻辑原理，从媒体的属性和要素等方面对新媒体做出全新的定义，以求抛砖引玉，丰富和完善新媒体的理论建设，促进新媒体实践发展。

一、新媒体定义研究的背景与意义

“新媒体”一词最早见于1967年美国CBS[①]技术研究所所长、NTSC[②]电视制式的发明者戈尔德马克发表的一份关于开发电子录像evr商品的计划书。1969年，美国传播政策总统特别委员会主席罗斯托在向时任美国总统尼克松提交的报告书中提到的内容对全世界产生了影响。

随着新媒体产业的迅猛发展，近几年来国内越来越多的传播与媒体研究人员开始关注新媒体的现状与趋势、发展与创新，整个学术界对于新媒体的探索与争论也在持续升温。然而，纵观这些年的研究成果，即使是在世界范围内，有关新媒体的很多基本问题都未得到解决。比如新媒体的权威定义的提出、适用范围的确定、具体研究对象的划分和未来发展方向的定位等。一个准确、权威的定义的提出，不仅可以建立理论研究领域中系统性、全面性的基础，也可以为该理论研究领域的深入与发展解除最基本的定义分歧。笔者认为，新媒体研究混乱局面的“始作俑者”就是悬而未决的新媒体定义纷争。分众楼宇电视称自己为新媒体，手机短信称自己为新媒体，早已出现的都市类、财经类、时尚类等纸质媒体也纷纷改头换面，把自己扮成“新媒体”。鉴于这种混乱局面的持续和加剧，及时准确地定义当今的新媒体，为新媒体的涵盖范围做出界定便成了当务之急，因为它直接影响着学术界今后对新媒体理论系统全面的研究和细致深入的探索。

美国著名传播学者施拉姆曾经预言：“人类传播的基本性质不会改变，但传播本身的社会体系，很可能同我们已经知道的各个传播时期大不相同。”诸多新兴媒体的产生对社会各个方面的影响已经逐步显露出来，新媒体在占据大众心智资源上自成一派，在政府管理监督与宣传、社会经济参与企业公关营销与品牌宣传等方面都表现出无可替代的优势，新媒体对社会的影响广泛，用户数量也以惊人的速度上升。根据第十五次全国国民阅读调查成果，2017年我国成年国民各媒介综合阅读率为80.3%，保持增长势头，数字化阅读方式的接触率和纸质图书阅读为73.0%，均有所增长。与2016年相比，2017年我国成年国民人均纸质图书阅读量略有增长，人均电子书阅读量略低于2016年。根据《2023年中国互联网网络发展状况统计报告》，截至2023年6月，中国网民总量达到了10.51亿人，占全球网民总量的23.4%，位

---

① CBS，哥伦比亚广播公司，英文全称Columbia Broadcasting System，美国三大全国性商业广播电视网之一。1927年成立。总部设在纽约。

② NTSC，（美国）国家电视标准委员会，英文全称National Television Standards Committee，美国和日本的一种视频标准。NTSC每秒发送30个隔行扫描帧，分辨率为525线。

居世界第一。手机网民规模达 10.03 亿，占网民总数的 97.6%。这些数据足以说明，新媒体正在被大众普遍认可并日益影响着人们的生活，人们的信息传播方式和学习交流习惯已经发生了深刻的变化。因此，新媒体定义的研究，不仅是学术界对新兴事物的好奇，也是新媒体理论系统全面研究的前提，更重要的是对于定义模糊、规则混乱的传媒市场具有很重要的现实意义。

相对于报刊、广播、电视等传统意义上的媒体，手机媒体被形象地称为“第五媒体”。新媒体以其形式丰富、互动性强、渠道广泛、覆盖率高、精准到达、性价比高、推广方便等特点在现代传媒产业中占据越来越重要的位置。新媒体体现了科学技术的进步、内容方式的转变、传播语境的变化、传统话语权的解构与转变。新媒体的“新”体现在以下三点。

1. 全方位的数字化

新媒体最为显著的特点即数字化的传播方式。科学技术的不断进步，必然带来数字化传播方式。尼古拉斯·尼格罗庞蒂①在《数字化生存》一书中提出：“现代信息技术的突飞猛进必然将改变人类的工作、学习、娱乐方式，即人类的生存方式……当无数产业扪心自问‘我在数字化世界中前途将如何’时，事实上，它们的前途归根结底要看它们的产品或者服务能不能转化为数字形式。”而新媒体就是通过全方位的数字化过程，将所有的文本编写成二进制元编码，并且可以采用同样的生产、分配与储存的过程。

2. 互动性

提及新媒体最常提到的就是其交互性。传统的大众媒介都是单向式传播，但新媒体突破了单向传播，增强了传播者与接受者之间的互动性。新媒体，特别是互联网，可以连接网上任一用户，实现信息资源共享，使用户之间无障碍沟通交流。用户不再仅仅是信息的接受者，同时也是信息的传播者。交互性使传播者和接受者极易进行角色转换，这种双重身份使用户可以畅所欲言，及时反馈，媒体也可以与用户在互动中融为一体。

3. 个性化

新媒体实现了信息传播与收阅的个性化，以网络环境为基础，基于用户的信息使用习惯、偏好和特点向用户提供满足其个性化需求的服务。此外，用户也对

① 尼古拉斯·尼格罗庞蒂，美国麻省理工学院教授、《连线》杂志的专栏作家，也是多媒体实验室的创办人，因为长期以来一直在倡导利用数字化技术促进社会生活的转型，被西方媒体推崇为电脑和传播科技领域最具影响力的大师之一。

信息具有操控权，用户可以运用新媒体选择信息、搜索信息，甚至定制信息。所以，新媒体时代是一个用户个性化的时代，传统媒体中被动接受信息的用户转变为主动寻找和制作信息的用户，这是一个基于用户个性建立起来的双向交流的系统。

二、关于国内外新媒体定义的分析

目前，关于新媒体的定义可谓五花八门，其中有一定影响、被普遍传播的主要有以下观点。

美国《连线》杂志（见图 1-1-1）对新媒体的定义是“所有人对所有人的传播”。这一观点一语道破新媒体的本质特征，见解独到深刻，但严格地说，这不是一个定义，充其量只能算是一句口号。首先，该定义的核心概念“传播”并不是新媒体的所属类，而更像是一个动词，应解为“人类社会的信息流动过程和信息系统的运行”。形式逻辑学对定义的要求为必须满足被定义项与定义项之间的所指对等，本质定义提出的前提是被定义项的所属类的确定，因此“传播”一词不具备定义新媒体这个名词的资格。其次，“所有人对所有人”过于笼统，不能准确界定新媒体的本质特征，而且这只是其众多特质中比较显著的一面，不足以将新媒体与传统媒体明确区分开。

在线媒体顾问、资深媒体分析师文・克劳斯比这样定义新媒体：“就是能对大众同时提供个性化的内容的媒体，是传播者和接受者融会成对等的交流者，而无数的交流者相互间可以同时进行个性化交流的媒体。”他指明了新媒体的传播模式——既包括人际媒体的“一对一”和大众媒体的“一对多”的传播模式，还包括特质层面上的“多对多”的模式。这与《连线》杂志“所有人对所有人的传播”的表述异曲同工，但显然要具体明确得多。可以说，在此之前，没有人对新媒体做出更加全面准确的定义，但仔细分析文・克劳斯比的说法，在有关“个性化传播”方面，该表述稍显冗余，定义尚需提炼，而且对于新媒体的传播渠道、信息表现形式、传播范围等区别于传统媒体的重要特质还是没有明确的涉及与界定。

对于新媒体的定义，国内学者也是各执己见。曾任国务院发展研究中心局长岳颂东提出：“新媒体是采用当代最新科技手段，将信息传播给用户的载体，从而对用户产生预期效应的介质。”他侧重于为新媒体寻找一个放之四海而皆准的定义，希望该定义能够经受住时间的考验，不被新媒体的快速发展所淘汰，所以提出“采用当代最新科技手段”的说辞。然而笔者认为，这种尝试没有实际意义，正如很多学者讨论过的那样，新媒体是一个不断发展变化的概念，任何人都无力掌控它今后的定义走向和效力范围，况且定义揭示的是事物的本质，其中不应出现模糊时间概念的限定词，诸如“当代”“今天”“未来”等。另外，“将信息传播给用户的载体，从而对用户产生预期效应”，更像是“媒体”的定义，并没有界定出新媒体有别于传统媒体的特性，而且“对用户产生预期效应”的说法过于笼统模糊，所有传播活动都期望对用户产生预期的效应。显然，仅用“采用当代最新科技手段”这一特征无法准确描述新媒体的概念。

图 1-1-1 美国《连线》杂志

清华大学新闻与传播学院新媒体研究中心主任熊澄宇教授在中国网络媒体论坛上指出：“今天的新媒体主要是指在计算机信息处理技术基础上产生和影响的媒体形态，包括在线的网络媒体和离线的其他数字媒体形式。”熊教授的定义基本上概括了新媒体概念的内容，观点清晰明确，但不符合形式逻辑学思想里本质定义的呈现形式。该定义中“在计算机信息处理技术基础上”范围过大，现在很多传统媒体都采用了计算机信息处理技术，但这种技术的应用并没有使传统媒体发生本质上的改变，从而不能称其为新媒体。例如电子杂志就是典型例子，它只是通过计算机技术的应用改变了纸质杂志的信息存储形式，而传播内容、模式和目标用户并未发生任何变化。“产生和影响的媒体形态”用词晦涩难懂，不易理解；“包括在线的网络媒体和离线的其他数字媒体形式”外延太广，且将各种户外音视频播放设备（如LED广告牌）也包括在新媒体的范围内。笔者认为此观点尚需完善。只有确定了新媒体的本质定义后，才能在此基础上完成扩充，新媒体今后的研究才具有根基和支柱。本书对新媒体的定义正是回归本体的体现。

在纷乱的现代思维中，存在四种基本形态：形而上、逻辑实证、结构主义、存在历史。后三者都是对形而上的反叛，三者间又存在争执。逻辑实证否定本质和原则，结构主义在否定本质时却又坚持原则，存在历史肯定本质、反对技术逻辑，而我们要做的是在坚持某些必要的定义原则基础上运用形式逻辑学原理探求新媒体的本质定义。“本质定义乃是用基本特征去解释事物本身的句子。它只包含事物的本质要素，也就是说，严格的本质定义必须是类加上种差两个要素合成的。”因此，在为新媒体下定义之前，本书主要用类和种差两个要素对新媒体进行界定。

“类是一个普遍概念，存在于多个不同种类的对象上，表现出主体的和其他同类物体所共同具有的部分本质。”文·克劳斯比在他的文章 *what is“new media”* 中提到大众媒体的特征为：完全相同的内容到达所有接受者，内容发送者对内容有绝对的控制权。笔者同意这一观点，新媒体显然不属于大众媒体，但从传播影响力出发，新媒体的传播无疑是一种大众传播，由此，在类概念上只能将新媒体与传统媒体视为两个平等的研究对象，它们共属于“传播介质类”。

新媒体是相对于传统媒体而言的，是继报刊、广播、电视等传统媒体以后发展起来的新的媒体形态，是利用数字技术、网络技术，通过互联网、无线通信网、卫星等渠道，以及电脑、手机、数字电视机等终端，向用户提供信息和娱乐服务的传播形态。

较之传统媒体，新媒体有自己的特点。新媒体的第一个特点就是它的消解力量——消解传统媒体（电视、广播、报纸、通信）之间的边界，消解社群之间、产业之间的边界，消解信息发送者与接受者之间的边界等。

新媒体可以与用户真正地建立关系，同时还具有交互性和跨时空的特点，给媒体行业带来了许多新的理念和模式。新媒体传播有四个特点：一是每个人都可以进行大众传播，二是信息与意义无关，三是用户的主动性大大加强，四是大众传播的小众化。

有研究表明，新媒体的信息发布近乎零费用，对用户多为免费，这对传统媒体的新闻制作造成挑战。例如伦敦爆炸案，围观者用手机拍摄照片，在博客上以近乎图片直播的方式报道了这场灾难。这些照片很快流入各大电视网的新闻头条。在这次报道中，手机、博客、互联网和播客密切配合，将第一时间、第一现场牢牢抓在手中，新的媒体形式和媒体工具的结合，显示出了巨大的威力，由个案显示出新媒体的多媒体整合态势。

一方面，新媒体具有隐蔽性、分众性和高科技性。隐蔽性是指新媒体的形式隐藏于日常环境的各种空间、物体中，它最大限度地减少了与用户的抵触性，让广告同娱乐结合得更为紧密。其次，由于新媒体具有分众性，可以更有效地针对产品的消费群，加上一些新媒体属于主流媒体，信息传播率高，所以它能够很好地找到每个人的单独时间，通过这些零碎的时间，得到传统广告难以获取的好环境。新媒体的高科技性使它具有鲜明的时代个性与广泛的应用性，适合于不同场所，产生更好的视觉效果，具有生动性和真实感。

另一方面，传统的大众媒体由于各种技术的限制，基本上都是区域性传播。而随着新媒体传播技术的发展，如果没有人为管理因素的限制，那么在新媒体平台上所发布的每个内容理论上是面对全球所有使用者的。就传播者而言，所有人都可以成为传播的主体，这使大众传播的领域得到了极大的延展。传统媒体是传播者和接受者之间的博弈场，无论如何用户在其中始终处于被动的位置。纸媒体的交互性还停留在读者热线、读编往来阶段，虽然可以借助电子版本，但它始终属于辅助手段。电视媒体的交互性只表现在专题节目中。也就是说，传统媒体归根到底是一种少数人对大众的传播载体。新媒体提供了一种可能，即任何使用者都可以在新媒体平台上发布信息，进行地位对等的交流，通过与其他参与者的互动发出更多的声音，这种“全民 DIY”式的信息与思想的传播是对传统媒体的彻底颠覆，使新媒体内容传播模式呈现多根网状，原创性日益增强。同时，这种交互是实时性的，参与各方都能够立即得到反馈信息，彻底打破了传统媒体时代文化与传播精英对传播主体的把控。由于实现了个人成为传播主体的大众梦想，新媒体传播内容所涉及的人类生活的广度、对各类问题所讨论的深度和传播形式的多样性都是空前的。实际上，新媒体已经涉及和全面展现了人类现有的所有文化形态，并针对不同个体实施个性化的精准传播。这种个性化的范围可以缩小到单个个体，“个性化精准传授”一词在某种程度上成了分众时代新媒体的代名词。传播技术发展到今天，由于传播载体发生了改变，信息的传播形态也发生了本质的改变，数字技术成为现代传播方式与传统传播方式更合适的区分词，“数字化”的字眼在新媒体定义中不可或缺。此外，新的传播技术在传播形态上的最大变化就是能够在新的媒体平台上把传统媒体的各种信息表现形式复合起来。在已有的大众媒体中，按照传播形态的不同可以划分为报纸、杂志、广播、电视等，而网络和数字技术所能提供的主要的传播载体，如网络、数字电视、手机等都既能进行文字的传播，又能进行视频和声音的传播，并且还能把文字、视频、声音存储下来，为用户提供闲暇时的信息消费。新媒体是多种传播形式复合的媒体，大众媒体界限分明的媒体类型区分在新媒体阶段将不再具有意义，“复合信息”将在新媒体研究领域备受关注。

新媒体拥有人际媒体和大众媒体的优点：完全个性化的信息可以同时送达无数的人；每个参与者，不论是出版者、传播者，还是消费者，对内容拥有对等的和相互的控制。它又免除了人际媒体和大众媒体的缺点：当传播者想与每个接受者个性化地交流独特的信息时，不再受到一次只能针对一人的限制；当传播者想与大众同时交流时，也能够针对每个接受者提供个性化内容。新媒体完全依赖于技术，不是人类先天自然拥有的技能。新媒体的辐射影响，几乎涵盖了人们生活和工作的所有环节，其形式众多，有手机、数字电视、移动电视、IPTV 交互网络电视、动画、网络游戏、博客、户外新媒体等。随着新技术的创新应用和创意开发，新媒体形式还将层出不穷地发展。

学术界对于新媒体并没有一个准确的定义，人们普遍认同新媒体是在新的技术支撑下出现的媒体状态。新媒体具有诸多形式，如互联网门户网站、论坛、博客、搜索引擎、聊天室等，它们都具有门槛低、交互性强、平等交流、互动深入等特点，这些也是它们区别于传统媒体的根本属性。由于互联网具备强大信息传播功能，所以在社会生活中扮演着媒体的角色，相对于报刊、广播、电视等传统媒体，被称为第四媒体。

新媒体至少包含如下含义：一是新型的文本体验，如由超文本、电子游戏和电影特效而产生的“惊诧的体验”。二是对现实与世界的新的呈现方式，如虚拟现实中的“沉浸感”和网络中的交互性。三是主体（在线用户、新媒体用户）与新技术之间的新型关系。四是传统媒体与新媒体之间新的传承与互动等。

新媒体的特点可以概括为：数字化、交互性、超链接、分布式结构、虚拟现实与网络化的生存模式。

综合以上特质，笔者将新媒体定义为新媒体是所有人向大众实时交互的传递个性化数字复合信息的传播介质。

事实上，由新媒体推动的革命不仅使传媒产业突飞猛进发展，更使社会各个方面呈现大发展。新媒体既是全球化浪潮推动下的产物，又是全球化浪潮强大的造势引擎。在新媒体的平台上，全球正逐渐成为一个真正的网状传播整体。新媒体的互动性和个性化精准传播等特点更适合现代人的生活和消费观念，“全民 DIY”既是新媒体对传统媒体内容生产方式的颠覆，也是新媒体不可复制的核心竞争力。自新媒体引起人们瞩目至今，国内外对于新媒体定义的研究百花竞放、争奇斗艳，本书给出的定义也只是一家之言。新媒体与传统媒体在服务大众的层面上相辅相成、缺一不可。我们应该看到，在不久的将来，整个世界将因为新媒体的蓬勃发展和与传统媒体的互利共赢而愈发丰富多彩。

三、新媒体概述

（一）新媒体界定的理论基础

新媒体的界定是通过对传统媒介理论和新时期网络传播技术来进行的。随着互联网技术在人们日常生活中得到广泛普及应用，以及智能手机、电脑等新型终端设备的出现，我们可以把这些现代科技信息传递方式称为“数字化”，也有一些学者认为，所谓数字多媒体就是以计算机为主体构成一个集声音、图像音频为一体的媒体系统，它是利用各种电子器件来进行传播内容和形式方面的改变，或者内容表达方法的改变。

（二）新媒体的界定价值

数字技术的快速发展，带动了新媒体的高速发展，促进了信息传播效率的提高和人们信息选择范围与自由度的扩大，由此广告也进入所谓的新媒体时代。新媒体的价值主要体现在两个方面：一是在传播内容包括信息、思想等上；二是在用户层面上，即信息时代和网络化背景下人们接受了更多不同层次的文化知识。新媒体重振着我们生活中传统媒介所提供不了的服务与精神享受，而当其自身拥有强大且多样化的功能时，又会引起一些社会问题和政治矛盾冲突，就必须通过新媒体来解决这些复杂多变的关系、心理和由此产生的话题。

（三）新媒体的界定路径

新媒体的界定主要有三个路径：第一，传统媒体向现代媒体转型。在当前我国经济发展不平衡和互联网技术快速更新换代的背景下，我们要更加重视网络信息传播方式和内容。第二，利用数字化、信息化等手段来对新闻事件进行有效的分析与解释。第三，从“人”出发来解决社会问题，并提高公众对于新事物的关注度从而达到引导大众舆论的目的。关于新媒体的界定，不同的学者有不同的理解和说法，清华大学的熊澄宇教授用三句话来阐述新媒体的概念：首先，新媒体是一个相对的概念，“新”相对于“旧”而言；其次，新媒体是一个时间概念，代表这个时间段内的新媒体形态；最后，新媒体是一个发展概念，它永远不会终结在某个固定的媒体形态上。有学者把新媒体定义为“互动式数字化复合媒体”，指的是在传统四大媒介的基础上，以最新的科学技术为背景和手段，主要伴随着卫星通信、数字化、多媒体和计算机网络等技术的发展而出现的新型传播媒介。

（四）新媒体的发展趋势

新媒体是伴随着互联网技术发展起来的，其与传统媒体相比具有许多优势，它以数字化信息传播、网络通信为主要特征，在发展过程中需要不断地进行创新和改进。它在未来发展中可以形成一个完整的体系并加以利用，也能对现有资源进行整合从而实现自身价值创造，还能够通过多种渠道来满足不同用户群体需求等。新媒体技术发展步伐是不可阻挡的。

媒体一词是拉丁语 medius 的音译，也常被翻译为媒介。广义的媒体泛指人们用来传递信息与获取信息的工具、渠道、载体、中介物或技术手段。麦克卢汉[①]曾提出，“从社会意义上看，媒介即信息”，“媒介是人的延伸”。例如文字是媒介，文字和印刷媒体的结合便是人视觉能力的延伸。广播便是人听觉的延伸，火车、飞机的发明和使用便是人腿脚的延伸。狭义的媒体，指的是传统的四大媒体，包括电视、广播、报纸和杂志，它们是人类社会产生的早期媒体形式。从空间上来看，新媒体特指当下与传统媒体相对应的，随着移动互联网技术发展而兴起的媒体渠道，包括社交类手机应用，如 QQ、微信、微博等；新闻信息类应用，如今日头条、网易新闻、腾讯新闻等；视频娱乐类应用，如优酷、哔哩哔哩、爱奇艺等；围绕着吃、喝、住、行、玩等的垂直类应用，如团购、美食、旅行、天气、导航、电影娱乐等的应用。

（五）新媒体的传播特点

1. 传播方式双向化

传统媒体的传播方式是单向的、线性的、不可选择的，表现为特定的时间内由信息发布者向用户发布信息，用户被动接受信息，缺少信息的反馈。这种静态传播使信息流畅性弱，传播效果不佳。而新媒体的传播方式是双向的，每个用户既是信

---

① 麦克卢汉：马歇尔·麦克卢汉（Marshall Mcluhan，1911—1980），20世纪原创媒介理论家，思想家。

息的接受者，同样也是信息的传播者，互动性强，传播效果明显。

2. 接收方式从固定到移动

无线移动技术的发展使新媒体具备移动性的特点，移动互联网技术使用手机浏览网页、看电视等实现动态化，不局限于固定场所。

3. 传播行为更加个性化

微博、微信、博客、播客等新的传播方式使每一个人都成为信息的发布者，可以个性地表达自己的观点，传播自己关注的信息，传播内容与传播形式等完全是“我的地盘我做主”。个性化的传播方式让众人体会着发布信息、影响他人的快感。

4. 传播速度实时化

相对于传统媒体的传播方式，新媒体的传播借助互联网技术，信息传播变得更加迅速，实时接收信息、实时做出反馈已不再困难。

5. 传播内容多元化

从传统媒体到新媒体，最大的变化同时体现在传播内容的多元化和融合化上。传统纸质媒体通过平面展示文字、图片信息，而如今，借助新媒体形式，传播集文字、图片、声音等于一体的信息已成为可能。新媒体提高了传播的信息量，提升了信息传播的广度。

6. 便于企业宣传

以往的企业宣传仅仅是录制企业宣传片或将宣传页的内容上传到官网，这样的宣传方式并不利于小型企业的发展。而在新媒体平台的协助下，小企业也可以简单便捷地实现自我宣传的目的。

第二节　新媒体广告的界定

一、新媒体广告的概念及影响

（一）新媒体广告的概念

新媒体广告是指利用数字化技术、网络通信技术等，将传统的电视广告、电影电视和互联网上的有关信息通过移动终端或手机客户端进行发布和传播。新媒体广告就是通过手机、数字电视及互联网等移动终端进行广告投放，即以各种形式将信息资源（包括文字、影像和图形）传递给用户。简言之，新媒体广告是指以网络为载体，利用数字化技术将信息进行传播，达到宣传目的的一种新型营销模式。

关于新媒体广告的分类，一般有以下两种分法。

第一种是从制作平台上区分，新媒体广告可以分为三类：一是网络平台媒体广告，主要包括博客广告、搜索引擎广告、电子邮箱广告、门户网站广告、聊天平台广告、网上即时通信群组广告、虚拟社区广告和电子报刊广告等；二是信息通信媒体广告，主要包括手机短信广告、手机彩信广告、手机游戏广告、手机报纸广告和手机短剧广告等；三是移动媒体广告，主要包括数字电视广告、卫星电视广告、移动电视广告、手机电视广告、IPTV 交互网络电视广告、楼宇视频广告和博客广告等。

第二种是从信息发布的信源上区分，新媒体广告可以分为三类：一是有线类，广告信息的提供与终端一般均为有线连接，如有线电视和宽带网络等。二是无线类，广告信息通过卫星播送到高解像度电视、数码电视等，或者是通过无线电波传送到媒体上。三是已制作成型的商品类，这种形式与上面两种形式相比，即时性没有那么强，因为广告信息是刻录到光碟上或灌制到录像带上的。

与传统媒体广告相比，虽然新媒体广告在许多方面具有不可超越的特点和优势，但也存在一些弊端。

首先，新媒体广告具有传统媒体广告难以比拟的优点，如，交互性强、覆盖广、针对性强、便于统计等，新媒体广告带来了巨大的利益的同时，也让许多不法分子趁虚而入，一些虚假的甚至违法的广告见缝插针。

其次，新媒体广告的快速发展与相关法律的滞后，使执法机关的监管难度加大，监管在法律层面有所缺失。因此，为了保护消费者的合法权益，广告行业的规范和监管措施应当不断完善，确保广告投放的真实性、合法性和有效性。

此外，广告行业也需要不断创新和变革，以适应全媒体发展。在广告投放方面，利用大数据技术精准定位用户群体进行投放；在广告参与方面，与消费者的互动性增强并渗透到生活的方方面面。新媒体时代的广告被重新定义，并推动了广告行业的自我革新。

20 世纪，传统广告普遍通过报纸、广播、电视等媒体呈现，相对今天而言，媒体呈现形式较为单一，且其纯商业的特性也容易引起消费者的反感而被忽略。而现在，当报纸等传统媒体的广告收入呈现断崖式下滑时，互联网广告却异军突起，呈现快速发展之势。通过对上海、江苏、浙江、安徽、山东、广东、湖南、河南、云南、广西、四川、辽宁12个省区市进行的"新媒体环境下传统广告传播效果问卷调查"（共1 116份样本）发现，有23.92%的受访者每天接触印刷广告，26.52%的受访者每天接触实体广告，39.43%的受访者每天接触电子广告，而每天接触互联网广告的受访者达到74.37%，显然互联网广告正成为广告的主力。

从广告的发布平台乃至发布的内容与形式看，新媒体环境下的广告呈现出多样化趋势，广告变得更加新颖、有趣。在广告的传播渠道和平台方面，广告大举进军互联网平台。例如，以前人们只能通过实体店购买衣服，但在互联网时代，人们可以在购物平台接收系统通过大数据推荐的产品，用VR体验进行虚拟试衣，按照自己的身材比例衣服的试穿和搭配。在广告的表现形式方面，以前多为展示性广告、搜索广告，后来发展成信息流广告、精准营销的效果广告，而现在又出现了网红、意见领袖代言广告和H5[①]广告、短视频广告等。在广告的内容方面，不再像过去那样靠铺天盖地、高声叫卖的强刺激来营销，而是在强化宣传功能的基础上凸显其娱乐性甚至是故事性，力图输出多元化内容，触动人心，直抵心灵，这同样出现了诸多让人过目不忘的广告案例。比如，"问道手游"的视频广告（见图1–2–1），讲述了几个背井离乡的年轻打工人的故事，他们迷茫过、痛苦过，但幸好有朋友的陪伴、有家人的鼓励、有儿女的支撑。视频用一个个平凡人的故事触动了用户的心，引出温情主旨：愿异乡拼搏的你，总有希望同行。此类广告以极强的故事性和精良的制作传递着正能量，在社交平台好评如潮。新媒体技术的发展，推动广告形式不断创新、广告内容丰富多彩，使得广告无论在形式上、内容上、传播上都越来越契合时代、贴近用户。

图1–2–1　问道手游宣传广告截图

① H5：H7ML5的简称，即网页使用的HTML代码，第五代超文本标记语言。H5广告，是一种借助微信传播的营销形式。

新媒体发展势不可挡，它的出现使得广告的传播方式和媒体形式发生了巨大变化，更令人瞩目的是，新媒体的互动性激发出了所有传统媒体的互动性，几乎所有的传统媒介都可以利用新媒体这个平台创造出新的传播价值。在与人们的行为活动越来越密切的今天，广告人只有充分意识并把握这些特点，才能适应时代特征，更好地利用新媒体，让广告的投放更精准、更有效，使其发挥更大的传播效益。

新媒体广告新在哪里？它必须有革新的一面，包括技术上革新、形式上革新、理念上革新，而理念上的革新更为重要。单纯的形式上革新、技术上革新被称为改良更合适，不足以证明其为新媒体，理念上革新是新媒体的核心内容。以是否具备互动性来界定新媒体是片面的、不可取的观点。从这个意义上说，新媒体广告的“新”必须具备以下四点：

一是价格价值。就媒体本身意义而言，媒体是具备价值的信息载体。载体具备一定的用户，具备信息传递的时间、传递条件，以及传递用户的心理反应的空间条件。这些综合起来就形成了媒体的基本价值。即便新科技进步具备一定用户，但是媒体成本远高于用户所带来的商业效益，亦不能形成媒体的有效价值。例如，近几年来各类媒体公司层出不穷，但是经过市场考验留下来的却少之又少，其中有一些就是因为没有深入调研媒体核心价值而盲目拷贝别人的理念才失败的。它们或者是由于理念过于超前不能被市场认可，或者是没有深入分析消费者形态而强加细分用户难以体现媒体的基本价值，或者是公司基本价值与市场不协调。

二是追求原创性。新媒体广告之所以称之为新，就“新”在这里：应该具备基本的原创性。这里的原创性，区别于一般意义上个人或个别团体单独的原创性，而是一段特定的时间内时代所赋予的新的内容的创造，一种区别于前面时代所具备的内容上、形式上、理念上更革新的、具备广泛意义的创新。例如分众传媒，它之所以可以称为原创是因为把原有的媒体形式嫁接到特定的空间上，形式上是嫁接，理念上却是原创。当时兴起的分众传媒、聚众传媒、框架传媒等细分用户的媒体都在媒体理念上具有一定意义的原创性。

三是效应性。新媒体必须具备形成特定效应的特性，或者说新媒体必须具备形成一种更新的效应的特性。新媒体必须具备影响特定时间内特定区内的人的视觉或听觉反应的因素，从而产生相应的结果。网络在 20 世纪 90 年代中期接入我国，属于一种新型的信息载体，而且形成了巨大的效应，在特定区域特定时间内几乎改变了人的生活方式。这种效应必然产生特定的结果。由于这个效应的变化发展，不排除新媒体发展成为主流媒体的可能，也就是新媒体在一定的时机也可以脱离新媒体概念限制。所有的概念都是随着发展而变化的。

四是生命力。新媒体广告作为媒体必须有一定或长或短的生命力，必须有其存在期间的价值体现，而这个价值体现的长短，就是生命周期。由于近几年我国媒体发展迅速，新媒体的发展更是日新月异，由于各类细分媒体、细分思维的影响，各种形式的创意嫁接层出不穷。但是其形式新、技术新并不能决定其存在的价值，在无情的市场面前，折戟沉沙的企业数不胜数。究其原因就是没有把握住新媒体的核心价值，盲目生搬硬套，导致媒体不具备一定的生命力。以分众无线为例，分众无线虽然因种种原因告停，但是这种模式或这个概念将会无限延续并得到创新发展，所以仍可以称其为新媒体。公共汽车视频、地铁视频、超市卖场视频等，有媒体效应，有媒体价值，在一定的时间范围内也具备一定的生命力，当属新媒体之列。至于个别企业能否长久发展，一是看其执行力，二是看企业的创新发展能力。

当然也许还有更多的因素影响着新媒体的存在与发展，但是就时下一般意义而言的"新媒体"概念可以由上述四个核心内容界定。新媒体就是必须具备 VOEL 四个必备要素，即价值（Value）、原创性（Originality）、效应（Effect）、生命力（Life），因此真正意义上的新媒体可以简称为 VOEL 媒体或 OEL 媒体，用以区别于狭义上的个别性的新媒体。这四个要素可以涵盖新媒体理念上的革新、技术上的创新或形式上的革新。至于是否运用到高科技，不是决定其新旧的关键，更不能决定其在一定时间内存在的价值。

此外，也有一些不容易区分的概念，比如互联网在中国的发展，已经渐渐影响了大多数人的生活，一些时候网络可以脱离新媒体概念而形成独立存在的媒体概念。但是网络中具体的一些新颖的媒体形式，或者新兴的一些因网络而产生的信息通道，也可以成为新媒体。比如腾讯、开心网和个人博客这些具体项目的创新也是新媒体的典范，而且形成了一定的效应。类似的概念还有电视购物，虽然电视是传统媒体，但是电视购物作为新兴事物且具备一定意义上的理念创新，同时是应市场需求而产生的，也应当属新媒体之列。

具有长尾效应[①]的互联网打破了广告投放规模资金的定势，大大降低广告投放门槛，还能精准地针对目标群体给出符合特别需求的广告。通过对用户搜索历史和浏览记录的综合分析，搜索引擎和大型购物网站以用户喜欢的形式、智能地推送他

① 长尾效应，英文为Long Tail Effect。"头"（head）和"尾"（tail）是两个统计学名词。正态曲线中间的突起部分叫"头"，两边相对平缓的部分叫"尾"。从人们需求的角度来看，大多数的需求会集中在头部，而这部分可以称之为流行，而分布在尾部的需求是个性化的、零散的、少量的需求。而这部分差异化的、少量的需求会在需求曲线上面形成一条长长的"尾巴"，而所谓长尾效应就在于它的数量上，将所有非流行的市场累加起来就会形成一个比流行市场还大的市场。

们可能会感兴趣的广告信息。这种高度个性化的广告理念意义重大。

新媒体广告的类型也是在不断变化的，就其理念而言可分为细分用户类，如楼宇媒体广告、社区媒体广告、医院媒体广告、娱乐场所媒体广告、手机短信彩信广告、手机报媒体广告等；相对广众类，如公车视频广告、地铁视频广告、网络媒体广告、卖场视频广告、人口聚集处互动网络媒体终端机广告等。就其形式而言可分为室外媒体广告，楼宇广告、社区广告、公车视频广告等均在此列；无线形式广告，如彩信类广告、手机报广告、网络广告。就其关注度而言可分为强制性关注类，如楼宇广告、电梯广告、短信广告等；选择性关注类，如网络博客广告、网络互动广告、电视购物广告等。

根据新媒体广告不同的表现形式可以分为三种类型：

一是户外新媒体广告。户外新媒体广告是指在户外的新媒体广告投放，包括户外视频、户外投影和户外触摸等。这些户外新媒体都包含一些户外互动因素，能够吸引人气并提升媒体价值。

二是移动新媒体广告。移动新媒体广告以移动电视、车载电视和地铁电视等为主要表现形式，通过移动电视节目的包装设计来增加用户黏性，便于广告投放。

三是手机新媒体广告。手机媒体是所有媒体形式中最具普及性、最快捷、最为方便并具有一定强制性的平台。随着未来 5G 手机的普及，手机媒体将成为普通人在日常生活中获得信息的重要手段。

新媒体广告也应该具备以下基本特性：

一是互动化。新媒体区别于传统媒体的重要特性之一就是互动性，新媒体广告同样也具有一定程度的互动性，这对于传统的“单向传播”的广告有着颠覆性的意义。在传统媒体中，用户几乎没有自己的选择权，所有的信息内容（包括广告在内）全部是由内容提供商来决定的。在新媒体广告诞生后，这一局面便成为历史。在使用新媒体广告时，用户可以选择接受或不接受新媒体广告，甚至可以参与到新媒体的广告中，与广告主互动。

二是融合化。随着科学技术的不断发展，“媒介融合”成了时下十分流行的词汇，不同的媒介已不像从前那样各自为政、泾渭分明。在这样的背景下，我们不禁要问：既然媒介形式都已经可以融合，那么广告形式是不是也可以融合呢？答案是肯定的。事实上，在广告学上影响深远的整合营销传播理论（见图 1-2-2）[①] 已经反映了人们

① 整合营销传播：整合营销传播（Integrated marketing communication）是一个营销传播计划概念，要求充分认识用来制订综合计划时所使用的各种带来附加值的传播手段——如普通广告、直接反映广告、销售促进合公共关系——并将之结合，提供具有良好清晰度、连贯性的信息，使传播影响力最大化。

对于广告融合化的强烈需求。只是在 IMC 理论诞生的时候，媒介融合看起来还是天方夜谭，人们当时所能想到的就是把广告投放到不同的媒体，把不同媒体的优势集中起来以达到极大的广告效果，IMC 理论实质上就是用人为的力量使广告具备融合性。而如今，数字技术的出现使得新媒体这一新型平台本身具有了融合性，那么投放在这一媒体上的广告也就必然具备融合性的特点。新媒体广告不能依旧如传统广告那样把文字、声音、图片、影像等分开来，而是需要用多种形式的多媒体广告来匹配新媒体。

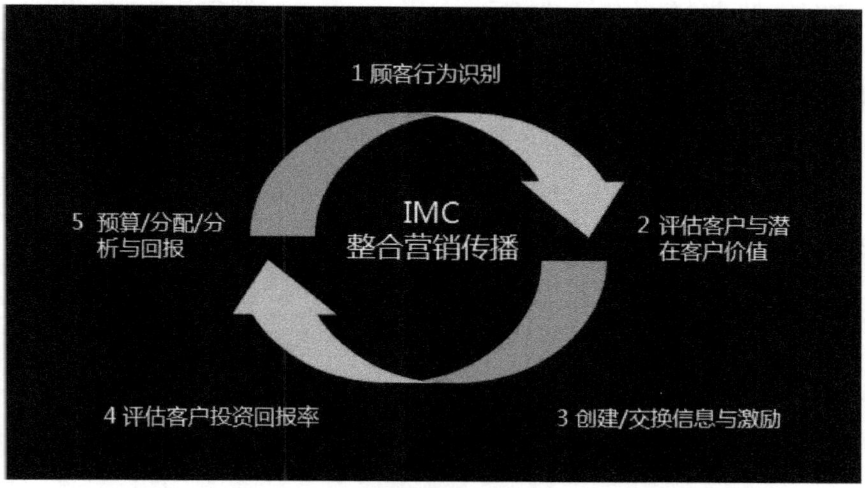

图 1-2-2 整合营销传播体系（IMC）

三是个性化。以报纸、杂志、广播、电视为主的传统媒体还有另一个名字——大众媒体，这说明传统媒体的传播方式是“大众化”的，它所默认的用户也是大众化的统一体，然而新媒体却给用户提供了一个个性化的空间。这里的个性化可以从两个方面来理解：一方面，用户有了自己的选择权，如今大部分家庭已经用上了数字电视，数字电视与以往的模拟信号电视最大的不同之处在于具有定制功能，用户可以根据自己的喜好来自由地选择所要收看的节目，而这些选择之中甚至包括了广告，这意味着用户可以选择观看自己喜欢和感兴趣的广告。另一方面，许多如博客、播客、楼宇电视等小众化、专业化新媒体的出现，就要求广告主投放广告时应该注意广告的针对性，设计出符合媒介内容的个性化广告信息；同时，以数字电视、手机、互联网等媒介为代表的定制信息的出现，也为广告商提供有针对性的个性化广告创造了可能。

总而言之，随着我国信息技术的不断推进，新媒体广告逐渐影响并改变着人们的生活方式，为人民生活提供便利。因此，我们作为新媒体传播者与接受者，要努力完善自身，提高信息筛选与内容控制能力，使信息在保证真实性的同时得到迅速传播，使新媒体朝更有利于人民生活的方向发展。

（二）新媒体广告在当今社会的影响

随着科学技术的发展，新媒体广告已经被广泛地应用到各个领域，并取得了一定的成效。

在信息传播方面，以互联网为基础的数字化新媒体技术可以极大限度地利用网络平台进行广告宣传，并将内容直接传递给用户，让人们更容易接受信息并且迅速做出反应。

在营销方面，由于新媒体技术的迅速发展，人们可以随时随地获取所需要信息，并通过对这些信息和数据进行分析处理从而做出相应选择。例如，饿了么平台就将餐饮行业中的广告以数字化方式呈现出来并发布于各大网站上供用户浏览、消费（见图 1-2-3），而对于一些大型商家来说利用互联网也是一种重要手段。

图 1-2-3 饿了么平台推送商家优惠的广告

在销售方面，由于新媒体技术具有便捷性与实时互动性，消费者可以随时随地了解企业产品和服务信息。在这个过程中，企业也可以随时了解消费者的需求，为自身的产品和服务提供更多更好的解决方案。

对于媒体而言，新媒体技术具有交互性与互动性等特点，而这些特性也使其成为广告传播的重要媒介之一。总之，随着时代发展和社会进步，人们接受信息、获取信息及反馈意见更加迅速方便、安全可靠。这都是传统媒体无法比拟的，并且在未来一段时间内新媒体的应用将会无限延伸。

二、新媒体广告的发展

关于我国新媒体广告的发展，从时间发展上来看可以分为以下 5 个阶段。

（一）混沌中探索的起步期

首先是网络媒体初创与广告运营尝试。1994 年，我国与国际互联网实现联通，国内四大骨干网（中国科技网、中国公用计算机互联网、中国教育和科研计算机网，中国金桥信息网）相继建成，标志着我国进入第一代互联网时代。其后的四年间，我国互联网在带宽环境、网站数量和用户规模等方面都取得了一定的发展，多个有重要影响力的网站相继诞生，如三大门户网站新浪、搜狐、网易，第一电商平台阿里巴巴、第一网上书店当当网、第一网上聊天软件腾讯 QQ 等。

这些网络平台在技术与资本的结合下迅速发展，开展了视频用户接入、虚拟主机、电子商务、信息检索、网络门户、免费邮箱、免费个人主页、新媒体广告等多种业务，在短时期内形成独特的定位，初步培育了一定规模的忠实网民。其中，一些网络媒体的运营者萌生了将新媒体广告作为盈利点的经营意识，主动模仿国外先行者（如美国在线、网景、雅虎等），在产品方面照搬国外网站的模式设置自身广告的形式、尺寸和规格。同时，该阶段我国网络媒体还积极通过公关、广告、研讨会等多种方式进行宣传，发起了新媒体广告的“启蒙”运动。

其次是广告主和广告公司的广告运作。1997 年 3 月，由灵智大洋互动媒介部作为广告代理的 IBM① 为其产品 AS400 在 Chinabyte② 上花 3 000 美元投放了一个大小为

① IBM，国际商业机器公司，或万国商业机器公司，简称IBM（International Business Machines Corporation）。

② Chinabyte，（比特网）是中国首家IT互联网媒体，创建于1997年初，开创了中国互联网历史的一个个里程碑，也充分验证了Chinabyte的商业价值。

468×60像素的Banner广告[①]。几乎在同时，英特尔[②]也为其新出品的奔腾处理器举办了“网上夺标莫失良机”活动，并在比特网上投放了Banner广告，代理公司同样是灵智大洋。之后，其他一些网络媒体也相继获得了广告主的新媒体广告投放，新媒体广告这一当时的新生事物开始进入大众视野。

在广告代理上，这一时期，许多新媒体广告的代理业务由主营网站架设、网页制作的公司兼差为之，这些公司在广告方面的专业素养和能力不足，而传统广告公司虽熟悉广告，但对网络科技的认识明显不够。直至1998年，专业的网络广告代理公司才开始出现。除了国际上知名的广告公司接入互联网广告代理业务，很多国内的技术公司也由于种种原因承接并发展此类业务，我国的新媒体广告代理由此逐渐走上专业化的道路。

（二）压力中成长的调整期

第一，广告规模有所增长。由于各网站对新媒体广告资源开发力度的加大收到了良好的市场反馈，广告纷纷开展与网站的深入合作。比如，2001年乐百氏与新浪网联合。根据新浪网各类广告的不同特点，乐百氏从全屏广告、横幅广告、文字链接、画中画、固定按钮和流动按钮中选择不同的组合形式进行其瓶装水产品的推广。

第二，新媒体广告“量”“质”齐升。在我国互联网行业环境改善、多元商业模式探索及新媒体广告的帮助下，以新浪、搜狐、网易三大门户网站为代表的网络媒体于2002年先后扭亏为盈，从此引领我国网络媒体驶上了一条狂飙突进的快车道。这也推动着新媒体广告在“量”与“质”方面得到双重发展：其一，广告收入规模平稳扩容；其二，伴随着网络媒体对广告资源的不断开发，新媒体广告在“质”的方面也取得了发展（尺寸、类型、定价方式）。

第三，广告规制初成体系。在调整期，新媒体广告另一个值得瞩目的发展为经过了起步期的初步摸索，新媒体广告的法律规制、行业自律等工作开始启动。比如，2001年初，国家市场监督管理总局基于前一阶段的探索经验，完成了《互联网广告管理暂行办法》第三稿的起草工作并提交给相关部门审批，其中规定互联网上不准做香烟广告、性用品广告，并延续了《中华人民共和国广告法》对广播、电影、电视、

① Banner广告，指标志广告，又称横幅广告、全幅广告、条幅广告、旗幅广告。banner是位于网页顶部、中部、底部任意一处，但是横向贯穿整个或大半个页面的广告条。又称横幅广告。

② 英特尔是美国一家以研制CPU为主的公司，是全球最大的个人计算机零件和CPU制造商，它成立于1968年，具有52年产品创新和市场领导的历史。英特尔公司总部位于美国加州，工程技术部和销售部和6个芯片制造工厂位于美国俄勒冈州波特兰。

报纸、期刊五大媒体的规定。

（三）勃兴中突破的跨越期

第一，网络媒体在营销层面的突破。其一，在产品方面，运用多种媒体形式、表现力丰富的富媒体广告，依托于新兴媒体平台的网络视频广告、博客广告、网络杂志广告、移动广告等新的广告产品形式于此时出现，迎合广告主精准营销新思路的搜索引擎广告异军突起。其二，在定价方面，为了迎合广告主新的营销思路，网络媒体加大了以“定向”“窄众点击”为诉求点的广告产品的推广力度，按效果付费模式得到进一步强化。其三，在推广方面，此阶段网络媒体为了获取新兴客户并扩大收入，在一线市场和传统、通信行业客户之外，加大了对属于“蓝海”的二线区域性客户市场，以及房地产、汽车等新兴行业市场的开拓，同时越来越多的媒体亦积极探索网络营销的理论体系和实施方案，如网易于2020上海国际广告节（见图1–2–4），以更好地引导广告从网络营销的角度认识网络媒体和新媒体广告的重要性。

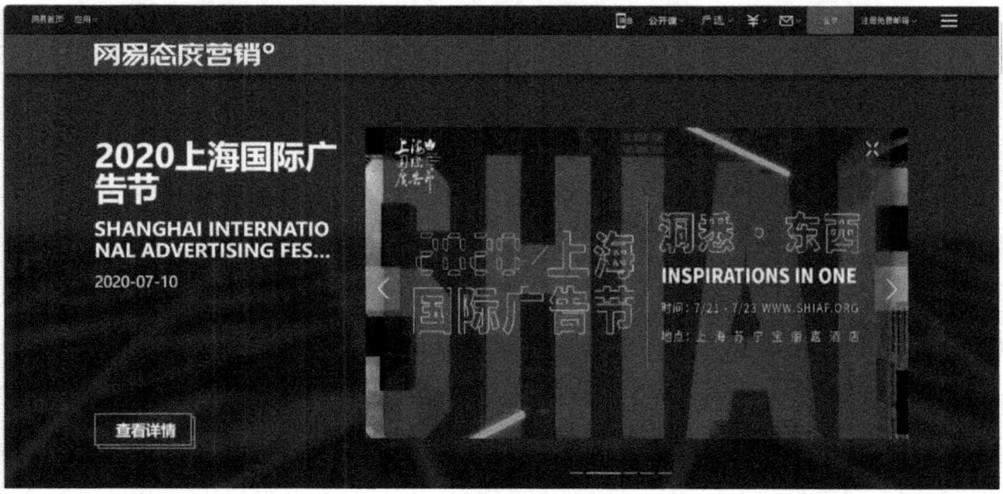

图 1–2–4　网易态度营销

第二，广告主营销思路开始转变，广告主数量逐年递增。在这一时期，新媒体广告已经被更多的广告主所熟悉，在网络媒体和广告公司的推广促进下，他们投放广告时不再仅仅依靠以围攻轰炸为特点的传统媒体，而是开始更多地采用具有“互动”“定向”等特征的数字新媒体。这带来了广告主数量的快速增长。

第三，广告代理市场生机勃发，本土广告公司快速发展。这一时期，以电通、实力媒体、传立、灵智太阳、麦肯光明、精信等为首的4A广告公司[①]继续在新媒体广告行业精耕细作，取得了不错的业绩。本土网络广告公司（如创世奇迹、网迈、科思世通等）也如雨后春笋般出现，很多公司以独特的定位在市场中占据了一席之地，如创世奇迹专攻网络游戏植入式广告、互动通专注于富媒体广告、飞拓无限抢占移动营销市场等（见图1–2–5）。

图1–2–5　游戏植入广告

第四，收入规模跨越式增长，增速超过传统媒体。在总体市场规模上，新媒体广告已经度过了调整期，实现了规模上的跨越。其在2003年增长率高达120%，2004年、2005年两年的增长率均超过70%，2006年又增长48.9%达到46.6亿元的规模，是2002年4.9亿元的9.5倍；占广告行业整体规模的比重从2002年的7%上升到2006年的38%。与同时期其他传统媒体的表现相比，新媒体广告的发展堪称这一时期广告行业的亮点。此阶段传统媒体广告的增速放缓，其中，电视广告增长相对稳定，报纸与杂志广告甚至出现了负增长，广播广告也只是在2006年才有了较大的增幅。

第五，市场格局由门户独大的局面转向多元竞争。2001—2002年的调整期，我国新媒体广告市场还呈现出高度集中的市场格局，由门户网站（特别是新浪、搜狐、网易三大门户）垄断广告资源；而2003—2006年，以搜索引擎、专业媒体（如天极网、

① 4A广告公司即美国广告代理商协会（简称“美国广告协会”），其英文全称为“American Association of Advertising Agencies”，通常简称为4A。它于1917年在美国圣路易斯成立，是全世界最早的广告代理商协会。协会成员由广告商组成，有500个成员，加上这些成员的分公司，共1200个会员。

太平洋电脑网）、游戏网站（如天使在线）、汽车类专业网站（如中国汽车网、汽车新网）等为代表的各类网络媒体快速发展，用户规模不断扩张，广告价值不断凸显，市场份额不断提升，使得此时门户网站垄断的情形逐步消失，新媒体广告市场格局呈现多元竞争的态势。

第六，广告监管与自律双管齐下。电子商务、广告等业务的快速发展带来了一个问题：大量虚假或欺诈信息充斥于互联网，许多网民的利益因此受到了损害，却由于诸多原因难以获得补偿。在上述背景下，政府、行业协会、从业机构等分别基于自身的权责做出努力，对新媒体广告的监管与行业自律不断加强。

（四）期望中崛起的猛进期

第一是网络媒体的创新。一方面，伴随新媒体技术的更迭，以及视频网站、游戏网站、社交网站、移动应用等新媒体平台的快速崛起，网络媒体对新媒体广告的形态不断创新。除了已经广为人知的搜索关键词广告、图形广告和富媒体广告，此时新媒体广告阵营中还多了不少新成员，比如视频贴片广告（见图 1-2-6）、网络植入式广告和移动 APP 广告（见图 1-2-7），这些新成员为新媒体广告的多元发展注入了活力。另一方面，网络媒体在多年的实践及学习的过程中，不仅对多种营销理论和方法有了更深入的认知，而且通过借鉴和摸索创造出了许多新的营销产品和营销手段，更有一些行业的领先者已经形成了自己独特的营销理念和营销体系。

第二是广告公司的革新。延续对新媒体广告的热度，在多元因素的影响下，广告公司谋求数字化时代的转型和变革成为一种趋势；同时，新进入者凭借自身与数字化的天然依附关系及快速调整、反应的优势，进一步搅动着广告市场格局。在《互联网周刊》于此阶段后几年发布的中国网络广告公司排行榜中，位居前 15 位的公司

图 1-2-6　视频贴片广告

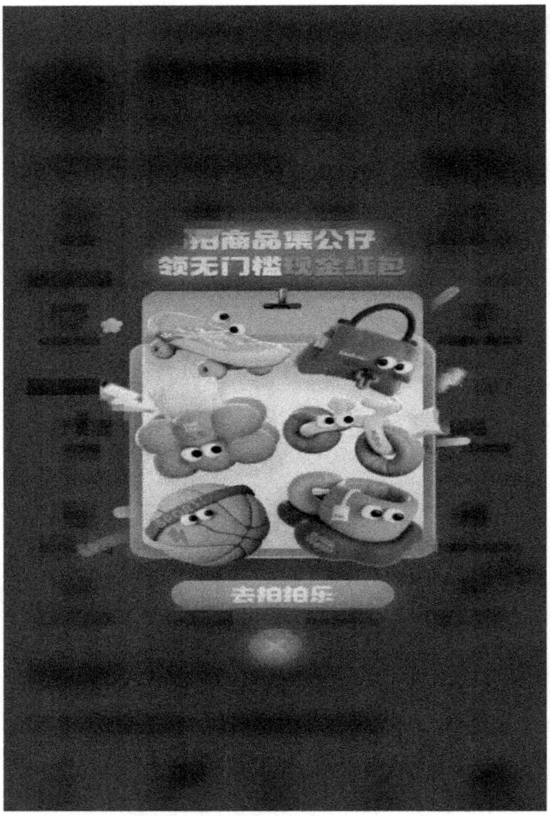

图 1–2–7　移动 APP 广告

中本土综合网络广告代理公司和专业网络广告代理公司占了 2/3 的席位，这标志着本土综合网络广告公司、本土专业网络广告公司和 4A 广告公司（网络公司或互动部）三足鼎立的态势逐渐形成。

第三是广告主的成熟。与前几个阶段相比，猛进期广告主的营销推广费用占其销售额的比重虽然有所下滑，但营销理念却更加多元且成熟，各类广告主更加注重短期营销战术与长期营销战略的匹配，愿意选择更符合自己行业和产品特点、更易与目标消费者沟通的媒体，更为在意从整合营销的思路调整和分配营销预算。

第四是收入规模的突进。随着收入规模的增加，新媒体广告从之前低基数、高增长的发展状态转到高基数、高增长的状态。新媒体广告在 2007 年和 2008 年的增长率均在 60% 以上，虽然受金融危机影响，2009 年的增长率有所下滑，但整体规模仍突破 200 亿元。新媒体广告市场规模于 2011 年首次超过报纸广告，与排位第一的电视广告在市场规模上的差距也在不断缩小。

第五是市场结构的优化。伴随着电商网站、视频网站等各类新兴平台的崛起和一些互联网企业的积极布局，新媒体广告市场出现了许多新生力量，市场结构得到进一步优化，不仅门户网站的垄断格局被进一步打破，而且新媒体广告市场核心媒体队列也出现了新变化。在整体市场格局方面，2007年以后，搜索引擎广告一直保持高速且平稳的增长。电商网站、视频网站在新媒体广告市场中的表现也非常突出，门户网站几年前独霸市场的局面被打破。

第六是行政监管力度持续加强。在国家市场监督管理总局的组织和推动下，相关部门对新媒体广告的行政监管力度越来越大。针对新媒体广告隐蔽性强、涉及面广、监管难的特点，相关管理部门发起的联合监管日益增多，媒体广告发布前的审查成为规范重点，处罚力度不断加强，形成了我国新媒体广告规制中行政规制多部门联动的特色。

（五）机遇中变革的主导期

第一，网络媒体的新布局。网络媒体在继续深耕细作自身广告资源的基础上，针对移动互联网、社交媒体、视频网站等快速发展的新环境，有意识地布局移动广告、社交媒体广告、视频广告，以求获得市场竞争优势。在移动广告方面，自2015年起，网络媒体将其广告产品研发、业务推广的重心进一步向移动端转移。在社交媒体广告方面，为迎合广告主对广告效果的要求，网络媒体一方面开发出更多形式的广告，其中广告体验更好、互动效果更多的信息流广告成为众多网络媒体的发力点；另一方面推出了新的广告计费方式。在视频广告方面，与视频内容密切相关的内容原生广告、互动营销、场景营销，以及针对用户行为特征的精准营销均是此时网络媒体的主要创新点。此外，针对增强现实（AR）、虚拟现实（VR）等新技术，网络媒体亦结合自身优势及发展规划积极跟进。

第二，广告主对新媒体广告更加依赖。新媒体的快速发展及互联网经济的火热让广告主对新媒体广告价值的认可程度日渐提升，加之2014年以后我国经济遇冷，广告主营销推广的投入进入低位运行状态，这迫使众多广告主急于抓住数字化浪潮机遇，对新媒体广告愈发依赖。这方面的直接表现就是，相较于前几个阶段，主导期投放新媒体广告的广告主行业构成日渐多元，且投放额度逐步加大。

在投放增多的同时，广告主的营销理念也随之发生变化，此阶段广告主的数字营销以品牌展示与广告效果并重、寻求与消费者的深度互动为主要思路。在这种情况下，以场景、数据、算法和体验为支撑的场景营销，主张将广告内容与页面内容深度契合的内容营销，借助大数据技术进行目标用户画像和定向投放的精准营销，以及针对媒体融合态势开展多屏定位和整体策划的整合营销，均为诸多广告主所尝试。

第三，广告市场变得成熟。在主导期，新媒体广告无论是整体收入规模还是市场结构均趋于稳定，这能在一定程度上反映出新媒体广告市场的渐渐成熟。虽然流量“红利消失”导致市场规模增速放缓，但是在网民人数增长、多元互联网平台快速发展、广告主对网络广告投放增加等因素的推动下，新媒体广告在总体收入规模上仍旧保持着稳步增长的态势。

第四，专门的法律法规出台。主导期广告规制方面的最大亮点是涉及新媒体广告的专门法律法规正式出台，使媒体广告的规制工作有法可依、有章可循。

2015年，国家出台新修订的《中华人民共和国广告法》，首次加入了新媒体广告相关内容，明确了新媒体广告运营主体的行为规范；2016年，国家进一步加强了对互联网广告的重视与监管，国家市场监督管理总局于该年7月颁布了《互联网广告管理暂行办法》，这是我国首部专门规范新媒体广告的法律规章，其对新媒体广告的概念与范围、付费搜索广告区分及违法行为管辖原则等问题予以明确规定，使相关执法工作有了操作准则。

第五，5G时代的到来，为新媒体广告跨越式发展提供了新的机遇，使信息传播从最初的单向、碎片、表征特征逐渐向双向、整体、精准化转变。新技术驱动新媒体广告在智能化过程中进行生态演化，完成从4G信息本位、碎片化叙事到5G多元内容服务、沉浸式场景体验的组织重构。

5G背景下内容服务多元化。一是在5G背景下，可由大数据支持的精准程序化算法驱动生成目标性创意设计，在海量数据采集与处理过程中，根据高精度的用户画像精确识别和定位特定用户。进行个性化创意设定，提高广告信息的精准度。如亚马逊、淘宝根据用户浏览痕迹优先推送与之相匹配的广告信息，进一步提高数据辨识度，利用算法精准定位目标用户。二是在千兆数据互联支持下，从短视频转向长视频、大视频、视频流等智能化多元广告类型，实现从碎片化信息向完整性、整体性和互动性深度信息进阶。如新媒体广告内容制作由低成本、短小视频向高清、长视频扩展。三是在全网覆盖中弱化线上线下传输概念，实现从信息产品输出向持续性跟踪、服务转变。高速率、大容量、低时延不仅是5G的核心特征，也意味着人与媒介的紧密关系。

三、新媒体广告内容形式的变化

从内容形式上看，新媒体广告首先经历了网络广告阶段，继而经历富媒体广告阶段，最后进入交互广告阶段。

（一）网络广告

这一阶段的新媒体广告主要指建立在数字媒体和网络技术基础之上的一种宣传营销活动，其传播媒体主要是网络。该种方式下的广告由于受到媒体和技术条件的限制而具有一定的缺陷，广告形式较为单一，传播的信息量较小，只能单向传播，同用户的互动性较差，只能采用强制接受的方式。

（二）富媒体广告

该种广告形态的出现是建立在网络技术不断成熟与扩展的基础之上的。该种形式的广告，网络媒体不再单一，网民不再需要事先安装插件便能够看到整合了多种介质（声音、动画、视频等）的广告（见图 1-2-8）。富媒体广告的内容较网络广告更加丰富，表现形式上也逐步趋向多样化，具有更强的互动性。富媒体广告的特点是具有较强的主动性，大规模地发布大量信息，能够以各种形式表现广告内容，检索方便且传输效率高，有较强的传播时效，同时也方便统计。

图 1-2-8 富媒体广告

（三）交互广告

Web 2.0 交互应用技术促进了交互广告的发展。所谓交互广告，就是指由确定的广告发起人利用可即时参与和修改的、可实现个人快速交易和支付功能的数字交互媒介，促使消费者对其宣传的产品、服务或观点进行反馈，从而增加产品销售和品牌资产的双向循环交流的营销传播活动。交互广告具有用户体验度高、即时性强、互动交流便捷、交易支付方便等特点。如日本本田公司为其一款新型环保柴油机做的广告，以FLASH动画的形式在数字互动媒体（网络、数字电视）等平台上投放，用户根据需要随时交流，参与体验活动。

四、新媒体广告的发展趋势

（一）新媒体在广告主媒体投放策略中的“中心化”趋势日趋明显

在传统媒体广告收入增长放缓，甚至部分阶段出现负增长的同时，新媒体日益得到广告主的重用，广告收入一路高扬，在广告主营销推广活动中的比重越来越大，几乎所有的研究者都很看好新媒体广告的发展前景。

（二）网络广告的前景乐观

网络广告是新媒体广告中发展较早、相对成熟的一种形式，目前已经成为广告业中一支不可小视的力量。网络广告经营额及其所占广告经营总额的比例不断攀升，广告经营者队伍不断壮大，广告主数量和结构不断优化，网络广告形式不断翻新。但是网络广告在我国还处于起步阶段，其基础还很薄弱，出现的问题也很多，如网络广告法律规范的缺失、网络广告管理部门的监管不力、网络广告创意的苍白、网络广告的无礼粗暴等。虽然存在以上问题，但我国网络广告的前景总体上还是乐观的，我国广告业良好的发展态势给网络广告的发展打造了良好的环境。

（三）流媒体广告渐成新宠

随着技术的进步，新媒体广告的形式也在不断地发生变化。Web 2.0时代的到来，标志着互联网广告进入了第二代互联网广告时期。第二代互联网广告以“流媒体”为主要载体，以音视频和互动为主要特色，在国外被称为“富媒体”。流媒体的准确广告定位可以帮助企业掌握用户群体，知道用户什么时候使用媒体及消费时长，同时在评估用户最感兴趣的内容和参与行为之后，将产生对策，吸引更多的用户参与。

（四）广告传播从灌输到用户参与和体验

宽带网络的广泛应用，使网络广告从单一的文字形式演变为更多的互动形式，广告高度视频化、形象化，并让观众参与进来体验产品，然而因为用户接受信息的自主性，广告必须要有吸引力、诱惑力、娱乐性和与用户的密切相关性。把广告内置到电视剧或电影中是一个方向。在不破坏影视情节、整体美感及连贯性的情况下，内置式广告在很大程度上能减轻用户的抵触情绪。在电子游戏中利用植入式广告，使玩家了解产品或品牌，也能收到不错的效益。

用户对于新媒体广告的态度，除与新媒体广告本身有关，还与其所投放的媒体平台有关。本次调研选取南京新闻类、旅游类、房产类、购物类等新媒体平台作为主要类型，从中发现用户对新媒体平台的偏好。

大型门户网站的新媒体平台易受青睐。互联网市场竞争日益激烈，最初以提供搜索服务、目录服务为主的门户网站也加快拓展各种新业务，通过丰富多样的业务来留住庞大的互联网用户，因此目前门户网站的内容包罗万象，成为网络世界的“百货商场”或“网络超市”。由于大型门户网站搭建的新媒体平台服务内容多样，覆盖面极其广泛，知名度也相对较高，用户使用率自然高于其他单一的新媒体平台。榕诗科技发表的《新媒体时代，未来的广告投放方向有哪些?》的数据体现大部分受访者认为（见图 1-2-9），随着科技的发展，新媒体广告投放的主流地位会逐渐形成。其中，社交媒体和移动应用是未来广告投放的重要渠道之一。对于移动广告的接受程度，大部分受访者表示移动广告的出现不会打扰到自己的生活，且能够接受移动广告的推荐。受访者更希望接收到与自己有关的广告，对于广告内容的创意和实用性也提出了一定的要求。此外，受访者认为在新媒体平台上投放广告需要遵守相关法律法规，保证广告内容的合法性和真实性。同时，也需要加强对于新媒体广告的监管和管理，避免虚假广告的出现。总的来说，大部分受访者对于新媒体广告的未来发展持有积极的态度，认为其能够更好地满足用户需求和市场需求，同时也需要不断地完善和规范新媒体广告的投放和监管机制。

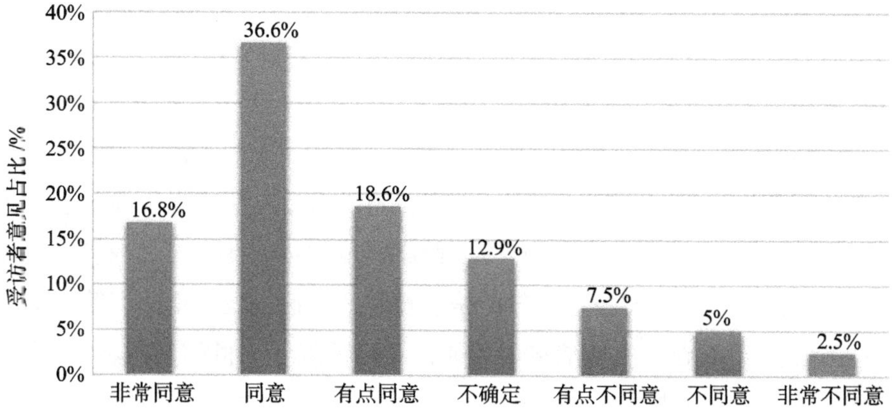

图 1-2-9　新媒体广告相关问卷调查

社交类新媒体平台关注度高。在社交类新媒体平台中，微博由于其传播的即时性、交互性，以及信息的裂变式传播，展现出强大的传播效能，成为用户获取外界信息的重要载体。微信随着功能的不断改善，早已不仅仅作为一种通信工具存在了，它囊括通信、娱乐、线上支付、第三方程序入驻等功能，成为人们生活中不可缺少的组成部分。微信公众平台所推出的各类公众号，凭借切合实际需求的传播内容、精确的传播方式、即时的互动交流，已“笼络”众多用户的心。

对新媒体广告精确传播的接受度尚待研究。传播是新媒体广告的重要特性，用户是否认可新媒体广告这一特性，以及对这一特性的接受程度如何，是需要着力探究的。

纵观新媒体广告的发展历程，从最初的尝试期到现在的蓬勃发展期，从单一化的内容到现在多样的形式，新媒体广告以一种新形势、新姿态、新技术实现市场切入。从无到有，新媒体广告顺应时代潮流应运而生，并以其交互性强、精准性高、时效性强、便利性好的优势不断优化发展，符合当代新生用户的价值观，前景非常可观。而互联网只会越来越进步，新媒体广告也必将成为互联网的一大主流支撑行业。

第三节　新媒体传播特点与发展态势

一、新媒体广告的特点

新媒体广告是一种新型的营销手段，与传统媒体广告相比，具有以下特点。

一是互动性和即时性强。在新媒体环境下，用户不再只是被动接受信息而是主动参与到网络中，可以最大限度地发挥用户所产生的积极作用来促进产品或服务销售、满足客户需求，同时也能更好地利用各种资源进行营销，提高了效率。新媒体广告能极大限度地和用户进行互动，满足用户的互动需求，从而促进产品和服务的销售。

二是传播范围广和速度快。传统媒体在信息发布后，用户的反馈信息较少，只能通过报纸、电视等传统媒体进行传播，而新媒体则可以在短时间内将信息传递给更多的观众。而且，互联网技术与数字信息技术的快速发展使得人们能够随时随地获取自己所需要了解和关注的消息。例如，袁隆平院士去世的消息在 10 分钟之内登上了微博热搜，青海省凌晨发生地震的消息没有等到天亮便全网皆知。

三是用户群体广泛化。网络时代下人们接收信息更方便快捷并且内容丰富。例如，通过巧妙的创意，借助著名足球明星C罗和iPhone 5s的吸引力，清扬洗发水品牌举办有奖转发活动，单次活动有效拉动超过50万次转发，吸引50万名以上粉丝，迅速带动了微博人气，形成极大的品牌影响力。

随着技术的不断提升，新媒体技术登上了舞台。通过对新媒体技术的有效运用，新媒体广告不断发展并走向下一个高潮。抖音、快手、小红书等新兴媒体平台成长起来，年轻人开始成为新一代的消费主力军。

新媒体广告凭借网络和手机无线通信网络的强大功能，已经可以做到"随时随地，想看就看"的程度，电脑和手机只要接入互联网，就能在相应的门户网站看到各种广告，而且门户网站中的广告在一定时期内会一直显示，在这个时期内上网用户任何时候登录门户网站都会看到相应的广告信息，每天对门户网站中的广告信息有意无意地观察也形成了广告对于潜在消费者的渗透；而网络视频广告则会长时间保存在视频网站中，一些经典的广告则会被网络用户分享至个人的微信、微博或其他社交媒体中吸引更多的人观看，新媒体广告就通过这样的方式形成了多次传播、反复渗透的效果。

新媒体广告以互联网为载体，如今的发展绝不是新媒体广告的终点，互联网带给了新媒体广告无限的可能性，只要保持广告的内核——创意，新媒体广告的形式就会层出不穷。在数字时代，广告和销售逐渐架起桥梁，品牌和渠道相互依存，消费者和广告商相得益彰。这种情况促使我们的营销环境变得有趣而复杂。如果要尝试新技术或新渠道的话很有可能会涉及某些风险。如何使用数字化来满足群众在信息、娱乐和社交互动等各个方面的需求，以及怎样从评论、体验等方面来吸引用户创建新的内容，这将成为信息的重要组成部分。

今天，随着互联网技术的不断进步，新媒体平台的出现和发展为新型广告和营销提供了新的途径。新媒体是一个不同于以往媒体的时间概念，就目前而言，在互联网快速发展的前提下，新媒体是指应用互联网技术实现实时信息交换的媒体形式。这样的媒体可以提高广告传播的实时性和互动性，提高人们接受广告的能力。新媒体可以分为互联网新媒体、移动新媒体、数字电视新媒体等多种形式。通过上述形式，广告的推广进入了个性化时代。

此外，新媒体在广告主媒体投放策略中的"中心化"趋势日趋明显。中国传媒大学广告主研究所调查数据显示，被访企业投放新媒体费用占总媒体广告费用的平均比例已经超过了在户外和报纸等主要传统媒体上的广告费比重，仅次于电视广告费用比例，56.8%的被访企业认为2022年新媒体广告费用占企业媒体广告投放费用比重将呈现上升趋势。随着部分新媒体的成熟、壮大，其在广告主媒体投放策略中的“中心化”趋势日趋明显，成为广告主广告投放媒体选择的重要对象。楼宇电视、互联网是目前广告主较为倚重的两大新媒体，逐渐成为众多广告主媒体策略的中心，主流化趋势已经显现，网络媒体更是被广告主列入准备增加投入的阵营。未来，新媒体广告将会毫无疑问地成为主流，我们应该大幅度去挖掘互联网在媒体上的作用。

总之，新媒体时代下广告制作成本降低了，制作难度也降低了，同时具备个性化和数据优先的优势。通过和消费者的相互绑定，利用消费群众流动大的特性，提升目标消费群体黏性，便于广告营销，使用者更易于感知和接纳广告中所传递的信息。而新媒体广告的背后是新一代的网络营销，以移动端为传播载体，向目标用户推广直接、定向的即时信息，与用户的信息互动交流是其实现市场沟通与营销的首要方式。在新媒体时代背景下，新媒体广告必定会得到更宽广的发展，为广告业带来新一轮的繁荣，广告人也势必面临多方面的选择。“新旧的交替”“多元的体验”“个性化的精准投放”将成为新媒体广告在这个时代要面临的机遇和挑战。

二、新媒体广告传播的具体特征

（一）新媒体传播的特点

（1）传播方式由单向转变为双向。传统媒体的传播方式属于单向传播，这种传播方式是静态的，没有流动性，具体体现为在特定时间段，信息由发布者单向传播给用户，而用户只是被动接收、无法反馈信息。而对于新媒体来说，其传播方式属于双向传播，任何人通过新媒体都可以成为信息的发布者，并且相互之间还可以进行互动。此外，实现了传播行为个性化，新媒体的传播方式使每个人都可以自由表达自己个性化的观点，以信息发布者的身份传播信息。这种个性化的传播行为利弊共存，它使信息发布者感受到影响他人的满足感，同时也造成个人隐私问题泛滥成灾，增加了管理的难度。

（2）接收方式由固定转变为移动。无线移动技术的出现，使新媒体也具有移动性。在日常生活中，人们普遍利用手机上网浏览新闻、听广播，而且在公交车、出租车上也普遍配有电视。对于传统媒体来说，发布信息前需经过复杂剪辑、后期制作和排版；而对于新媒体来说，由于技术的优势，可在全球范围内进行实时传播。这是传统媒体难以望其项背的。就目前而言，一些规模较大的门户网站，大多都能够通过音频和视频进行实时传播，大大缩小了时空距离。

（3）功能效果从单一转变为融合。相对于传统媒体而言，在传播内容方面，新媒体显得更加丰富，包括文字、视频、音频等，多媒体化将是未来的一种必然趋势。不仅如此，在终端方面，新媒体的交融性也有所体现，就手机而言，不但能打电话、发信息，还可上网浏览新闻、看视频，将众多媒体功能融为一体。而且对于新媒体来说，其传播方式具有消解各种边界的作用，如国家之间、地域之间、社群之间等，从而使信息的传播不受这些边界的限制。

（二）广告借助新媒体进行传播的特点

在新媒体时代，传播形式的互动性、媒介形态的多样性、广告内容的多样性是广告传播的显著特点。手段的多样化，使广告的传播更加快速，广告的覆盖更加广泛，广告主对于广告传播方式的选择更加多样化，增强了广告市场的竞争。在这种情况之下，最受益的就是广告主。

相对于传统媒体只能被动接受而言，新媒体传播的过程中，接受者可以利用先进的网络通信技术进行各种形式的互动，这使传播方式发生了根本的变化。如微博营销，将明星效应与新媒体效应相结合，不断拓展广告的市场效应。明星用诙谐幽默的方式向“粉丝”诉说自己皮肤干燥、容易长痘的苦恼，透露出自己亟须改变皮肤干燥问题的紧迫性，在与粉丝产生共鸣的同时，自然而然地推荐了化妆师推荐的天然护肤品牌，短时间内就收获了 120 000 个赞、20 000 条评论、9 400 条转发，利用名人效应和微博的爆炸性传播效应，完成了一场化妆品品牌在移动端的完美营销。新媒体时代，微博、微信等社交平台广告定位明确，互动性强，口碑效应好，影响力大，成本也较低，有益于真正实现品牌的有效传播。

平面户外广告借助某个载体使其广告能悬挂在墙壁上，其安全性能有待改进。面积越大，投资成本就越高。而新媒体广告只借助大数据精准分析可以收到同样的效果，且投资成本大大降低。

报纸、杂志的广告内容基本无法做到长效，除了在发行当时，之后便成为历史，无人关注。而新媒体广告用户的主动性，互联网引擎本身的时间优先性，再经过大数据分析，使新媒体给用户的信息都是最近的。

转化率高。转化率就是从广告转化成成交的概率，和传统媒体相比，新媒体广告连接的是强大的电商平台，有着迅捷的成交过程、方便的物流过程，还没等兴奋衰减，已经支付完成了。

交互性强。与传统媒体单向发送信息“等鱼上钩”这种模式相比，新媒体是按需要推送的，用户可以通过各种渠道来主动获取所需的广告信息。比如说通过搜索引擎搜寻，通过手机应用软件 APP 来检索。

便利性且广告模式灵活。互联网广告无处不在，可以在你的手机里、电脑上、街头的 LED 大屏幕上、地铁里，只需要打开你手头上的屏幕，如手机、平板电脑等，这些都是随身携带的。可以通过点击付费、关注付费，而不是数人流量这种原始的方式。

具有精准性。当用户自己需要某些广告的时候，大数据下的新媒体会过滤掉许多与搜索内容无关的广告内容，从而达到由需求带入广告的精准性。

总而言之，借助新媒体平台进行广告传播，在很大的程度上促进了广告的传播，但也出现了新的问题。所以在研究新媒体广告特点的时候，看到了新媒体广告促进生活和社会发展的一面，同时也要了解新媒体广告的弊端，利用创新性原理、多元化原理、隐形化原理和利益激发原理等，提高新媒体广告的传播效率和质量。

三、新媒体广告的视觉优势和发展态势

（一）新媒体广告的视觉优势

1. 画面大

众多的平面广告媒体都供室内或小范围传达，幅面较小；而新媒体户外广告通过墙体的形式展示广告内容，比其他平面广告插图大、字体也大，十分引人注目。

2. 远视强

新媒体户外广告的功能，是通过灯光的形式，向户外的人们远距离地传达信息。广告作品的远观效果强烈，适合于现代社会的快节奏、高效率、来去匆忙的人们在远距离关注。

3. 内容广

新媒体广告在公共类的交通、运输、安全、福利、储蓄、保险、纳税等方面，在商业类的产品、企业、旅游、服务等方面，在文教类的文化、教育、艺术等方面，均能广泛地发挥作用。

4. 兼具性

展示的形式多种，具有文字和色彩兼备功能，从产品商标、品名、实物照片、色彩、企业意图到文化、经济、风俗、信仰、规范无所不包含。通过构思和独特创意，紧紧抓住诱导消费者购买这一“环”，以视觉传达的异质性，去达到广告目的。

5. 固定性和复杂性

新媒体户外广告无论是采用何种形式，都有其在一定范围、位置固定的要求。由于展示装置的基本结构较简单，单件复制成本远远低于其他户外广告。仅在夜晚作为照明的灯光设施只占用不到一个平方米，大大减少了成本。

新媒体户外广告的种类较多，尚无明确划分种类的方式。互联网技术在加速发展，传统广告在新媒体环境下发生了巨大转变，广告用户的需求日益多样与复杂，新媒体为广告传播带来发展机遇的同时，还伴随着前所未有的挑战。在新环境中，广告传播要充分把握新媒体特点，根据其技术优势选择适当的广告传播形态，创新广告传播方式，注意广告传播策略中存在的问题，才能获得良好的广告传播效果。

（二）新媒体广告的发展态势

1. 沉浸式的交互设计无处不在

人们不论在何处都能够看见不计其数的新媒体广告，因为大家生活在一个信息爆炸的时代。重复的广告内容席卷而来，高密度地冲击着消费者，让用户出现疲劳，导致很多广告的实际效果大打折扣。科技为新媒体提供了可互动的内容，这使消费者在接收新媒体广告时有了更多的自主性，不再是被动无差别地接收传统广告，而是变成内容创作和推广的主动参与者。

2. 受到越来越多的尊重和认可

5G 时代给新媒体广告的交互性赋予了更深层的含义，一方面是可以给消费者带来更真实的沉浸式交互体验，另一方面是消费者与品牌商、消费者与消费者、消费者与广告传播终端之间建立了一种新的交流模式，它们之间的交互变得更快速、更紧密、更具体。5G 技术下沉浸式的虚拟现实将成为未来广告的一大亮点，新媒体广告在进行创新设计时，要特别注意内容和表现手法，以及媒介载体的互相配合和可交互性。

3. 个性化的精准传播

新媒体广告借助互联网技术遍布在我们生活的每一个角落，我们常常会在毫无察觉的情况下接收到五花八门的广告推送，而且你会发现广告的内容变得愈发符合你的需求，仿佛读取了你心中的念头。实际上这正是基于目标用户不同个性特征的“精准投放”，品牌商利用互联网大数据分析目标用户的偏好，之后根据不同需求有针对性地向用户推送个性化内容。在“精准投放”之下，一方面，品牌商能够防止无差别投放广告造成的浪费，更好地吸引目标用户的注意力；另一方面，目标用户能接收到满足自己需求的高质量、有内涵的广告，何乐而不为呢？关于新媒体广告的创作，其中个性化元素能给人留下深刻印象。个性化是让品牌打动目标用户、从成千上万竞争者中推销自己的重要元素。个性化创作的最终目的就是促进用户沟通，与品牌进行沟通。在这个新媒体广告的时代里，这种内容趋向在之后很长时间都将持续充分发挥作用。传统媒体的传播手段是通俗化的，它所设定的目标群体也都是通俗化的一部分，显然新媒体给大家带来了一种个性化的环境。当今的消费大众特别是年轻用户，崇尚与众不同的个性，这也反映在他们对广告、对产品的看法上。

所以，在目标市场定位的前提下，创作精准的新媒体广告，凸显个性化可定制的特点，有助于优化广告效果，还有助于实现消费者对于个性化的需求。可以预料的是，新媒体广告进行个性化的精准传播，既是基于5G技术的必然发展又是蓬勃发展的广告市场的需求。

4. 多元化体现

现在社会的用户已经不再简单地满足于物质消费，而更偏重于精神消费。在高速发展的5G时代下，新媒体广告的发展趋势必然愈来愈多地注重用户的需求。新媒体广告想得到长久稳定的发展，就不得不注重多元化的广告设计表现。

新媒体广告的多元化具体体现在两个方面：一方面是广告与多样化媒介相匹配而表现出的不同形式；另一方面是多元文化相结合而形成新的广告传播内容。新媒体广告可以增强广告传播效果，还可以提高广告投资的变现率。在这之中，多元化媒介配合是非常关键的一部分，即广告内容在多种媒介平台上进行投放，借助于不同媒介搭配使用，相互促进，以实现更有效的广告传播，这是一种有效的传播手段。但是因为不同形式的广告具体表现有所差异，新媒体广告需要用统一协调、灵活多变的创意主题，来适应不一样的新媒体广告平台。

三、新媒体广告传播策略存在的问题和建议

目前，新媒体相关法律法规的建立在各个地方都处于适用阶段，存在制度不健全的情况，而新媒体广告的形式新、传播力大，具有许多不可逆的影响力，所以需要制定必要的法律法规，在各个地方以国家统一的标准为基础。新媒体广告的监管滞后，在各个平台上发布信息，由于信息量大难免有监管不力的情况出现，相关人员无法及时监管，甚至出现问题后无法及时取证，难以贯彻全权监管。

同时，新媒体广告也存在发展方向有误、盲目追求利益、社会责任感不强，以及为博眼球做出触犯道德底线的广告骗局等问题（见图 1–3–1）。[①]

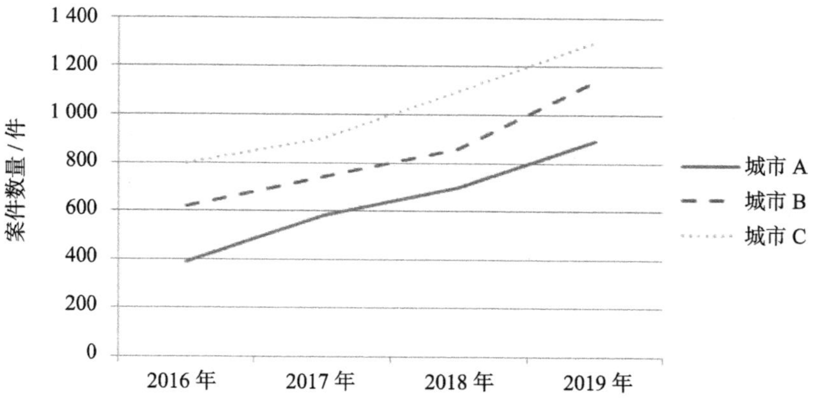

图 1–3–1　有关新媒体广告的诉讼纠纷案件数量

（一）新媒体广告传播策略存在的问题

1. 传播策略推陈出新的力度较小

相较传统媒体广告，新媒体广告是一种全新的表现形式，用户接触它的时间较短，尚未有专门的法律法规对其进行约束。新媒体广告传播策略缺乏创新，一方面是因为许多新媒体仍在奉行“按效果付费”的老规矩，所投放的广告是否成功取决于用户数量与实际效果。但大部分新媒体广告都是为广告主的利益存在的，因此广告投放与广告费用是否形成正比成了广告主最关心的问题。另一方面是因为新媒体固然有其“新”的特点，但许多广告公司设计的广告本身却未能打破固有的思维模式，始终坚持传统媒体的运营理念和方针，对新媒体缺乏整体认识。因此，该类广告不但不能起到理想的传播效果，还会引起用户的排斥心理。

2. 传播策略缺乏合理的资源整合

媒体环境的改变使得许多新的广告传播策略也应运而生，而新媒体的特点给广告传播带来了正面效应之余，也不乏负面影响。主要是由于网络技术的发达程度远远高于用户的辨识能力，有不法分子利用新媒体平台，发布不良广告诱使用户在线非法观看、使用或下载黄色、暴力、盗版等视频，以赚取广告费用。针对这类问题，需要整合政府和各方面力量对违法违规的广告及早发现，禁止此类广告的出现与传

① 数据来源：某省统计局、司法厅。

播，营造一个良好的广告市场空间并对其进行有效整合。

3. 欠缺有效的传播管理策略

在新媒体环境下，广告内容得到了极大丰富，广告种类也更加丰富，尽管这使得广告主与用户分别获利，但是仍无法避免面临许多问题。例如有些网络广告侵犯个人隐私，手机短信泛滥成灾都使得传统的广告监管模式失效，广告市场秩序也因此混乱。从广告管理者角度来说，目前尚未有专门对新媒体广告进行管理的法律条文和成文规定，新媒体广告如今仍处于自发无秩序的状态，缺乏明确的发布标准和关于广告宣传内容的法律意识，广告内容鱼龙混杂，其真实性、合法性缺乏保障，有些广告还涉及意识形态的问题。

（二）新媒体广告的传播策略建议

1. 开拓创意思维，增强用户黏性

在新媒体时代，信息海量化、用户个性化等特征要求广告主注重形式、内容、手段与创意的创新，突破原有的广告形态，第一时间抓住用户眼球。最早的“益达”口香糖广告就以“甜蜜爱情”故事的描绘引人注目，相比于同类广告，该广告更倾向于剧情的传递。这则广告以情感诉求的形式来宣传产品，打动消费者并诱导其产生购买行为，它克服了传统广告的空洞解说与直观宣传产品的缺陷。在新媒体环境下，广告传播要让用户感受到创意性与艺术性，使其主动选择观看与了解。如此，广告信息才能在众多同质产品竞争中脱颖而出。

2. 多元传播策略，实现效果最大化

新媒体的多元传播策略是指新媒体之间、新旧媒体之间的组合传播，充分汲取新旧媒体的种种优势，运用媒体联动的方式为同一产品服务是当前大势所趋。互联网的提升及智能机的普及，大大地丰富了手机的功能，能够使人足不出户便了解外界的事情。“天猫双 11”的成功便得益于网络广告、手机终端的宣传与造势，但传统媒体的市场份额和影响力也发挥了一定作用。因此，广告主在新媒体与传统媒体上同时投放广告，可使得传播效果最大化。

3. 改善法律环境，增强用户监督意识

目前，由于新媒体种类繁多，涉及领域广且界限模糊，仅仅依靠《中华人民共和国广告法》中的法律法规已不能够充分规范新媒体广告，这就需要立法部门针对新媒体广告制定出相应的法律规章。广告传播作为一种公开的信息传播活动，一方面要靠政府管理，加强广告行业自律，不断地增加广告从业者的社会责任感，始终把社会效益放在首位；另一方面还要鼓励用户积极参与到监督行动当中，不断地增加用户的监督意识，共同营造一个风清气正的新媒体广告传播空间。

新媒体广告给广告行业带来了全新机遇的同时，面临着许多尚待解决的特有问题。要冷静分析其优势与缺陷，把握新媒体特性，利用新媒体平台创造出新的传播价值，让广告的投放更精准、更有效，使其发挥更大的传播效益。新媒体独有的媒介特性也使得媒介环境更加复杂，在将来科学技术加传媒的终端广告形式下，探索新的广告方式将成为占领市场的关键所在。

第四节　新媒体广告在国内外的发展

一、中国新媒体广告的发展

（一）新媒体广告对传统广告的挑战

对比传统媒体广告，新媒体广告的出现使广告传播的环境和规则不可避免地被重新定义和书写，其与传统媒体最大的区别在于传播状态由一点对多点变为多点对多点。新媒体的传播模式是以大众传播、双向互动为基础的，它归纳符号的信息作用，区别信息的内容需求，发扬交互式或准交互式的双向传播优势，分门别类对使用者按需定向传送。因此，在新媒体环境中，传播的通道不再是线性的，而是非线性的；传播的载体也不再是独立的，而是多元的。这时候，广告作为一种传播的通道和载体，在新媒体环境中也必然会呈现出新的、有别于以往的内容和形式。

新媒体广告是伴随着新媒体技术的产生而产生的。新媒体的不断涌现，使我国的广告市场也逐渐发生了变化，传统媒体的市场份额有所下降，特别是一些平面媒体、报纸杂志等广告经营面对着新媒体的冲击，承受着巨大的压力，而电视媒体暂时还比较稳定。与此同时，互联网广告、户外广告、电台广告等新媒体广告高速增长。新媒体将人际传播和大众传播混为一谈，其基本技术特征是数字化，基本传播特征是互动性。新媒体具有传播与更新速度快、信息量大、内容丰富、全球性和跨文化性、检索便捷、多媒体、超文本、互动性强、成本低的优势。新的广告形式，在市场需求多元化、新媒体继续高速发展的趋势下，新媒体广告的优势将得到越来越多的广告商的认可。面对已经取得的成就，新媒体广告行业在欢欣鼓舞的同时，还应该积极探索网络媒体的新特点和发展方向，适时采用新技术和新理念，开发出更切合网络媒体发展、更适合用户和市场需求的广告形式，使网络新媒体广告的优势长久保持下去。

新媒体技术手段无疑为优秀的新媒体广告内容与形式留下了空间。新媒体广告市场的发育，必然要依托新媒体自身的成长。现今我国处于由信息化带动的现代消费型社会，互联网是其关键的引领力量。社会消费的转变表现为从以功用为中心转向以价值为中心、从同质化转向异质化、从理性优先转向感性优先这三大趋势。同样，作为商品经济社会最具有代表性的新媒体广告，本质上仍是以获得利润最大化而采取的一种商品促销方式，它已经产生并具有了后现代经济的"以价值为中心""异质化""感性优先"这三个基本特点。

（二）中国新媒体广告的主要形式

1. 网络新媒体广告

网络新媒体广告是广告主通过网络新媒体的形式传播信息的活动，是依托于互联网的一种新媒体广告形式，其传播媒介仍是依托互联网，其传播方向是广大的网络用户。国内新媒体广告主要分为以下四种形式：一是网络视频广告。网络视频广告是网络广告的一种重要形式，从目前网络的发展来看，首先是以视频形式播出的网络广告，这与传统媒体中的电视广告形式类似。而现在出现了一些专门的视频网站，比如爱奇艺、优酷等，网络视频广告的出现也有了另一种解释，即在网络视频网站上播送的广告。二是搜索引擎广告。搜索引擎广告是在网络用户进行搜索时出现的广告信息。三是电子邮件广告。电子邮件广告就是通过电子邮件的方式对网络用户进行的一种直达性的宣传形式。四是社交网络广告。通过社交网络发布的各种类型的广告，由于社交网络中的文字、图片、视频、游戏等一应俱全，所以社交网络广告的形式也是多种多样的，可以灵活选择。

2. 手机新媒体广告

手机可以说是现代人必不可少的通信工具，而随着现在智能手机的发展，手机的功能已经不再仅仅限于通信。更确切地说，手机应该是一种综合性的多媒体移动通信设备（见图 1-4-1）。

2021 年 8 月 27 日，中国互联网络信息中心（CNNIC）发布第 48 次《中国互联网络发展状况统计报告》显示，截至 2021 年 6 月，我国手机网民规模达 10.07 亿人，较 2020 年 12 月增长 2 092 万人，网民使用手机上网的比例为 99.6%，而图 1-4-1

仅仅是2020年12月的统计调查。从这些就可以看出手机新媒体的使用人群数量是多么巨大，这巨大规模的人群数量正是手机新媒体广告发展的前提，而通过手机发布的各种类型的广告形式构成了手机新媒体广告。

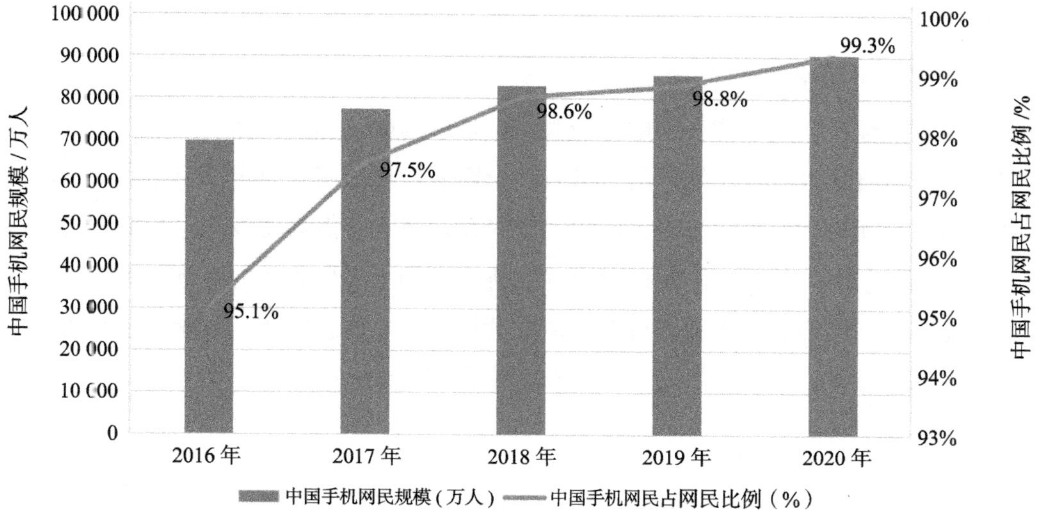

图 1-4-1 中国手机网民规模及比例

手机新媒体广告分为以下四种类型：一是手机电话广告。通过语音电话的方式对移动电话用户进行直接宣传推销的广告形式，在一对一的对话中，直接宣传广告信息，这样直接的对话有利于广告信息的传达。二是手机短信广告。通过手机多媒体移动设备的短信收发功能，进行商品的信息传播、产品宣传。短信广告的收到率高，发布速度快，成本低廉，形式灵活新颖。三是即时通信APP广告。即时通信类软件广告指的就是通过即时聊天和状态分享功能进行的广告宣传，优点是广告内容实时更新、制作成本低廉、传播效果好。四是手机二维码广告。二维码是用某种特定的几何图形按一定规律在平面分布的黑白相间的图形记录数据符号信息的新一代条码。二维码广告将产品的商品介绍、功能作用、宣传介绍等内容集成在二维码中，通过消费者扫码打开的一种广告形式。手机二维码广告的优点是方便宣传，针对性极强，广告信息提供便捷，具有可移动性。

网络新媒体和手机新媒体广告的形式远远不止这些，比如论坛广告、博客微博广告等形式，由于与门户网站广告形式相类似，所以包含在门户网站广告中。而手机软件广告更多地类似于植入式广告和最初的弹窗广告。新媒体技术在不断地发展，新媒体广告形式也会不断地发展变化，未来可能出现何种形式的新媒体广告，需要我们大胆地去探讨。

（三）中国新媒体广告的发展环境

新媒体广告的发展依托于新媒体的发展，每一个时代新媒体的出现总是会伴随着新的广告形式的创新。目前我国正处于快速发展的时期，人们享受着越来越方便和快捷的生活，如今中国新媒体广告的发展环境可以从四个方面进行讨论。

1. 中国新媒体广告发展的经济环境

良好的经济环境才能保证中国新媒体广告市场稳定提升，而政治因素对经济因素的影响是直接且具有指导性的，国家“十四五”规划明确提出了对于宽带互联网和移动宽带通信网发展的支持，这说明国家在未来五年内必将投入巨大的财力和物力用于发展新媒体技术。国家政策上的支持为市场上形形色色的经济组织提供了机会，尤其是在网络新媒体和手机新媒体的营销中，随着新媒体的发展，越来越多的厂家认识到新媒体作用，新媒体广告的发展也必定会登上一个新的台阶。

2. 中国新媒体广告发展的社会环境

新媒体的发展在稳步前进，使用新媒体的人数也在稳步增加。网民对手机电子商务类、休闲娱乐类、信息获取类、交通沟流类等应用的使用率都在快速增长，移动互联网带动了整体互联网各类应用的发展。现在互联网和手机的发展已经渗透到人们生活的方方面面，大大小小的事情几乎都要通过网络来解决（见表 1–4–1）。

表 1–4–1　2021 年 12 月—2022 年 6 月各类互联网应用用户规模和网民使用率

应用	2021 年 12 月		2022 年 6 月		
	用户规模（万）	网民使用率	用户规模（万）	网民使用率	增长率
即时通信	100 666	97.5%	102 708	97.7%	2.0%
网络视频（含短视频）	97 471	94.5%	99 488	94.6%	2.1%
短视频	93 415	90.5%	96 220	91.5%	3.0%
网络支付	90 363	87.6%	90 444	86.0%	0.1%
网络购物	84 210	81.6%	84 057	80.0%	–0.2%
搜索引擎	82 884	80.3%	82 147	78.2%	–0.9%
网络新闻	77 109	74.7%	78 807	75.0%	2.2%
网络音乐	72 946	70.7%	72 789	69.2%	–0.2%
网络直播	70 337	68.2%	71 627	68.1%	1.8%
网络游戏	55 354	53.6%	55 239	52.6%	–0.2%
网络文学	50 159	48.6%	49 322	46.9%	–1.7%

续表

应用	2021年12月		2022年6月		
	用户规模（万）	网民使用率	用户规模（万）	网民使用率	增长率
在线办公	46 884	45.4%	46 066	43.8%	-1.7%
网约车	45 261	43.9%	40 507	38.5%	-10.5%
在线旅行预订	39 710	38.5%	33 250	31.6%	-16.3%
在线医疗	29 788	28.9%	29 984	28.5%	0.7%

3. 中国新媒体广告发展的技术环境

技术的发展进步是新媒体能够发展的根本原因，正是因为中国科学技术水平的不断创新发展，才有了媒体技术和新媒体广告的不断更新换代。手机新媒体的快速发展，让越来越多的中国人享受到移动互联网的乐趣，而正是因为网络新媒体与手机新媒体技术的创新和进步，给网络新媒体广告和手机新媒体广告“乘虚而入”的机会。广告投入最重要的参考指标是潜在消费者的数量，新媒体有如此数量的用户，所以新媒体广告未来的发展必定会达到一个新的高度。

（四）中国新媒体广告发展SWOT分析

SWOT分析法（也称TOWS分析法、道斯矩阵）即态势分析法。其中，S代表英文单词Strengths（力量、优势），W代表Weaknesses（弱点、弱势），O代表Opportunities（机会、机遇），T代表Threats（危险、威胁）。通过对新媒体广告进行SWOT分析，能够帮助我们更加清楚地认识到新媒体广告所具有的优劣势，从中找出新媒体广告在发展中所存在的问题和面临的挑战，以便在未来新媒体广告的发展中抓住机遇，获取更大的市场。

1. 优势分析（Strengths）

从传播媒介的角度来看，新媒体作为广告传媒相对于传统媒体具备以下四个优势：

第一，新媒体广告的成本相对较低。新媒体广告很多的宣传都不需要花费大量资金，比如在网络视频广告中，因为视频网站都是免费使用，只要注册网络平台会员就可以进行视频的上传和下载，这相对于传统媒体尤其是电视媒体巨额的代理费来说，新媒体广告是最佳的选择。

第二，新媒体广告能够反复渗透，拥有强大的互动功能。新媒体广告凭借网络和手机无线通信网络的强大功能，可以做到随时随地、想看就看。电脑只要接入宽带网络，就能在相应的门户网站看到各种广告，而且门户网站中的广告在一定时期内会一直显示，在这个时期内用户任何时候登录门户网站都会看到相应的广告信息。

第三，新媒体广告拥有大众化和分众化的精准传播能力。现代广告在广告定位时会准确找到最需要它的那一群目标消费者，这样广告便会发挥出最大的效能。通过对用户信息和资料的分析，可以预测用户最需要的产品，根据对这些分析结果对其进行有针对性的广告宣传，就做到了“一对一”的精准传播，其广告信息的效用就恰到好处，大大提高了广告传播的价值。

第四，新媒体的用户基数大，且未来仍有不断增长的趋势。传统媒体的用户逐渐减少，报纸杂志的发行量大幅度下滑，电视机的开机率也出现下滑。人们越来越多地使用手机和电脑观看新闻或视频等。越来越多的人使用新媒体，这预示着未来会有越来越多的广告通过新媒体发布，新媒体广告有着良好的前景。

2. 弱势分析（Weaknesses）

第一，新媒体广告的质量参差不齐，众多小厂商广告严重影响了网民正常的网络使用。由于互联网目前在中国受到的监管还不甚严格，网络相对于传统媒体来说，具有更高的自由度，同时由于中国多数网站都免费对用户开放，任何人都可以使用，因此就降低了新媒体广告的准入门槛。例如，有些网站提供免费的音像视频资料供网民下载，但其网站的运营需要经费，此时广告主通过赞助费的形式与网站达成协议发布广告主的广告，这样，网站的运营就需要依靠广告主的赞助费，因此我们可以发现很多类似的网站总是包含很多弹窗式的小广告，有的广告还不能关闭，这严重影响了网民对于正常网站功能的使用。还有的视频网站因为相似的原因，在视频的开头、中间或结尾会插入大量的广告内容，有些几分钟的视频内容甚至要播放一分多钟的广告，这样的广告播放已经遭到了很多网民的抱怨和抵制，很多网民通过技术手段屏蔽广告只收看视频，这反过来也不利于广告主广告的效果。

第二，新媒体广告的发展不均衡。新媒体广告的发展主要依靠巨头网络公司的支撑，新媒体广告资源大部分被网络巨头所瓜分。网络新媒体最重要的资源就网络用户资源，只有形成了一定量的用户资源才能保证网站的点击率，而广告投资商正是凭借点击率来选择广告投资的，新的新媒体公司如果想要获得生存和发展，就必须吸引用户点击，进而吸引广告商进行投资，但是从吸引用户到形成固定的用户点击是需要时间的，而很多新的公司正是由于未能吸引到固定的用户点击致使网站关闭，多数新媒体公司从成立到关闭的周期很短，正是这个原因导致新媒体广告的收入极度不平衡，大量的广告资源被几个巨头网络公司所占据，这样容易挫伤创业者的激情，降低新媒体行业的活力，实际上对于新媒体市场的发展极为不利。

第三，新媒体广告质量良莠不齐。新媒体广告的形式灵活多变，内容大胆创新，这是对于新媒体广告特点的总结，也是从理论上对新媒体广告的概括，然而在实践中，新媒体广告的质量还远远达不到理论上的水平。网页上嵌入式的小广告和推销小游戏的垃圾广告的存在，正是由于新媒体广告的准入门槛低，给了一些小企业小厂商投资广告的机会；而大的网络巨头由于资金和用户资源的优势，能够吸引众多优秀的广告公司，因此广告的投放质量就有保证。这就导致了新媒体广告质量良莠不齐。

3. 机遇分析（Opportunities）

第一，国家对于发展新媒体给予强大的政策扶持。国家通过政策的扶持，大力发展新媒体技术，促进新媒体的更新换代和产业升级（见表 1-4-2）。

表 1-4-2 我国媒体融合行业的相关政策

时间	发布主体	政策	要点
2008 年 1 月	国务院	《关于鼓励数字电视产业发展若干政策的通知》	支持包括国有电信企业在内的资本参与数字电视接入网络建设和电视接收段数字化改造，为媒介融合打开窗口
2010 年 1 月	国务院	《推进三网融合的总体方案》	将三网融合提升到培育战略性新兴产业的重要任务的高度进行推进，并要求组织开展三网融合试点
2010 年 3 月	新闻出版总署	《关于加快我国数字出版产业发展的若干意见》	为贯彻落实中央关于调整产业结构和转变发展方式的战略部署，贯彻落实《文化产业振兴规划》和新闻出版总署《关于进一步推动新闻出版产业发展的指导意见》，推进出版业升级
2012 年 2 月	新闻出版总署	《关于加快出版传媒集团改革发展的指导意见》	该意见分充分认识加快出版传媒集团改革发展的重要性紧迫性，加快出版传媒集团改革发展的指导思想、原则要求和主要目标，积极推进出版传媒集团战略性改组，大力支持出版传媒集团应用高新技术和推动产业升级，切实加强出版传媒集团科学管理，鼓励和扶持出版传媒集团走出去，为加快出版传媒集团改革发展提供保障措施

续表

时间	发布主体	政策	要点
2014 年 8 月	中央全面深化改革委员会第四次会议	《关于推动传统媒体和新兴媒体融合发展的指导意见》	将推动传统媒体与新兴媒体融合发展上升到国家战略任务的层面，开启了我国媒介融合的序幕
2015 年 9 月	国务院	《三网融合推广方案》	要求总结推广试点经验，将广电、电信业务双向进入扩大到全国范围并实质性展开工作
2016 年 7 月	国家新闻出版广电总局	《关于进一步加快广播电视媒体与新兴媒体融合发展的意见》	提出力争两年内，广播电视媒体与新兴媒体融合发展在局部区域取得突破性进展，形成几种基本模式的总体目标
2017 年 1 月	中共中央办公厅、国务院办公厅	《关于促进移动互联网健康有序发展的意见》	大力推动传统媒体与移动新媒体深度融合发展，加快布局移动互联网阵地建设
2017 年 5 月	中共中央办公厅、国务院办公厅	《国家“十三五”时期文化发展改革规划纲要》	扶持重点主流媒体创新思路，推动融合发展尽快从相“加”迈向相“融”，形成新型传播模式；支持党报党刊、通讯社、电台电视台建设统一指挥调度的融媒体中心、全媒体采编平台等“中央厨房”，重构新闻采编生产流程，生产全媒体产品；明确不同类型、不同层级媒体定位，统筹推进媒体结构调整和融合发展，打造一批新型主流媒体和媒体集团
2018 年 11 月	中央全面深化改革委员会第五次会议	《关于加强县级融媒体中心建设的意见》	要深化机构、人事、财政、薪酬等方面改革，调整优化媒体布局，推进融合发展，不断提高县级媒体传播力、引导力、影响力。
2018 年 12 月	国务院办公厅	《关于推进政务新媒体健康有序发展的意见》	按照前台多样、后台联通的要求，推动各类政务新媒体互联互通、整体发声、协同联动，推进政务新媒体与政府网站等融合发展，实现数据同源、服务同根，方便企业和群众使用

续表

时间	发布主体	政策	要点
2019年1月	中共中央宣传部、国家广播电视总局	《县级融媒体中心建设规范》	县级融媒体中心应整合县级媒体资源，巩固壮大主流思想舆论，不断提高县级媒体传播力、引导力、影响力、公信力
	习近平总书记在中共中央政治局第十二次集体学习时的重要讲话		推动媒体融合向纵深发展，做大做强主流舆论；主流媒体要大胆运用新技术、新机制、新模式，加快融合发展脚步；通过技术支撑和内容建设，打造一批具有强大竞争力的新型主流媒体，从而掌握舆论场主动权和主导权
2019年4月	国家广播电视总局	《总局办公厅关于建立“国家广播电视总局媒体融合发展专家库”的通知》	通过建立“国家广播电视总局媒体融合发展专家库”，凝聚最广泛力量，汇集全行业智慧，贯彻落实好中央“推动媒体融合发展、构建全媒体传播格局”重大战略部署，为总局推进媒体融合发展决策提供重要参考，提升总局广播电视行业治理体系和治理能力现代化水平；建设初期，专家库包括“优秀专家学者”和“优秀行业从业人员”两个子库
2019年10月	国家广播电视总局	《总局关于创建广播电视媒体融合发展创新中心有关事宜的通知》	决定择优创建广播电视媒体融合发展创新中心，以改革创新的思路举措，汇聚各方力量、深入研究探索、强化应用示范，加快推进广播电视媒体与新兴媒体深度融合一体发展
2019年11月	科技部	《关于批准建设媒体融合与传播等4个国家重点实验室的通知》	为适应全媒体时代发展需求，推动媒体融合向纵深发展，强化科技支撑，批准建设“媒体融合与传播国家重点实验室”“传播内容认知国家重点实验室”“媒体融合生产技术与系统国家重点实验室”“超高清视音频制播呈现国家重点实验室”4个实验室。

续表

时间	发布主体	政策	要点
2020年9月	中共中央办公厅、国务院办公厅	《关于加快推进媒体深度融合发展的意见》	深刻认识全媒体时代推进这项工作的重要性紧迫性，坚持正能量是总要求，管得住是硬道理，用得好是真本事，坚持正确方向，坚持一体发展，坚持移动优先，坚持科学布局，坚持改革创新，推动传统媒体和新兴媒体在体制机制、政策措施、流程管理、人才技术等方面加快融合步伐，尽快建成一批具有强大影响力和竞争力的新型主流媒体，逐步构建网上网下一体、内宣外宣联动的主流舆论格局，建立以内容建设为根本、先进技术为支撑、创新管理为保障的全媒体传播体系

第二，新媒体广告的规模不断扩大，广告收入份额中所占比例不断扩大。在网络广告市场整体进入成熟稳定阶段之后，市场仍然呈现出一些新的发展态势。各个网络媒体细分领域表现各异，一些传统领域呈现出成熟态势下的增速放缓，而一些领域在新的广告技术与广告形式共同驱动下，迸发出强劲的增长势头。

第三，新媒体广告的社会基础稳定发展，形成规模化的使用人群。由于新媒体技术的迅速发展和新媒体技术方面的使用方式，加之新媒体使用成本的不断下降，网络用户的使用人数不断地稳定上升。我国互联网用户已经形成了规模化的人群，成了新媒体的固定使用人群，这些用户的形成为新媒体广告的发展奠定了基础，这表明未来新媒体广告的发展前景良好，只要广告主能够充分分析广大网络用户的消费习惯，进行具有针对性的营销策略，必定会在新媒体广告的未来中占有一席之地。

第四，新媒体广告依托的数字技术、宽带技术、移动通信技术等新技术处于不断发展更新的态势。新媒体广告依托的是数字技术、宽带互联网技术和无线移动通信技术的发展，这些技术是第三次科技革命的核心技术，可以说这些技术的发展日新月异，新媒体技术发展的同时也催生了新媒体广告新的形式，从最初的网页弹窗图片文字广告，到现在的贴片视频广告、网络广告视频等，都是新媒体技术的发展所带来的变化，而随着新媒体技术未来的不断更新发展，新媒体广告也必定会产生各种新的形式来迎合广大群众不断变化的口味。

4. 威胁（Threats）

第一，传统媒体经过技术改造升级后充分发挥新媒体技术的优势，同新媒体广告争夺广告主资源。众多传统媒体经过新媒体技术的引用，就形成了形式繁多的各种新型媒体，比如数字电视、数字报纸、数字广播、移动电视等，这些新型的媒体形式通过新媒体技术的改造，延伸了传统媒体的传播范围，使其具有了类似网络新媒体和手机新媒体一样的传播模式，即更加分众化的互动性精准传播模式。传统媒体经过了长时间的发展，已经在实践中积累了大量发展经验和资源，虽然目前新媒体正在不断蚕食传统媒体的阵地，给传统媒体形成了巨大的挑战，但是众多传统媒体认识到新媒体技术的巨大优势，经过新媒体技术的改造，凭借自身积累多年发展保存下来的客户资源和素材资源，通过新媒体的传播方式，仍然能够对新媒体广告的迅速发展形成挑战。

第二，新媒体广告市场监管不完善。这种情况却从未停止过，虽然我国在不断努力完善监管体系，但很难做到全盘监管。好的市场体系需要完善的监管系统来保证其有序稳定地运行，完善的监管体系也是保障广告主和消费者权益的有力后盾，只有不断完善我国新媒体广告市场的监管体系，才能为未来新媒体市场的不断发展提供足够的动力。新媒体广告监管是一项系统工程，需要政府、企业、各社会团体和组织、普通大众主动参与，多方配合，形成联动机制，举全民之力，才能形成系统完善的监管体制。通过相关法律制度的完善，行政执法力度的加强，社会各界的积极监督，形成完善的他律体制。行业内部要加强自身纪律建设，自觉遵守各项规章制度，提升行业自律。

（五）中国新媒体广告未来发展探索

1. 新媒体广告未来发展的新思路

新媒体广告利用新媒体技术，在广告传播中发挥了新媒体技术的优势，通过其互动性、超媒体性等特征更新发展广告的传播模式，广告主开始根据不同消费者群体进行分众化的精准广告传播。同时作为新媒体广告，广告主还运用最新的科技成果，发展出朋友圈广告、门户网站广告、网络视频广告等新的广告形式，但是并没有突破过去广告传播的传统界限，只是对传统广告形式的更新而已。在新媒体广告时代，广告传播的思路和理念并没有发生颠覆性的变化，仍然停留在广告主将广告信息传播给消费者，而广告主只是通过新媒体技术掌握了比传统媒体广告更多的反馈和互动，从而可以进行相对于传统媒体来说更具有针对性的广告营销罢了。而在具有颠覆性的新媒体技术基础上，依旧走着传统媒体广告的老路子，这是远远不够的。

广告主和消费者的传授界限越来越模糊，广告不再是广告主对消费者的单向传播，而应该是广告主和消费者之间的双向互动，消费者通过新媒体发布自己消费意愿，广告主根据消费者意愿进行商品的个性化模拟，再由广告主将模拟商品信息发给消费者进行选择的双向互动。这种广告传播理念，即广告的发起不再是由广告主一方单独地发起，而是在消费者购买意愿发出后，由广告主对消费者的购买意向进行综合统计后进行的广告信息传播，在此种传播理念基础下，消费者不仅仅是被动接用户多广告信息，而且是主动向广告主索取广告信息，并且在广告主和消费者不断的双向沟通中促进广告的改进和发展。

2. 新媒体广告发展创新的新形式

新媒体广告发展创新的新形式中，最有可能实现的就是消费者购买意向收集网站。此类网站是广告厂商专门开设用以收集消费者对于特定产品的购买意向的网站，此类网站只需要对特定商品的各种零部件进行说明，由消费者自行说明个人的要求，随后网站经过分析和整合，对消费者进行归纳整理，总结出不同消费者群体不同的购买意向，随后进行分众化的广告制作，随后向消费者发布，再根据消费者对于广告信息的反馈进行更加具有针对性地修改。最后，通过广告主和消费者之间的互动形成最终的广告商品，促成商品的买卖。

要实现这个目标具有一定的困难，首先，广告商先考虑的必然是广告主的利益，因为他们是广告商的资金来源。其次，广告商才会考虑如何制作能够吸引消费者的广告。由消费者的意愿出发，反向传达给广告主，由于初期并没有资金的投入，所以在现阶段或许只有一些 4A 级别的大型广告公司能够实现，其推广可能还需要时间。因此，限于作者的能力范围，对于新媒体广告的创新发展探索，还远不能穷尽新媒体未来无限的发展前景，希望对新媒体广告未来发展形成一定的借鉴和思考作用。

新媒体广告作为当下最具有发展潜力的广告形式，与我们每个人的关系都愈加密切，我们日常的生活活动已经越来越离不开手机和网络这类新媒体了。我们平时每一次的上网活动其实都没有离开网络广告的陪伴，打开网页有各种横幅广告和弹窗广告、FLASH 广告，打开视频也会先来一段广告让你欣赏，登录邮箱看到都是某某产品的推销，百度搜索最先出来的还是相关的广告信息。或许我们每个上网的人都曾经有过“这些网站都是免费的，靠什么来维持生计”的疑问。

每一个我们曾经去过的网站，都是许许多多的广告厂商在支持着它的运营和发展，而新媒体从中国出现到如今不过十年的时间，就将众多传统媒体广告打下阵来，成为中国广告收入最多的媒体形式，我们将近7亿的网民和占总数多于90%的手机网民正是新媒体广告迅速发展的根本原因。

新媒体广告的快速发展也必然带来了问题，监管不严格、广告质量不高等问题已经摆在我们面前，作为新媒体技术的受益者，我们每个人需要的是更加良好的使用环境和更加优质的服务，包括更加贴心的广告。在对新媒体自身优势和面临的问题进行综合探讨后，新媒体广告应该努力解决问题以保证未来更好地发展。

二、新媒体广告在国外的发展

国外新媒体在开展创新技术运用的过程中，立足时代所需，对自身发展战略进行积极调整，结合大数据、人工智能等技术，重视与用户之间的互动，创造全新的信息沟通方式，既吸引了用户的注意力，又提升了用户对新媒体广告的关注度。

新加坡《联合早报》推出的“新媒体早报网”，运用系统化思维，有效满足用户需求，在提供优质内容生产方面为媒体提供了有益借鉴。一方面，“新媒体早报网”与《联合早报》在内容上实现互补，推出了即时滚动消息版块，对报纸发行后出现的实时新闻进行动态更新，并开展大量追踪报道，有效避免了“烂尾新闻”的泛滥。如此，不仅方便用户进行信息查找，满足用户的信息获取需求，还促进了报网用户的互相渗透，实现收获更多网站浏览量和报纸阅读量的目的。另一方面，“新媒体早报网”推出“早报网专稿”栏目，以发表新闻相关的评论、特稿、专访，利用新媒体不限于篇幅的特性，与报纸实现深度互补。此外，为了实现信息传播的丰富性和可读性，“新媒体早报网”还开设网络版块，经常邀请专家、学者或文化名人对时事热点、文化现象发表观点与见解。通过粉丝效应，以及满足用户获取多种观点的需求，“新媒体早报网”获得越来越多用户的关注和付费。

新媒体广告报道更多的是对即时信息的报道和传播，例如英国新媒体的360度讲述原则，为我国新媒体信息报道提供了系统化报道思路。BBC新闻网在资讯类新闻报道上始终坚持360度讲述原则，尽量从各个角度还原事件原貌，让用户有身临其境之感，从而使用户在获得信息满足的同时，也获得良好的阅读体验。在信息传播同质化严重的媒体环境中，培养系统化报道思维，对即时新闻进行多角度全面报道，能为新媒体的新闻报道方式优化提供有益参考。

在媒介融合背景下，传统媒体的盈利模式受到强烈冲击，广告收入骤降迫使传统媒体尽快向新媒体转型。目前，盈利方式包括付费墙、广告销售、会员服务等，但是效果均不理想，只有自然而精美的广告投放才对实现盈利更有帮助。纵观国外新媒体对盈利模式的探究，我们可以看到，原生广告作为一种可视化设计，是新媒体盈利模式的有效路径之一。原生广告是将广告内容与新媒体传播内容融为一体，通过精美的制作，有针对性地将页面设计和传播内容自然融合，潜移默化地影响用户的一种广告模式。澳大利亚媒体尝试在新媒体页面投入相配套的原生广告，效果十分显著。欧美许多国家也对原生广告这种自然转化的盈利模式格外重视，甚至创立专业的制作团队进行原生广告创作。比如《卫报》《纽约时报》等都分别创立了自己的团队进行原生广告创作。网络飞速发展的今天，新媒体大批涌现，大部分用户会使用多个新媒体来满足自身信息获取的需求。因此，这种硬性付费的方式无法打动用户。荷兰新媒体 Blendle 却获得了较大成功，因为它站在用户体验的角度，将付费墙设计得更加人性化。Blendle 基于用户体验，以文章篇数为单位进行售卖，用户只需对想阅读的付费文章进行付费，普通文章费用在 0.1 ～ 0.3 欧元，杂志类长文最高收费不会超过 0.8 欧元。此外，Blendle 还提供退款服务，用户可以通过对不满意的文章进行评价反馈来申请退款。这一功能不仅打消了用户付款时的犹豫，而且通过对被退款文章类型、次数等数据进行分析，为以后的内容选择提供符合市场规律的科学建议。这种支付方式体现了从用户角度出发的思维模式，帮助用户以最经济、安全、便利的方式进行阅读付费。

第五节　新媒体广告分类

最理想的广告，就是在合适的时间、合适的地点，把合适的广告送给合适的用户。广告学理论里提到广告业的三个阶段：第一阶段的消费者还处于消极的层面，广告主只要把商品广告推送就可以达到预期效果；到了第二阶段，消费者开始不再对任何看到的商品广告都感兴趣，广告主开始选择特定的媒体进行投放；而现在的第三阶段，就需要对消费者进行定向行为分析才能实现广告的最大价值。

一、户外新媒体广告

顾名思义，就是投放在户外的新兴媒体宣传广告。具体说来就是安放在人们能直接看到的公共场所的数字新媒体设备如广告牌、灯箱、车体等上的广告。新兴户外媒体是有别于传统的户外媒体广告的。在户外的新媒体广告形式包括户外广告视频、户外投影、户外触摸屏等（见图 1-5-1、图 1-5-2）。这些户外新媒体往往都包含一些互动因素，以此来达到吸引关注，提升知名度的目的。

图 1-5-1 公交车站的数字广告牌图

图 1-5-2 地铁站内流动广告

户外新媒体广告的互动性比较强。经市场调研后发现，用户接触户外广告的时间多为上下班、逛街、候车和在高速路上的时候，大多数人会利用等红绿灯或等车的空闲时间来看广告。同时，用户在周末和工作日外出时注意户外广告的情况有所不同，而且工作日和周末看广告的心情也不一样，工作日上下班心情迫切，路线单一，而周末路线不同，心情也较愉悦，与媒体的关系也会不同。

户外广告的对象是动态中的行人，行人通过可视的广告形象来接受商品信息，所以户外广告设计要兼顾考虑距离、视角、环境三个因素。设计的第一步要根据距离、视角、环境三因素来确定广告的位置、大小。常见的户外广告一般为长方形、方形，我们在设计时要根据具体环境而定，使户外广告外形与背景协调，产生视觉美感。形状不必强求统一，可以多样化，大小也应根据实际空间的大小与环境情况而定。户外广告要着重创造良好的注视效果，因为广告成功的基础是注视的接触效果。

既然用户是流动着的行人，那么在设计中就要考虑到用户经过广告的位置时间。烦琐的画面，行人是不愿意接受的，只有出奇制胜地以简洁的画面和揭示性的形式，才能引起行人注意，吸引用户观看广告。户外广告设计要注重提示性，图文并茂，以图像为主导，以文字为辅助，使用文字要简单明快，切忌冗长。

简洁性是户外广告设计中的一个重要原则，整个画面乃至整个设施都应尽可能简洁，设计时要独具匠心，始终坚持在少而精的原则下去冥思苦想，户外广告牌设计力图给观众留有充分的想象余地。要知道消费者对广告宣传的注意值与画面上信息量的多少成反比。画面形象越繁杂，给观众的感觉越紊乱；画面越单纯，消费者的注意值也就越高。这正是简洁性的有效作用。

成功的户外广告必须同其他广告一样有其严密的计划。广告设计者没有一定的目标和广告战略，广告设计便失去了指导方向。所以设计者在进行广告创意时，首先要进行一番市场调查、分析、预测的活动，在此基础上制定出广告的图形、语言、色彩、对象、宣传策略和营销战略。广告一经发布于社会，不仅会在经济上起到先导作用，同时也会作用于意识领域，对现实生活起到潜移默化的作用。因而设计者必须对自己的工作负责，使作品起到积极向上的美育作用。

合理的图形与文案设计是户外广告设计中应当遵循图形设计的美学原则。在户外广告中，图形最能吸引人们的注意力，所以图形设计在户外广告设计中尤其重要。图形可分广告图形与产品图形两种形态。广告图形是指与广告主题相关的图形（人物、动物、植物、器具、环境等），产品图形则是指要推销和介绍的商品图形，为的是重现商品的面貌风采，使用户看清楚它的外形和内在功能特点。因此在图形设计时要力求简洁醒目。图形一般应放在视觉中心位置，这样能有效地抓住观者视线，引导他们进一步阅读广告文案，激发共鸣。除了图形设计以外，还要配以生动的文案设计，这样才能体现出户外广告的真实性、传播性、说服性和鼓动性的特点。

二、移动新媒体广告

这里所说的移动新媒体广告主要以移动电视、车载电视、地铁电视等为载体的广告形式（见图 1–5–3、图 1–5–4、图 1–5–5）。

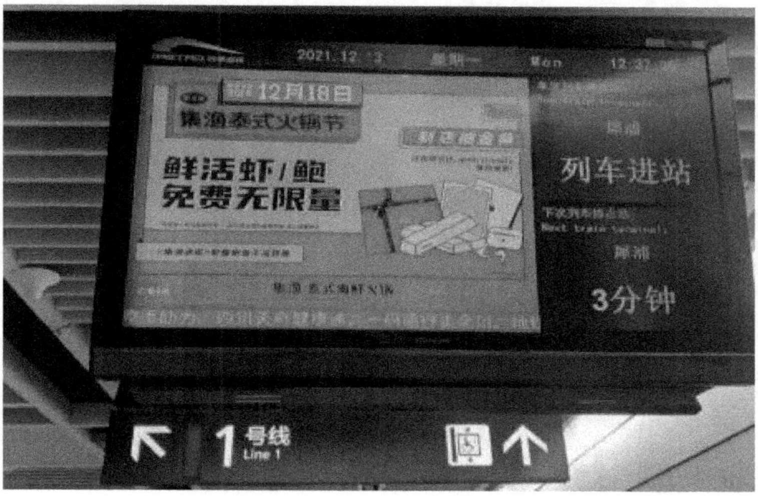

图 1–5–3　地铁站电视广告

图 1–5–4　地铁电视广告

图 1-5-5　公交车电视广告

移动新媒体广告有以下四项优势：

一是具有提示作用。移动新媒体广告往往是在人们外出及即将发生购物行为时直接或间接地向他们传送广告信息。上班族越来越多，生活节奏加快使得购买活动时间变短，他们无法对琳琅满目的商品有称心的选择，在路上偶尔看见的车载广告可能会对其产生影响。

二是投入少且效果好。对于广告主来说，移动新媒体广告平均每天的费用是很便宜的，在一辆公交车的广告投放上所花费的资金还不足以在电视上买到 1 秒钟的播放时间或在报纸上购买十多个字的版面，在发布时间和价格方面也具有很大灵活性等优势。

三是广告作用时间长。移动新媒体广告是置于相对固定的公共空间内，这种优势是公共交通媒体所专有的，不兼顾其他信息的发布。不像传统的电视、报纸等必须以主要时间或版面用于有非常性质的内容，移动新媒体广告可以有一个相当长的时间专门发布某一个信息。人们由于出行需要不断地往来于同一广告前，频频接收到广告上的信息，经年累月便会留下深刻的印象。

四是广告用户群体更大众化。广告厂家会协力配合大众化的宣传，而移动新媒体广告更是大众化的宣传媒介。其投放的地域范围相对比较单一但响应人群比较广，而对于电视广告，用户必须拥有一台电视机并且具备较多的闲暇时间才能看到；对于纸质媒体广告，只针对有文化且订了报纸的人才能读到；然而几乎每个人只要走到户外，无论他是谁，无论他有心无心，他必然会或多或少地接触到车载广告所发出的信息。这是移动新媒体广告优于其他媒介广告的一大特点。

三、互联网新媒体广告

互联网新媒体广告是指依托于互联网为平台的广告投放新形式，包括博客、微博、微信、网络视频、电子杂志在内的细分领域。新媒体发展中最强势的是数字网络媒体，互联网媒体广告更是新媒体广告中的重中之重。在互联网媒体中，互动成为它最明显的特点。但在互联网媒体中，广告的投放范围非常广泛。近段时间非常火热的短视频便是互联网媒体广告的最大展现形式。它通过以下七种植入方式获得更多的用户：

一是剧情植入。剧情植入，顾名思义，就是为某一产品或服务编写一个故事，根据这个产品来编写一个脚本，把广告和视频作品结合起来，植入到作品当中去。这很考验编剧的能力，不仅要写好脚本，还要把产品的脚本与拍摄视频的脚本结合在一起，具有相当的难度，产品或服务要与剧情产生一定的关联，才不会显得突兀。

二是场景植入。产品的场景植入，主要是指将产品作为视频内容的道具或背景进行植入。当抖音植入广告时，场景植入与剧情植入有着异曲同工之妙。其最大的好处就是能放大该产品或服务的某一方面优势，从而加深其在用户心中的印象。这也是最常见的植入方式。

三是体验植入。体验植入就是自己亲身体验，来向用户讲述这款产品，常见于美食、衣服等之类的视频。比如，美妆博主在进行化妆教学或沉浸式卸妆时，会给产品一定的曝光，再加上自身示范起到的效果，从而使粉丝加深对产品的印象；同样地，吃播博主也会对产品进行一定的展示。

四是对比植入。对比植入，通常是指将剧情植入与场景植入结合起来的手法，此类方式的广告视频往往更隐性，多见于美妆推荐等内容中。在抖音的“竖屏广告玩家”官方抖音号上有许多的案例可供学习，这些都是符合抖音广告审核标准的视频，非常值得推荐。

五是贴纸植入。贴纸植入首先是基于广告主已经在抖音官方购买开通了一套贴纸道具，然后邀请抖音达人使用其贴纸拍摄视频，贴纸上都会显示产品信息或公司信息。做贴纸植入，需要不断创新出新的贴纸，这样才能一直维持用户的体验感，如果一直是一种贴纸，会引起用户的厌烦。

六是话题植入。话题植入是指在视频的标题栏直接参与或自建一个与产品相关的品牌话题，即带“#”的标签。此类植入与视频内容本身没有直接联系，但相比前两者，话题植入更直接，更能让用户快速掌握该品牌的相关信息。从效果上来说，新建话题所获得的流量并不精准，由于没有选择过往的话题，也就意味着没有有效利用“编辑推荐”的流量优势，系统会随机地将视频推荐给与该账号粉丝画像比较接近的用户浏览。

七是标题植入。与话题植入相似，因为短视频的标题往往有解释引导的作用，所以选择在标题植入时，视频内容也应有相应的产品植入，标题与内容一致。另外，这一段描述性文字也可以适当加些趣味性或悬疑性的语句，让产品植入生动起来，进而使用户不会过于排斥此类植入。

四、短视频广告

（一）人人发声，互动性强

传统广告只是将用户当作信息的单向接收者，忽视了用户的个性化需要和信息交互的欲望，用户缺少信息交流的场所。将创意植入短视频这种新型方式改变了用户对于植入广告的刻板印象，虽然植入广告依托于综艺节目或网剧的场景化设置提高了社交度，但仍然没有打破与观众间的壁垒，发挥内容输出的推动作用。而短视频广告则为用户提供了广泛的社交场所。像抖音、快手等平台的评论区就是一个良好的社交场域，在观看完短视频内容之后，用户通过在评论区发表评论与其他消费者进行信息交流和互动，同时可以反映出用户对广告信息的偏好，测算出广告的投放效果，使得投资者和制作者对广告不断地优化。

（二）传播范围广，渗透性强

短视频广告打破了传统广告在时间和空间上的制约，短视频时长一般在几十秒到几分钟不等，短小精悍的特点使它的生产周期较短，但是信息承载力很强，能够将海量的信息简单明确地整合到视频中，大量的信息潜藏在短视频内容中传输给用户。高频、快速、便捷的信息流满足了消费社会人们碎片化阅读的习惯与合理运用碎片化时间的诉求，因此短视频广告可以渗透到大众的日常生活中，对用户产生潜移默化的影响。短视频广告打破了传统媒体广告传播中的时空壁垒，用户通过移动智能终端可以随时随地观看内容，获取信息，广告随着用户的刷新不断更替，并且实现全面覆盖，使得传播范围更加广泛，传播效果更为理想。

（三）满足个性化需求，针对性强

短视频平台一般都具有推荐机制，根据用户的浏览记录、观看记录、点赞记录等通过大数据算法手段分析出用户的个人偏好，向用户推荐同质化的内容类型，将用户感兴趣的内容呈现在眼前。短视频内容类型丰富多样，文案类、剧情故事类、美食类、测评类、搞笑类等种类繁多，有的平台在用户注册时就会以分类设置的方式，来确定用户的审美指向。以用户需求为导向的大数据计算方式将用户的主体性发挥到极致，短视频广告的分类推送正是要满足用户的个性化需求。这种垂直传播的策略更具有针对性，一方面提高了推广的质量，另一方面加深了用户的情感投入。另外，例如抖音的交互页面设计，避免了其他视频内容对其造成干扰，不喜欢的内容可以迅速划走，观看其他内容，消解了用户在传统媒介中建立的对广告的抵触心理，改变了用户对广告的刻板印象。

（四）流量集中，粉丝黏性大

短视频的用户基数非常大，因此短视频广告也会拥有大量的用户。短视频内容短小精悍，丰富多样，并且与用户之间具有极高的互动性，用户根据自己的喜好和倾向进行选择，随意且具有双重身份。他们既是内容接受者又是内容创作者，用户可以发布自己的视频，并且在网络上和自己的朋友进行分享，这更有利于获得认可和关注实现身份认同，使用户形成了对短视频的高度依赖性。短视频平台上一些内容发布者通过制作优质的内容集结大量的粉丝，这些粉丝的活跃度和黏性都很高，对制作者发布的广告内容高度关注。

五、移动互联网广告

移动互联网是网络新媒体的延伸，移动互联网广告就是指利用手机为媒介用以接收广告信息。移动互联网广告不同于移动新媒体广告，但从属于移动新媒体广告。

移动互联网广告具有很强的亲和力。移动互联网广告的信息往往来自普通大众，关注的问题与普通大众所关心的问题具有较高的相似性，很容易受到热捧，发布的内容贴近于人们的生活，易引发人们的共鸣。

移动互联网广告均原创、简短，更利于便于传播。大多优秀的移动互联网广告均以其原创优质内容来吸引“粉丝”，“新意”和“诚意”是他们的制胜法则。另外，传播内容简短精练，信息量适中，占用收看时间短，节省用户流量，这些人性化设置为自媒体更好地宣传发展提供了先决条件。

移动互联网广告重视粉丝互动，更具参与感。移动互联网广告会设置一系列线上活动如问答、助力、红包福利等让粉丝参与，移动互联网广告拉近与大众的距离，更能为大众接受。

移动互联网广告传播的内容具有鲜明的价值导向和态度。移动互联网广告为大众提供了张扬个性、展示自我的平台，它拥有充分的话语权和自主权。移动互联网广告的内容大多都具有鲜明的价值导向和个性化解读，深受人们喜爱。

好的移动互联网广告资源，越来越受到广告主的喜爱，移动互联网广告的效果也越来越好。随着新媒体的急速发展，移动互联网广告也日趋渐热，广告商应充分了解移动互联网广告的特点，根据自己的产品选择不同的移动互联网广告形式宣传自己的产品。

六、电子菜单

以中高档餐厅里用平板电脑等电子设备制作的电子菜单为媒体，通过高清大图、3D效果、视频效果、音频效果、超链接效果、电视节目效果来增加品牌的公众认知度，使品牌传播达到最佳效果，充分利用时尚的概念。这是最年轻、时尚的新媒体。

随着物联网技术和云计算技术的发展，越来越多的产业利用这一技术来规范和提升行业服务流程，提高工作效率和质量。电子菜单系统的设计核心是运用信息技术手段规范餐饮业的服务流程，并将企业的各种数据进行信息化管理，最终提高企业在市场中的竞争能力，以实现盈利的最大化。与传统的纸质菜单相比，电子菜单拥有无可比拟的优势。首先，人性化的设计为顾客的选择提供了更多的参考和自由度；其次，系统本身强大的载体能提供大量准确的菜肴信息，同时电子菜单通过无线网络传递信息，可实现及时反映顾客对菜肴的选择，同时对已点菜肴进行归类，以此提升服务效率，移动终端的直观化、个性化的点菜对于提升用户体验、彰显服务特色的效果不言而喻。同时，电子菜单在设计中可以设置用户信息反馈环节。用户可以分享自己的用餐体验，对菜肴和服务做出评价，对餐饮服务质量的提升具有一定作用。电子菜单作为信息的载体，其本身不仅仅只有菜谱的功能，电子菜谱利用移动终端可视听化效果，结合餐饮酒店行业的发展趋势，电子菜单完全可以成为一个广告的发布平台。如果将广告以图片、文字、视频、互动的形式植入到移动终端内置电子菜单当中，这必将形成一个新的广告形式（见图 1-5-6、图 1-5-7）。

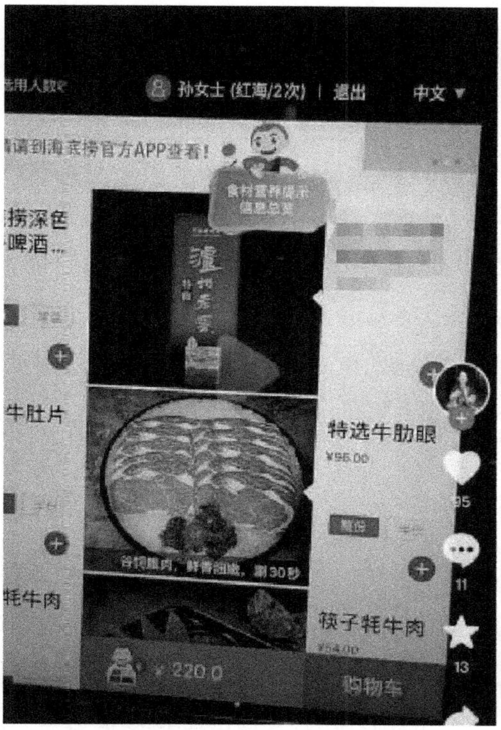

图 1-5-6　海底捞平板菜谱

图 1-5-7　海底捞平板菜谱

电子菜单广告以新媒体中的电子菜谱为载体，利用 Android、Windows 等系统平台提供技术支持，以触摸式高精度液晶显示屏作为交互设备和播放器，广告的质量得到了充分的保障。内部硬件运行流畅，保证了高清图片及视频的高保真呈现，其中电子菜单广告的频道设置清晰、界面美观易懂，增加了人们对于广告的辨识度。电子菜谱广告还可以提供全天候服务，不受天气等因素的影响，更好地发挥广告价值。由于是在菜谱中直接植入，菜谱和广告二者相结合，减少了纸张的使用，具有重大的环保意义，而且广告的强制性高、费用低、人群数量稳定，让广告展现在人们用餐、聚会等各个时段，具备良好的话题环境，是品牌传播扩大的理想时间和场所。

第六节　新媒体广告优势

一、新媒体广告的优势

1. 宣传效率高

发现问题，才能更好地解决问题。新媒体时代，同行业竞争日趋激烈，企业在客户心中的印象是模糊不清的，企业在营销环节首先要解决这个问题。如视频广告能对企业进行系统化的包装，将企业发展史、企业文化、产品及服务等融为一体，充分展现企业的综合实力，传递品牌符号。在产品及服务上体现出差异化，让企业在同质化的市场竞争中脱颖而出。视频广告广泛应用于展会展示、商务洽谈、海外客户对接沟通等场景，能快速精准触达客户，树立良好的品牌形象，获得客户的信赖，进而达成商业合作。

2. 高传播、低成本

商业合作的基础，是信息的对等对频。传统图文式的信息传递，已经无法满足消费者的需求，消费者需要更加丰富、更加直观的传播形式。在企业宣传的过程中，二维动画的价值非常突出。广泛应用于景区宣传、安全知识普及、教育培训、产品推广等领域。产品经过二维动画的展现，角色化的场景代入，以故事性的情节展开。客户能够更直观、更生动地了解产品知识、功能及使用方法等，大大降低销售人员成本，通过网络媒体高效传输，方便快捷的同时减少了推广成本。

3. 客单转化率翻倍

市场是产品的试金石，转化率是根本。三维动画能够根据产品规划图纸将产品的形状、功能等逼真地模拟出来，生动形象地展现出产品操作流程，让客户一目了然。三维动画既可以指导生产和销售人员培训，又可以代替实物样品做市场调研，了解客户对新规划产品的反馈，不仅降低开发风险，潜移默化对客户产生深度影响，还能提高成交率。

二、新媒体广告模式的主要特征

新媒体广告模式的主要特征：在互联网时代，随着消费市场的发展、成熟和细分，以及各类新媒体的不断涌现，越来越多的广告主开始改变以往的媒体观念和广告布局，从单一粗放的媒介投放战略转向积极开发利用多元化的新媒体渠道，构建差异化广告战略，提高其广告投放效率并增强效果。

当前，广告业对新媒体的开发应用已进入深耕服务阶段，如 DM（directmail，直接邮寄广告）、交通移动电视广告、商务楼宇液晶电视广告、手机媒体广告等，与传统媒体广告相比，这些广告形式的覆盖面更广，更容易锁定目标用户，广告效果更好，因此受到越来越多的广告主的青睐。

在新媒体时代，我国广告市场的规模持续扩大，但传统媒体广告与新媒体广告呈现不同的发展态势：以互联网广告、户外电视广告为代表的新媒体广告发展强劲，而传统媒体广告进入白热化竞争阶段，虽然总体市场规模稳定增长，但增长速度和传播效果远远无法与新媒体广告媲美。

同时，媒介的广告理念也在发生改变。传统媒介的广告理念是"广而告之"，即让广告信息尽可能覆盖更多的用户，是"广撒网"。但在新媒介环境下，这种"广而告之"的诉求不仅成本越来越高，而且不一定能真正得到用户的关注，达不到"告之"目的。因为在信息丰富并快速更新的新媒体时代，用户的注意力越来越成为稀缺资源，获取难度不断增加。

随着用户不断转向小众化、细分化，信息的传播和获取也越来越呈现碎片化、个性化的特征。在这一背景下，媒介的广告理念必须从"广"变为"精"，即精准定位目标用户，有针对性地投放广告，从而有效吸引用户的注意力，实现"准而告之"。对广告主来说，理想的状态是获取广告信息的人就是关注该信息、对该信息有所需求的人，即供需两端实现精准匹配，达到最佳的广告效果（见图 1-6-1）。

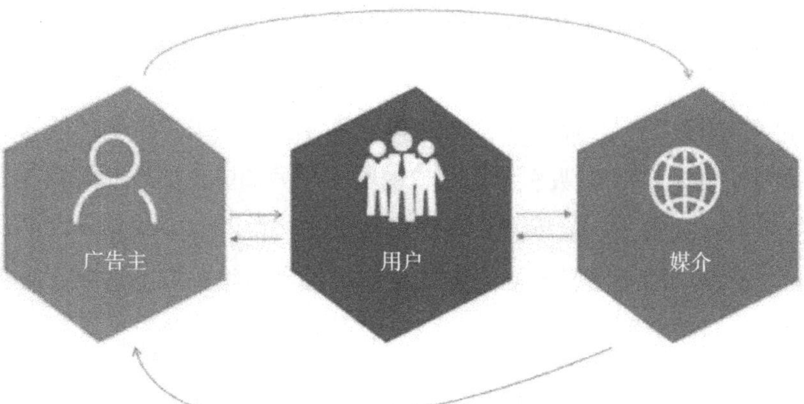

图 1-6-1 广告与用户和媒介

现代广告行业是现行社会市场经济体系中具有先导性的产业，广告文案是广告行业中最为重要的组成部分之一。在传统媒介之下，广告文案的传播方式较为单一，语言表达方式受到限制，存在着诸多问题，而造成这些问题最为关键的原因则是广告文案的界定过于狭隘。立足于新媒体语境下，广告文案的发展日新月异，发生了巨大的变化。新媒体发展离不开移动网络，新媒体行业的快速发展，不仅使社会大众的接触面发生改变，使用媒介也发生了改变，带给生活方式难以想象的巨变。社会群众对于现有广告选择方式及传播形式都在进行改变。基于新媒体语境，不管以何种形式出现的传播广告途径，都在慢慢地适应新媒体行业中的发展变化。广告文案是广告行业中最为重要的组成部分之一，自然而然不能置身事外，与新媒体行业进行愈加充分的融合，自身发展将得以快速实现。

综上所述，立足于新媒体语境之下，以新媒体形式展现出来的广告行业之中广告文案的策划呈现出“标题为王”“话题为媒”“读图为主”的三种趋势，专业化和分众化是新媒体发展之中具有的特点，而现行市场大体趋势就是“要么成为猎人，要么成为猎物”。在企业市场竞争白热化的今天，企业要有危机意识，运用与时俱进的营销方式，投放视频类广告，才能在市场竞争中立于不败之地。企业宣传片、二维、三维动画等广告有助于企业塑造品牌，企业运用良好的品牌形象才能打好市场营销组合拳，占领头部市场，抢占精准客户，达成企业市场目标，实现盈利倍增。在设计企业广告文案时，要发挥对自身优势，对社会大众的刚需进行充分考虑，与新媒体进行充分融合。广告行业也可以借着新媒体这股东风，借势出击，使之对广告文案的创作产生深远影响。相信在不久之后，文案创作的趋势必然会有另外一番风景，未来可期。

精准聚焦用户需求，在广告创意中进行概念的不断创新。新媒体的发展离不开大数据的支撑，而大数据的统计有助于平台更好地对用户进行分类，同时也有助于广告对特定用户的寻求，精准聚焦用户的个性化需求，如江小白这一酒类品牌在研究了目前年轻用户的用户需求后，在品牌价值观念上弘扬“年轻就要张扬”“年轻就要爱玩”等Slogen①，以吸引年轻用户的购买，另如国产口红品牌完美日记，瞄准了“学生党”对价格、“追星党”对明星的关注，在广告中不断将“平价”的理念代入，同时邀请不同类型、不同定位的演员来代言品牌，如邀请罗云熙等流量小生来代言品牌，从而吸引粉丝为了提高明星的商业价值和在各类新媒体平台上的数据

① Slogen，意思是口号、广告语。对消费者的意义在于其所传递的公司的产品理念，它所强调的是一家公司和它的产品最为突出的特点。

进行一系列“冲销量”活动。

强调对视听的冲击力和趣味性，并在表现形式上展现为依靠博主进行矩阵型投放并进行轰炸式营销。新媒体的诞生推动了短视频的发展，因此大量的品牌和媒体开始关注短视频，在广告中不仅注重画面和文字信息，更加强调声音画面的冲击，通过短时间的感官刺激来加强人们对品牌和理念的记忆力，同时注重趣味性。如江小白在广告趣味性方面注重品牌衍生活动，举办了国际街舞赛事、漫画文化宣传活动来进行品牌宣传。新媒体状态下，UGC（用户生产内容）模式推动广告创意的进步，一些广告商或媒体通过雇佣一些粉丝量的“个人博主”进行矩阵型广泛投放，提高产品或信息的宣传力度。与传统媒体过分强调的“明星效应”不同，个人博主有着天然的“贴近粉丝”生活的优势，同时一般情况下，这类广告的投放一般都隐藏在个人博主的内容之下，即个人博主在自己的作品中植入广告，其粉丝通过观看其视频或图文作品而被影响。与传统媒体（如报刊直接刊登广告，电视在节目和节目中插入广告）不同，在个人博主的作品中插入广告可以帮助广告更好地传播，降低人们对广告的抗拒。同时，新媒体的发展使得广告可插入的区域增多，一些广告开始注重“以量取胜”，如在抖音软件上浏览短视频时，每刷几条短视频，就会出现产品广告的短视频；在西瓜软件上浏览视频片段时，每隔几条就会出现短视频式的广告；还有一些新媒体平台的手机软件，在获取后台权限后，会以通知推送的方式向用户的智能手机上推送各种各样的广告。

第二章 新媒体广告市场调查

第一节 新媒体广告市场背景介绍

新媒体的发展给传统媒体广告业运行提出了不可忽视的新课题，面对新媒体发展所带来的挑战与机遇，谁能迎头赶上，以与时俱进的积极姿态，按照科学的发展观，探索规律，寻求对策，谁就能在新一轮媒体变革中取得综合优势，否则必然被市场无情淘汰。新媒体广告还在发展中阶段，其发展过程中鱼龙混杂也是在所难免的。在应对全球性金融风暴、千方百计扩大内需、积极正确引导消费的时候，更应该做好各类媒体的广告宣传，要立足于“政府主导、立法先行、行业自律、统筹实施”的思路，加强对新媒体广告的引导、规范和监管。作为政府管理部门首先应将新媒体中的互联网广告纳入完善的法制与行政管理之下，即完善相应法规，明确行政管理部门的分工和管理职能，克服管理疏漏，放任自由的状态，使其成为有序运转的广告平台。管理是为了更好地运营与发展，作为广告经营者应认清发展趋势教，抓住发展机遇，做到清醒应对，适应潮流，迎头赶上。

近几年来，以数字技术和双向互动为特征的新媒体的触角已深入到社会生活的方方面面，新媒体广告也以火爆之势迅猛发展，其占有的广告份额逐年递增，正蚕食着原先由电视、报刊、广播等传统媒体把持的广告阵地。尽管它占广告投入额的比重还远低于传统媒体广告，但其增速惊人，以致有些人为此惊呼“新媒体广告时代已经到来”。在繁华的城市商业区，LED 彩屏媒体以与众不同的传播介质和地理位置，以及丰富的色彩、生动的表现力，塑造了其独特而时尚的媒介价值。手机作为一种新型媒体，它的新角色和新身份也呼之欲出。与传统媒体相比，新媒体的突出优势是：它可以承载各种传统的信息形式，同时可以与用户互动。面对新媒体，用户的选择余地也大大增加。新媒体广告存在的主要问题是目前传统媒体管理监督具有直指性和强制性特点，而新媒体的投资与经营者五花八门且民营居多，其新生代特点又使得政府管理相对薄弱，行业自律缺失，在其高速发展的状态下，必会出现种种问题。

一、新媒体广告市场调查的定义

新媒体广告市场调查指的是广告主、广告公司、新媒体的媒介经营者在网络与新媒体广告活动中运用网络和数字技术，系统地收集、整理、分析和解释有关市场产品、消费者竞争对手等方面的情报资料，从而为网络与新媒体广告的策划、创意、投放等决策提供可靠的依据，以保证广告活动的科学性。网络与新媒体广告市场调查是网络与新媒体广告活动开展的基础，伴随着整个广告活动展开的所有调查活动。

新媒体广告市场调查的基本方法包括在线信息搜索、网上访谈和在线座谈，通常采用电子邮件和网页调研。新媒体广告市场调查的常用技巧包括在线座谈会的运作、网页调查的运作、调查问卷的设计、随机抽样调查方法、非随机抽样方法、调查数据的处理与分析和调查报告的撰写。

市场环境调查是以一定的地区为对象，有计划地收集有关人口、政治经济、社会文化和风土人情等情况的调查活动。在现代市场经济中，市场营销受着市场环境的影响。因此，对市场环境的分析研究，就成为广告策划和创意的重要课题。广告企业经营情况调查是指对广告的历史现状、规模及行业特点、行业竞争能力等情况的调查，其目的是为广告策划和创意提供依据，从而有效地实施广告策略，强化广告诉求。产品调查是市场调查的一个重要内容，以其类产品为调查主题，从产品的诸方面性质入手，确定此类产品是否在市场上适销，提出指导性意见，为企业的营销战略和广告策划提供参考。市场经济的原则之一便是公平竞争，现代商品的市场产品竞争愈演愈烈，即所谓“商场如战场”。在市场竞争性调查中，要重点查明市场竞争的结构和变化趋势、主要竞争对手的情况和企业产品的竞争成功的可能性，在广告创业的竞争性调查中还要了解广告市场竞争的状况、各种广告手段与效果分析和提出新广告策划的可能思路，通过这种调查性分析寻找到最有希望的产品销售突破口，寻找到最佳的广告创意。“知道人们在一杯饮料中放几块冰？一般来说，人们都不知道，可是可口可乐公司知道。”这是美国作者约翰·科恩在谈到美国公司重视对消费者情况的基本调查时说的一段话。尽管在一杯饮料中投放几块冰，对消费者来说，是微不足道的小事，但是对企业广告公司来说却是一件极为重要的大事。由于可口可乐公司了解人们在一杯饮料中加入几块冰的数据，该公司便掌握了美国餐厅饮料及冰块的需要量。可见对消费者群体进行调查研究，对企业来说，是多么重要。市场调查针对的消费者，包括工商企业的用户和社会个体消费者，通过对消费者购买引来的调查，来研究消费者的物质需求、购买方式、购买决策，为确定广告目标和广告策略提供依据。

二、新媒体使用环境调查和发布平台

（一）新媒体使用环境调查

1. 新媒体使用的政治法律环境

政治法律环境是指影响和制约企业营销活动的政府机构、法律法规及公众团体等。政治法律环境的变化往往是突变的，企业必须密切注意国家的每一项政策和立法及其对市场营销所造成的影响，根据政治法律环境来制定营销活动的战略，维护企业的正当利益。

2. 新媒体使用的经济环境

经济环境是企业营销活动的外部社会经济条件，包括消费者的收入水平、消费者支出模式和消费结构、消费者储蓄和信贷、经济发展水平、经济体制地区和行业发展状况、城市化程度等多种因素。市场规模的大小，不仅取决于人口数量，而且取决于有效购买力的大小；而购买力的大小要受到经济环境中各种因素的综合影响。

3. 新媒体使用的社会文化环境

社会文化环境是指在一种社会形态下已形成的信念、价值观念、宗教信仰、道德规范、审美观念和世代相传的风俗习惯等被社会所公认的各种行为规范，还包括民族、文化特点、风俗习惯、民间禁忌、生活方式、流行时尚、民间节日、宗教信仰等内容。

4. 新媒体使用的科学技术环境

科学技术环境是科学技术的进步和新技术手段的应用对社会进步所产生的作用。

5. 新媒体使用的自然地理环境

自然地理环境是指人类生存的自然地域空间，是地球气相、固相和液相三种物质的交界面，是有机界和无机界相互转化的场所，是人类赖以生存的自然界，是人类社会存在和发展的自然基础。

（二）新媒体广告发布平台

1. 腾讯社交平台

腾讯，可以说是社交行业的龙头老大，成立时间最早，凭借QQ和微信，占据庞大的流量，基本实现覆盖全网用户，有着基于腾讯新闻类的信息流广告。

其主要产品有微信朋友圈、公众号、QQ空间、QQ浏览器、腾讯网、腾讯视频、腾讯新闻、天天快报等。平台优势：社交应用排名NO.1（QQ、微信），覆盖面广，用户日常活跃性高、黏性大，适合品牌宣传，年轻用户集中，支持OCPM模式[①]投放。腾讯新闻类信息流资源丰富，目标客户定位精准，精打细算见利益。行业投放建议：投放轻工业或生活类产品。微信类广告建议：需确认自己产品的用户群，明确产品调性，定向投放到目标人群。使用“硬广式曝光 + 软广式植入”方式，能更快实现广告效果。

2 抖音短视频

抖音在大数据上表现得比较好，在产品推送上，实现了千人千面的高度，尤其是针对刚注册的用户，会推送10到20条不同视频内容，然后根据用户观看视频的次数去记录用户的行为，开始不断地给其进行定义标签。

用户特征：“95后”“00后”用户居多，主要集中在一、二线城市。优势：抖音官方称日活跃7亿，可见数量之庞大。所以，在抖音上投放广告将会有更大的曝光量，有助于提升新品牌认知度。但是抖音软件的娱乐定位限制了一定行业是不适合在这个平台投放广告的，该平台更适合游戏、手机应用软件、电商等泛流量产品投放。同时，在抖音上做品牌曝光也是极好的选择。

3. 快手

用户特征：中国三、四线城市及农村用户居多，用户年龄层主要集中在12~35岁。快手流量巨大，区域渗透广，覆盖了三、四线流量红利区域；80%都是年轻用户，同时有海量下沉的腰部用户。广告审核比较严格，社交、直播相关产品一般不能投放。该平台比较适合产品销售，在投放上应以餐饮、手机应用软件、零售、电商等为首选。

---

① OCPM，即Optimized Cost Per Mille（优化千次展现出价），是腾讯广告平台2018年推出的基于投放目标和期望平均的智能出价模式。

4. 百度信息流

百度信息流是在百度首页、百度贴吧、百度手机浏览器等百度平台的资讯流中穿插展现的原生广告，用户面较广。百度有搜索基础，可进行关键词定向，能定向贴吧。

（三）新媒体广告市场竞争状况调查

1. 竞争情报的收集

竞争情报收集手段包括两种：一是收集公开的数据，包括行业协会、政府机构、咨询公司等提供的数据，同时也包括收集在报纸、杂志、电视广播、互联网和产品传单中涉及竞争对手的数据。其中竞争对手自己印制的介绍材料和竞争对手当地的报纸往往是非常重要而又容易被忽略的信息来源。二是收集非公开数据，包括对竞争对手进行观察、测量，以及同竞争对手的员工进行交谈。收集非公开的数据要注意是否合法，以及是否合乎道德标准。

2. 竞争者的识别

从行业竞争角度识别竞争者的方法，行业的定义为提供一种或一类相互密切替代产品的公司群体。如果一种产品的价格上升能引起对另一种产品的需求明显增加，那么这两种产品就是密切替代产品。产业经济学认为，一个行业的竞争强度主要是由行业结构决定的。决定行业结构的主要因素有：销售商的数量、产品差异化的程度、进入和缺席、流动性和退出障碍、成本结构、垂直一体化的程度、全球化的程度。

除了从行业角度识别竞争者外，还可以从市场角度，即把其他竞争者看作力求满足相同消费需求或服务于同一消费者群的企业。从市场角度看，对竞争者的识别开阔了企业的视野，扩大了实际和潜在竞争者的范围，使企业能制定出更具竞争力的营销战略。由此我们可以区分四种类型的竞争者：愿望竞争者、一般竞争者、产品形式竞争者、品牌竞争者。愿望竞争者是指提供不同产品以满足不同需求的竞争者，愿望竞争者之间的竞争主要体现在促使消费者先购买自己企业生产的产品。一般竞争者是指提供能够满足同一种需求的不同产品的竞争者，如一个轿车生产企业可以认为自己与自行车、货车制造商进行竞争。品牌形式竞争者，即满足消费者某种愿望的同样产品和服务的不同规格、型号、款式内容的竞争者，如彩电企业认为所有电视生产商都是自己的竞争者，只不过他们提供的商品各有特色而已。品牌竞争者，即以相似价格向同一顾客群提供同样产品和服务的其他企业。品牌竞争者之间的竞争可以说是最激烈的，因为商品相同满足的需求也相同，只是品牌不同而已。

所以最重要的是占领消费者的心智。

3. 竞争者分析

竞争者分析是战略分析方法之一，是对竞争对手的现状和未来动向进行分析（见图 2-1-1）。内容包括：识别现有的直接竞争者和潜在竞争者；收集与竞争者有关的情报和建立数据库；对竞争者的战略意图和各层面的战略进行分析；识别竞争者的长处和短处；洞察竞争者在未来可能采用的战略和可能做出的竞争反应。

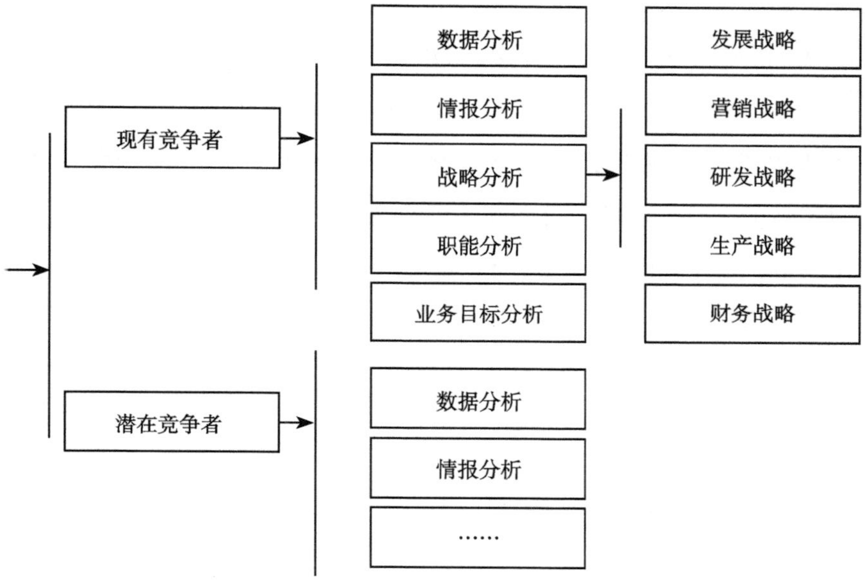

图 2-1-1　竞争者分析图

三、新媒体广告市场调查的目的

1. 为广告主企业制定决策或调整市场营销策略提供客观依据

进行系统、周密的市场调查和研究，为决策提供可靠的依据才能保证广告主企业的经营战略方向正确，广告主企业的战略目标是可行的，广告主企业营销活动的中心和重点是符合市场要求的，广告主企业的发展模式同外部环境是相适应的。

2. 帮助广告主企业及时发现市场机会，开拓新市场

通过市场调查，可以使企业随时掌握市场营销环境的变化，并从中寻找到新的市场机会，为企业带来新的发展机遇和新的经济增长点。随着科学技术的进步，新

技术、新工艺不断涌现，企业只有通过市场调查，了解国际国内市场的需求情况，分析产品处在市场生命周期的哪个阶段，并分析市场空缺，才能确定开发研制的时机，生产和销售新产品，以满足消费者的需求，把握市场机会，使企业不断开拓新市场。

3. 有利于广告主企业进行准确的市场定位，更好地满足市场需要

企业要在竞争中求得生存和发展，关键是要比竞争者更好地满足目标顾客的需要。顾客的需求多样，而且变化极快。企业只有通过市场调查，才能了解和掌握顾客的需求变化情况并进行准确的市场定位，按其需求提供产品和服务，才能提高顾客的忠诚度，从而确立竞争优势，使企业在激烈的市场竞争中立于不败之地。

4. 协助广告主企业建立和完善市场营销信息系统，提高经营管理水平

通过持续的、系统的市场营销调研，可以加深对市场机制作用及方式的了解，提高对影响市场变化的诸多因素及相互联系的认识，增强把握市场运行规律的能力，从而增强参与市场活动的主动性和自觉性，减少盲目性。同时，可以把握行业发展态势，了解消费者需求和竞争产品的市场表现，评估和监测市场运营情况，从而提高企业的经营管理水平。

四、新媒体广告市场调查的要求

1. 确定调查项目

第一，解答以下问题：

（1）为什么要调查？

（2）调查中想要了解什么？

（3）调查结果有何实际价值？

第二，做到以下 3 点：

（1）现有问题或潜在问题的关键所在；

（2） 通过调查可以获得更具体的数据信息，使管理层认为值得且必须进行调查；

（3）调查要求已十分明确，使调查时能区别数据信息。

2. 制定调查计划

（1）数据信息的来源；

（2）调查方法；

（3）调查工具；

（4）实施调查计划；

（5）完成调查报告。

五、新媒体广告市场调查的特征

尽管与传统广告市场调查有很多的相似之处，但由于数字网络技术的介入、数字网络媒体特性与网民特性等因素的存在，新媒体广告市场调查呈现出不同于传统广告市场调查的新特点。

1. 突破时空界限

利用数字网络技术的优势，新媒体广告市场调查可以跨越时间和空间的限制，调查的信息量和覆盖面大大增加。

2. 凸显被调查者的主动性

新媒体广告市场调查的整个过程是在网络上进行的，被调查者不会受到调查员的主观影响，更容易如实地填写调查问卷，其主动性得以凸显，同时也能最大限度地保障其信息反馈的真实性和有效性。

3. 调查过程方便快捷

数字网络媒体具有良好的互动性，其信息传播快速、反馈及时的特性使网络问卷的发放与回收变得非常方便、快捷。

4. 标准化程度高

网络调查省去了编码录入环节，从而避免了数据录入过程中的遗漏与偏误。调查人员借助自动统计软件，可以在较短的时间内完成标准化的数据统计分析工作，并在此基础上对调查结果进行深入分析与研究。

5. 更好的接触效果

网络成为能够准确抓住目标调查对象的有效工具。在经济全球化的今天，广告信息起着主导地位。新媒体广告已经得到大众的喜爱和认可，已经成为人们生活中的一部分，是企业营销商品的一个重要阶段。

第二节　新媒体广告消费者调查与消费者市场细分

一、消费者调查

在这个日新月异的数字化网络时代，信息与科技飞速发展，计算机产业的蓬勃发展给人类发展带来了巨大的机遇与挑战。广告，广而告之，它作为一种传播信息的工具，沟通产销信息，促进商品销售，塑造品牌个性，增加产品的价值，降低营销成本，激发竞争活力。在百舸争流的时代中，广告的重要作用愈发凸显出来。其中，消费者作为广告的主要要素之一，对其的调查非常有必要。广告沟通了消费者与商品，广告对消费者来说，不仅要引导消费，还要满足消费者需要。

消费者调查分为消费者特征调查、消费行为与观念调查、消费者的媒介行为调查。特征调查是指界定消费者和描述消费者特征，通过一定的指标界定（指标一般有性别、年龄、职业等），可以定义核心消费群，广告能更好地精准投放，节约一定成本，使利益最大化。洞察消费者心理，使广告更好地与消费者沟通，明确需求，建立深层次认识。

消费者广告调查的形式有传统的也有网络的。数字媒体的发展，可能使传统的调查方式逐渐减少，但其也有存在的必要。传统调查方式与新媒体调查方式结合，能更好地与消费者沟通。

消费者的媒介行为调查，主要是通过消费者对媒介接触使用与监测，基于互联网的媒介行为探究，判断消费者的需求，提高广告与消费者的契合度，使广告传递创意，消费者也满足了自身需求，实现共赢。

广告的发展不断颠覆过去，它迎合新技术，契合新潮流。事实上，广告的不断进步，不仅是时代的功劳，也有赖于消费者的合力推动。消费者的审美和观念不断变化，也促进了广告的适应性变革。广告对企业来说也十分重要，广告帮助企业树立品牌形象，让消费者了解企业文化，引起购买欲，形成一定的购买力，并形成一定的核心消费群体，让企业有了长期的发展。广告、企业与消费者，三者相互影响，相互作用。对大时代来说，好的广告可以成就企业，好的企业也可以创造出好的广告；消费者的需求得到满足后，消费者又可以同时助推广告和企业发展。

市场消费调查的基本任务就是为企业管理和决策部门制定新的经营战略和营销策略，提供准确的、可靠的、有效的和最新的信息支持与参考依据。

对于一个企业来说，正确的决策并不是靠直觉和猜测得到的，缺乏充分依据的情报很可能导致错误的决策。开展市场调查主要采用两种方式：一是委托专业市场调查公司；二是广告商拥有自己的市场调查部门和专员。以下是消费者调查报告撰写的一般流程：明确调查目标—设计调查方案—制定调查计划—督导带领组员实地调研—调查结果的数据统计和研究—分析师开始撰写调查报告—报告的最终审核通过。

二、消费者市场细分

目前在业界，较常使用的消费者市场细分主要有以下四个维度。

（一）地理细分维度

通过国家、省市县或更小的社区单元，将市场分成不同的地理区域。在这一点上，不同的地理区域的消费者因为带有明显的区域文化特征，对产品或服务的需求也呈现明显不同。例如，在餐饮文化里面的“八大菜系”，即鲁菜、川菜、粤菜、闽菜、苏菜、浙菜、湘菜、徽菜，就明显带有地域文化的特征。虽然现在随着交通发展和人口迁移，各地正在不断融合，但是如果一个川菜餐馆要想在珠三角生存，也必然是首先要挑选川籍人士聚集的社区开店，才更有可能生存。越是跨地域、连锁性的品牌，对以地理细分市场越要关注，麦当劳进入中国后就根据中国不同地域的口味不断进行本土化的改良；中高端的奢侈品首饰，也在不断融入中国传统文化元素，打造了一系列具有东方美学的商品。

（二）人口统计细分

因为消费者作为人的属性，他的需求、欲望都与人口统计变量有着密切的关联。市场学借用人口统计学中年龄、生命周期阶段、性别、收入、工作、教育、宗教、种族和代际的概念，对消费者群体进行了细分。消费者的需求和欲望会随着年龄发生变化，一些企业利用年龄与生命周期细分为不同年龄与生命周期的消费群体提供不同的产品与营销战略。在这一点上面，保健品是最为典型的根据人们的年龄和生命周期规划产品线的，从儿童的补钙补锌产品、成年人的熬夜维生素，到老年人的心脑血管保健品。另外在理财产品方面，招商银行推出根据人们不同年龄段的理财产品也是非常完善和丰富的。当然，在使用年龄和生命周期细分时，营销人员也要避免固化思维定式，尤其是随着人们的生命周期的延长，许多老年人也越来越喜欢年轻人的生活方式，比如健身、运动、旅游、休闲等。在性别上的细分，主要在服装、化妆品、杂志行业。洗护产品巨头宝洁是最早用性别进行市场细分的商家之一。针对女性，宝洁旗下有 SK- Ⅱ；针对男性，则推出了吉列洗面奶、润肤露和啫喱。许多奢侈品和便利服务公司将目标市场定位在富有的消费者身上，而有一些零售商或商超则将核心目标市场定位在中低端收入群体。沃尔玛的定价满足了中等收入群体的日常购物需求，而山姆会员店依靠有限的高端会员也实现了盈利。

（三）心理细分

在同一个人口统计群体中会有不同的心理特征，所以，营销人员也会根据消费者的社会阶层、生活方式或性格特征将市场分成若干部分。即使是相同收入、相同阶层，但因为人的性格的千差万别，也会导致心理上的不同。例如，有些人严谨保守，在购买汽车的时候会更加偏向于安全型舒适型的车型。而有些人年轻喜欢冒险，则会更加喜欢动力强劲的车型。哪怕是选择饮料，有些人喜欢“爽”的感觉，有些人则追求健康。

（四）行为细分

依靠行为也可以细分出不同的消费群体，它包含的维度有场合、利益、用户地位、使用率、忠诚度。例如，有些消费者喜欢在早晨喝牛奶，于是衍生出了一种叫作“早餐奶”的产品。而有些女性为了减肥会选择一些特殊的饮食，有些商家推出了“减肥餐”产品，来满足这类消费行为。而现在各种像“520”“六一”“情人节”“双十一”等特殊日子，也是商家们依据消费者的文化行为打造的一个个营销节日。利益细分要能发现消费者在某类产品中所追求的主要利益，再进行细分的工作。例如，购买自行车的消费者寻求的利益是不同的，有些消费者是为了满足日常上下班的交通需求，有些则是出于旅游、健身的需求，而更专业的骑行者则是为了参与竞技比赛而选择更加高端、专业的自行车。不同的利益目的，决定了他们在同一品类中选择不同品牌。根据用户的地位，市场可以被分为非用户、前用户、潜在用户、第一次用户与老客户。对于营销人员来说扩展市场份额，离不开对非用户和潜在用户的挖掘。潜在用户需要根据产品的生命周期提前布局营销策略。

虽然消费者市场细分有常用的四个维度，但是不要期望用一种标准和维度就可以寻找出目标市场，一个准确、有价值的市场需要采用几种细分标准来识别。

第三节 新媒体广告的发展与挑战

所谓新媒体，就是在传统的四大媒体之后，随着网络技术发展和Web 2.0①革命，产生了一系列新的媒体传播形态，从车载电视到商业楼宇的液晶显示屏，从门户网站到视频网站，从网络游戏到博客、微博，从手机短信到手机报等。其内涵在深化，外延在扩展，新媒体已然成了没有疆界的战场。如今，新媒体已经强有力地深入到社会生活当中。作为一种全新的广告形式，新媒体广告对社会也产生了深刻的影响。

2021年中国媒体广告市场总体呈现复苏态势，除户外广告全年保持增长外，各媒体广告收入增长都呈现出明显的“前扬后抑”。新经济与新规则推动媒体广告市场加速盘整，并助推新增量空间与新竞争场域的拓展。分媒体来看，强监管推动大型互联网媒体在互联互通中寻求新势能，中小垂直类媒体和终端媒体加速全链路布局，赋能广告主私域营销；电视媒体加速推进多屏化、多媒化生态共振，以内容优势赋能营销服务，创新MCN推动资源融合与销售变现；户外媒体场景化数据结构优势凸显，数字化改造及集约化运营推动广告收入逆势上扬；传统广播跌幅持续，线上音频媒体拓展智能化场景营销增量空间；纸媒媒体融合加速，创新多元融合经营模式，区域协同优势加强。2022年，外部不稳定性延续，媒体须把握新经济与新规则动向，向新的文化空间、地理空间、技术空间及全链路营销深度融合、深耕细作、拓容增量。2021年新冠肺炎疫情持续冲击，社会环境复杂严峻且充满不确定性。宏观经济进入改革转型之期，新经济增量空间和强化的监管引领不断重构着媒体广告市场的生态环境；增量红利消减，触达成本持续提升，深耕存量提升效率促使着新媒体广告与传统广告走向新融合，形成新的市场规则和竞争场域；短视频营销、直播带货、社交媒体营销等在纠偏与调整中持续进化；人工智能、虚拟现实技术、数字营销等技术迭代创新，重构着广告传播链条与广告的内涵。在多重格局因素交织下，各分媒体依据自身优势在组织架构、盈利模式、产业功能、技术格局等多层面发起变革，推动转型走向高质量发展道路。

---

① Web 2.0对应的是移动互联网，用户不再只是内容接收方，可以在线阅读、点评、制造内容，成为内容的提供方，还可以与其他用户进行交流沟通。提供服务的网络平台成为中心和主导，聚集起海量网络数据。

一、电视媒体

强化细分定位优势，融资源、促变现等运营升级加速，2021年电视媒体广告刊例收入呈现明显前高后低态势。自2月同比增长51.5%后增幅不断收窄，7月份进入负增长，同比降幅持续扩大。总体来看，经过积极探索，主流电视媒体已进入媒体融合“深水期”，部分头部电视媒体在新媒体领域影响力不断增长。中央广播电视总台在2021年打造了14款下载量百万级以上的自有手机应用软件产品。上海广播电视台、湖南广播电视台等一批改革先锋的省级台在新媒体领域影响力也在不断提升。河南卫视“中国节日”系列晚会IP破圈传播成为现象级IP，并带动了其自有平台“大象新闻”的发展，累计下载量已达9 670万。地市级融媒体则依据自身“贴地”优势持续完善“新闻+服务+商务”三位一体运营。如德阳市结合资金和资源的实际情况后，从新闻客户端转型为“城市本地通”，布局智慧政务、广电、社区等近230项公共服务类应用，一跃成为本土第一用户流量平台、应用赋能平台和支付融合平台。由此可见2021年电视媒体的媒体融合正在从产品形态、话语内容等单点、离散的战术创新向生态构建、资源整合等全局性战略融合转移。

在融媒体影响力持续扩大的背景下，电视媒体的广告运营呈现出以下三大特点：

1. 坚定内容优势，以内容战略引领营销服务

在服务大局、价值引领的高度要求下，2021年电视融媒体不断创新内容与表达，愈发注重打造差异化内容战略并围绕此设计营销产品。例如，浙江卫视主打“人文路线”。江苏卫视定位家庭场景，节目内容趋向于“合家欢”形式，其核心IP节目均符合家庭场景观看需求，其在城市晚间黄金档卫视家庭人群收视排名第一，并于2019至2021年投放家庭属性品牌软性广告达205个，名列卫视第一。此外，紧紧围绕内容开发多模态的经营模式，让内容成为营销本身。湖北经视深耕社区的文娱生活，推出《经视大舞台·社区天天乐》，打造社区大数据营销平台模式，借助地方社区独有的亲密性，以内容为连接建立品牌和消费者的强关系。

2. 调整运营体制机制，完成从“做节目，卖广告”到“聚用户，融资源，促变现”的运营升级，并进一步扩大经营范围

各电视媒体除以差异化特色内容聚合用户外，媒体融合进程加速也在推动媒体大小屏营销资源的融合化开发运营。如中央广播电视总台上线象舞广告平台，启动融合营销广告资源的平台化售卖，开发长尾客户资源。央视在奥运赛事热播之际将

差异化资源打包，上线 VIP 会员服务，实现内容服务价值变现。除传统广告资源外，面对电商直播兴起带来的内容与销售一体化变现潮流，在组织结构层面上，广电机构已成立超过 30 家的 MCN 机构，以及超过 300 家融媒体工作室，湖南广电率先发展起多样化的经营形态，并推出服务中小型 MCN 机构的平台“万灿”。此外，电商类手机应用软件是主流媒体发力的重点领域，湖南广电发起“小芒电商计划”定位国潮内容电商，上海广电百视 TV 则通过 B+ 商城板块承接百视 TV 的用户流量。

3. 内外双线拓域，优势互补实现生态化的多屏共振

外线上，2021 年主流融媒体和互联网媒体强强联合、优势互补有了更加频繁的合作，如联合晚会、联合综艺、技术合作等。江苏卫视由此提出“双头部战略”，不但要巩固传统媒体平台的“头部影响力”，还要拓展新兴媒体平台的头部影响力，与各大平台开发更多元的合作模式。内线上，主流融媒体在区域内造优势，以“融合、创新、跨越、共生”，打造本土资源共享，协同放大效益。2021 年处于领跑梯队的闪电 MCN-Lightning TV 的独特优势之一就是借助融媒体的区县通联渠道和区县融媒体中心省级大平台的技术支撑，聚合并打造了辐射最广的区县账号矩阵，助推孵化了“日照东港发布”“掌上五莲”等一批粉丝过百万的下沉媒体 IP。在此基础上，央视与一线卫视将在加速数字化转型的进程中获得更强的用户黏性，形成信任背书和流量关注的双重优势。而二、三线卫视与地市级媒体将会进一步去“水”，避免盲目跟风，在更加立足于地域特色的情况下探索多样化经营的路径（见图 2-3-1）。

收视率 Top10 序号	频道名称	到达率 Top10 序号	频道名称	忠实度 Top10 序号	频道名称
1	湖南卫视	1	湖南卫视	1	北京卡酷少儿
2	东方卫视	2	东方卫视	2	湖南金鹰卡通
3	湖南金鹰卡通	3	江苏卫视	3	广东嘉佳卡通
4	江苏卫视	4	广东卫视	4	湖南卫视
5	广东卫视	5	浙江卫视	5	东方卫视
6	北京卡酷少儿	6	深圳卫视	6	江苏卫视
7	天津卫视	7	湖南金鹰卡通	7	广东卫视
8	浙江卫视	8	北京卫视	8	天津卫视
9	深圳卫视	9	天津卫视	9	深圳卫视
10	北京卫视	10	山东卫视	10	广西卫视

图 2-3-1　各大卫视收视情况

数据来源：中国视听大数据

二、户外媒体

场景化数据凸显信任优势，数字化推动全链条价值提升。2021 年户外广告市场获得较大增长，前三季度全国户外广告投放刊例花费达 1.266 亿元，与 2020 年同期相比增长 20%。2022 年，亦有 25% 的广告主表示将增加户外广告投入，较 2021 年增加 7%。分类型来看，传统户外广告较 2020 年同期呈下降趋势，户外数字媒体则出现大幅度增长。其中，户外 LCD 媒体 2021 年前三季度花费约为 167.62 亿元，同比增幅达到 43%（见图 2–3–2）。电梯海报广告和影院视频广告凭借其封闭性和强制触达性迎来大幅度增长，10 月电梯 LCD 和电梯海报同比均上涨超过 20%，影院视频广告增投明显，同比和环比分别上涨 70.3% 和 120.9%。户外广告市场呈现向好态势，外部环境变化和内部数字化发展是重要的推动因素。在外部环境变化上，国潮新锐品牌近年来对户外广告的青睐为户外广告市场带来增量空间。据相关调查显示，2022 年 31% 的新锐广告主将增加户外广告投入，较 2021 年增加 12%。此外，《中华人民共和国数据安全法》和《中华人民共和国个人信息保护法》等法律相继颁布，以个人数据为核心的广告模式遭遇阻滞，而户外广告以场景数据为核心的结构优势得以凸显。从内部数字化发展来看，经过近年来在数字化领域的不断深耕，2021 年户外广告在媒体资源分发、内容展现形式和全域媒体联动方面发展愈加成熟。在媒体资源分发方面，户外广告在程序化广告基础上，引入区块链技术整合分散的媒体资源，解决户外媒体空置率高、广告主规模化、购买效率低、成本高和落地监控难度大等问题。例如，2021 年亚洲户外联合蚂蚁集团构建广告智投链（AWDC），

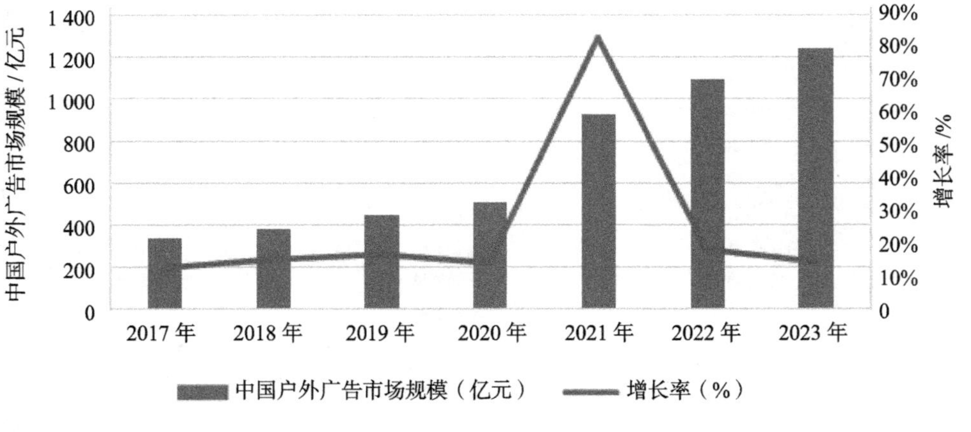

图 2–3–2　户外广告市场规模及增速

数据来源：市场调研在线网

通过整合国内户外媒体资源并将其数字化、标准化，形成户外媒体数据库，提升媒体资源分发效率。在内容形式方面，户外媒体利用新兴技术提升广告场景感与参与度，用户互动性得到提升（见图 2-3-3）。例如，东方初晓传媒运用重庆 3788“亚洲之光”巨幕实现裸眼 3D+ 互动体验的“抓娃娃”活动，提升用户参与感的同时通过兑奖互动成功引流商场，提升转化。在全域媒体联动方面，户外媒体也在扩大联动维度与形式，以高频和精准的线下生活场景引流线上实现转化，形成营销闭环。例如，四川新天杰深耕网约车媒体赛道，除传统媒体投放外，还利用头枕屏媒体和小程序、APP 商城等功能为乘客提供福利优惠，吸引乘客参与线上互动，完成引流。

图 2-3-3　户外广告类型

三、音频媒体

传统渠道广告持续下降，线上音频竞争加速布局新场景主要受益于疫情之下用户触媒习惯的悄然变化和广播融媒体的发展，2021 年广播接触率达到 47.1%，对比 2019 上半年（43.6%）继续提升。广播收听格局逐步稳定，智能车载音频软件和手机音频软件为主流选择渠道，分别达到 20% 和 50% 以上。传统广播媒体广告投放和2020年相比略有好转，2021年实现了持续6个月的正增长，尤其是2月份投放同比呈现大幅上涨，达到48.9%，3月份环比也由负增长12.5%转为正增长21.4%。但自3月份开始，广播广告增幅持续收窄，直至8月进入到负增长，跌幅同比达到9.8%，9月和10月跌幅收窄。2021年传统广播广告的广告主较为稳定，家具用品、商业及服务性行业、药品与交通和通信行业依然是广播的主要客户，但房地产、建筑工程行业广告花费从5月开始持续减少。线上音频平台竞争愈发激烈。根据数据，2021年我国在线用户数量近6.5亿，市场规模达到220亿元，同比增长超过67%。虽然喜马拉雅、蜻蜓FM和荔枝基本上已形成三足鼎立格局，但腾讯、字节等头部平台依然布局音频领域以分羹“声音红利”。在媒体融合努力下，部分主流广播媒体也已形成颇具影响力的音频平台。如中央电视台的云视听APP在一年内实现了快速突围，装机下载量突破一亿；上海广播台的阿基米德APP、浙江广播的听听FM等省级平台用户也在持续增长。但在运营变现方面，不论是线上音频平台还是传统广播媒体都面临着不小的压力，目前尚未形成较为成熟的运营模式。作为头部的喜马拉雅，订阅收入是其比较成熟的变现渠道。

为拓展收入来源，音频平台主要在两方面发力：一是通过数字化平台建设，强化程序化广告投放能力。如2021年喜马拉雅发布营销整合平台ADSOUNDS 3.0版本和内容推广竞价平台“声播”，上半年广告收入达到6.15亿元，同比增长92.9%（见图2-3-4）。上海广播开发的阿基米德APP在继续整合电商M店、社群等线上线下资源的同时，提升程序化广告投放平台“M店平台”的精准性，创新“节目＋平台”广告运营模式。二是随着5G、AI技术的应用普及，各平台不断拓展智能汽车、智能家庭、社区音频等多元使用场景。如中央广播电视总台推出的云视听软件凭借专业优势，提前布局车联网，其服务已覆盖超4 500万用户，已装机的车载终端覆盖奥迪、奔驰、沃尔沃、北汽等汽车品牌。喜马拉雅则与华为开展深度合作，通过借助华为智能座舱提供的HarmonyOS开发者工具，喜马拉雅持续更新应用，目前已陆续为HarmonyOS系统交付了3个软件版本。蜻蜓FM则联合第一服务开辟“社区音频”场景，鼓励社区居民线上线下互动，融入物业管理系统，提升社区运营效率。随着智能设备的普及，2022年音频仍将处于高速发展阶段，音频媒体的广告市场也会稳步上升。下一步音频媒体需要双管齐下，一方面加紧开辟和占据新场景，包括智能车和智能家居；另一面加速开发适配场景的内容和营销模式。

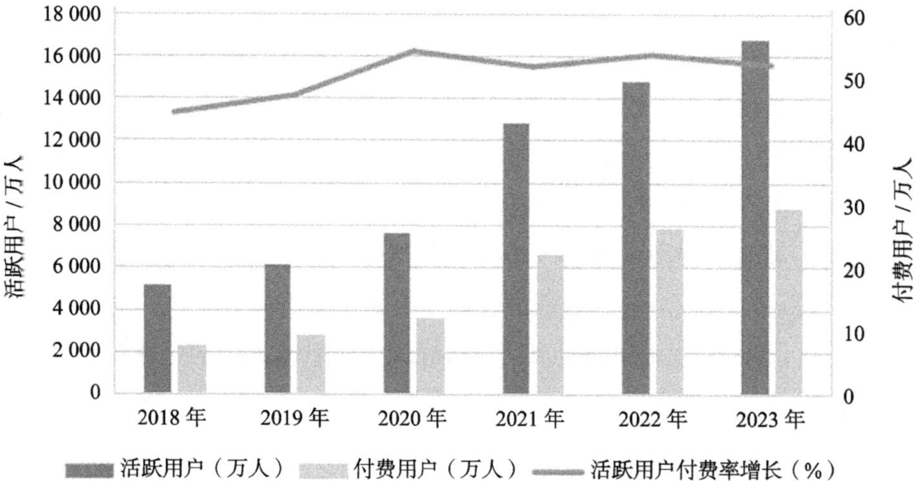

图 2-3-4　喜马拉雅用户增长情况

2021 年，媒体广告整体收入增速的持续走低、互联网头部媒体的裁员潮及股价的持续走低引发广告主、媒体经营者与资本市场对未来预期的相对保守的态度。2022 年，媒体广告市场在经济承压与外部环境不确定性增强态势下仍将面临较大运营压力。但新增量空间的探索显然仍将继续，并有以下线索值得关注：

第一，向新的内容文化空间要效益。伴随媒体融合逐步深入，内容为王仍旧是各大媒体的生命线，有内容才有关注，有关注才有流量，才可能进一步衍生社交、带货、关系沉淀等全链路营销价值链。在各大媒体收缩战线、严控预算态势下，显然找准内容战略定位、精准突围是最为高效且相对风险可控的明智选择。2021 年，在创新相对不够活跃的内容市场，河南卫视“唐宫夜宴”“奇妙游”“水下洛神舞”与 B 站联合创造的“舞千年”等独具中国传统文化特色的爆款内容频繁“破圈”。2022 年，具有突破圈层能力的内容仍将是最具运营含金量的稀缺资源之一。

第二，向更深层次与高效率的融合要效益。2021 年，伴随融媒体进程加速，媒体广告运营早已从相对单一链路的广告服务进化到覆盖内容、转化、销售的全链路商业运营。这意味着媒体运营者必须从市场和客户诉求出发，深耕细作商业模式，为客户提供更加高效的品、效、销一体化商业解决方案。

第三，向新的地理空间要增量。下沉和海外市场进入竞争中场，增量余存。但在下沉市场，长期稳定的发展并非来源于低价争夺的降维打击，而应是真正的科技赋能与运营模式精益化深耕。于海外而言，许多发展中国家市场正在兴起；疫情管控的差异也为出口贸易提供了机遇，直播电商、社交团购等国内本土较为成熟的商业模式在海外市场也存在先发优势。中国领衔的全球最大的自由贸易区 RCEP 在

2022 年的正式生效也为海外市场成为新增量来源带来重大利好。

第四，向新的技术空间要效益。不论是互联网还是主流融媒体，技术都在持续更新迭代，不断内嵌。大数据、云计算持续赋能经营效率提升；基于 VR、AR 技术的超写实数字人大爆发，元宇宙概念热潮不断拓展媒体运营增量空间的想象力。相关数据显示，约有八成广告主对于元宇宙营销有未来规划。2021 年，诸多品牌已开展了元宇宙相关营销实践。例如，花西子发布首个虚拟形象“花西子”；小米 Civi 联手 ToddHessert 发布元宇宙时装秀，在虚拟空间中触达消费者；LV 通过“NFT（非同质化代币）+ 游戏”模式讲述品牌故事。媒体广告运营的数字化进程正从满足“扩量”需求向“数字 + 智能”的“精细化运营”升级迭代。第三次信息化浪潮以来，技术更新迭代的速度明显放慢，消费端出现的隐私侵犯、企业端的数据孤岛等问题制约着技术效能的释放。数字化不意味着“更快更多”，而意味着“更深和更好”。更多基于区块链、VR、AR 等新技术的应用如 NFT（非同质化代币）、超写实数字人都会从“出道即巅峰”转向“持续和深度运营”。智能车载场景和智能家居场景代表的物联网也将成为技术激发增长效益的新渠道，利好于音频媒体，并且可能催生新的媒体形态。

第三章　新媒体广告策略

第一节　新媒体广告策略概述

新媒体广告策略是在新媒体时代下，企业正确评估市场竞争格局，调查并挖掘企业自身优势，针对外部条件制定有效的新媒体广告策略战术的重要决策。而伴随着互联网技术的飞速发展，以互联网为载体的新媒体也得以发展。新媒体广告在中国方兴未艾，其发展过程中鱼龙混杂、泥沙俱下也在所难免。在此情况下，新媒体广告策略的定义也值得更深入地思考和探究。

策略，指计策、谋略。一般是指可实现目标的方案集合，是根据形势发展而制定的行动方针和斗争方法、斗争艺术，同时还要注意方式方法。策略包含了三个层面的含义：一是战略层面，即讲究策略的全局性、系统性和原则性；二是战术层面，指的是具体的技巧和方法；三是修辞层面，指的是说话做事要有艺术性，讲究技巧。

从战略层面来看，广告策略必须站在企业自身状况、市场竞争状况、市场未来趋势等方面进行系统性谋划与思考。同时，广告策略不是随机的、盲目的、分散的、碎片化的，而是全局的、系统的、富有逻辑与目的的、相对稳定的，具有竞争性和抗衡性的特征。

将广告策略分为战略和战术两个层面，是一种相对的划分。对特征的阐释，战略层面更强调它的全局性，战术层面更强调它的操作性。

一、新媒体广告策略的含义

新媒体广告策略既有在战略层面的系统性思考与战略定位，也有在战术层面的策划与执行。因此，通过系统的市场研究，评估市场现状及未来趋势，确立目标市场，进行市场定位，制定诉求策略和传播策略，是企业制定并实施新媒体广告策略的核心内容。

新媒体广告策略是广告策划者在广告信息传播过程中，为实现广告战略目标所采取的对策和应用的方法、手段，是战略的细分与措施。新媒体广告策略是广告战略的核心内容之一。新媒体广告战略是带有方向性的，而新媒体广告策略则是为实现战略目标而采取的手段和方法；新媒体广告战略是全局性的，而新媒体广告策略仅仅是一个组成部分，新媒体广告策略要服从广告战略；新媒体广告战略在一定时期内具有相对稳定性，而新媒体广告策略则具有更多的灵活性，新媒体广告策略是保证广告战略实现的基础。具体的新媒体广告活动中，新媒体广告策略的表现形式是独特的，但通常有如下 5 种内容的广告策略：

（1）配合产品策略而采取的广告策略，即新媒体广告产品策略；

（2）配合市场目标采取的广告策略，即新媒体广告市场策略；

（3）配合营销时机而采取的广告策略，即新媒体广告发布时机策略；

（4）配合营销区域而采取的广告策略，即新媒体广告媒体策略；

（5）配合广告表现而采取的广告表现策略，新媒体广告策略必须围绕广告目标，因商品、因人、因时、因地而异，还应符合消费心理。

新媒体广告策略可以从战略层面和战术层面来解释它的含义。

从战略层面看，新媒体广告策略必须站在企业自身状况、市场竞争状况、企业发展目标、市场未来趋势等方面进行系统性谋划与思考，实际上，它是一种整体性、系统性的思考和决断。在战略层面，新媒体广告策略具有以下特点：

一是全局性。全局性是指在企业整体战略，特别是企业整体营销战略基础上，对企业的广告活动进行系统性的谋划和安排，制定全局性和阶段性的广告目标，确定新媒体广告的目标市场及诉求重点，并对广告资源进行部署和分配。正是由于广告策略具有全局性特征，因此，它具有较长时期的相对稳定性，对某一阶段目标下的具体的广告活动具有指导性作用。

二是竞争性。任何新媒体广告策略的制定，都是基于市场竞争状况，特别是基于主要竞争对手的状况制定的，都需要对自身及竞争对手的优势、劣势，以及市场的机会和威胁进行系统性分析和综合评判。因此，它具有很强的目的性、抗衡性和竞争性。比如，格力空调在广告策略上一直强调自己的技术实力，无论是“好空调，格力造”，还是“掌握核心科技”，都突出了这一诉求，这与其竞争对手美的空调的“原来生活可以更美的”在一定程度上形成了差异化的广告策略，塑造出了自己作为科技英雄的形象。

三是系统性。从微观层面看，新媒体广告策略的系统性是指广告策略的各要素、各环节、各部分内容构成一个完整的有机体系，这个体系具有明确的广告总体目标和运行规则，使企业整体的广告活动过程合理化和效果最大化；同时，这个体系还必须具有动态弹性，能适应不断变化的市场环境、消费者状况和产品状况。从宏观层面看，新媒体广告策略系统又是企业营销系统的子系统，而企业营销系统又是企业总系统中的一个子系统。因此，子系统与总系统之间也构成一种有机的协调和互动关系，共同服务于企业的整体战略。

从战术层面上看，新媒体广告策略主要指的是广告活动在创意和传播阶段的具体操作方法，具有以下特征：

一是可行性。新媒体广告策略的可行性是指建立在前期严谨的市场研究，以及对企业的实力及执行能力进行客观评估的基础之上，对广告的投入和产出进行严谨的科学论证，讲求效益最大化，具有相对的科学性和实效性。

二是针对性。每一次广告策略的制定和实施，都是为了解决企业营销传播中的实际问题，具有清晰的广告目标。

三是创造性。创造性作为广告行业最基本、最核心的特征，要求从业者必须具备创造性地思考和解决问题的能力，其广告活动才可能引起目标消费者的关注，并吸引他们按照广告设定的路径做出反应或采取行动。

需说明的是，将广告策略分为战略和战术两个层面，是一种相对的划分，对特征的阐述，战略层面更强调它的全局性，战术层面更强调它的操作性。

二、新媒体广告战略与广告策略的关系

（一）新媒体广告战略对广告策略具有制约作用

新媒体广告战略与广告策略是全局与局部的关系。新媒体广告策略是新媒体广告战略的一个部分，它必须服从于战略，接受战略的指导，遵循新媒体广告战略所规定的方针原则，为实现战略目标服务。因此，新媒体广告战略对新媒体广告策略具有制约作用。脱离新媒体广告战略，新媒体广告策略就无从制定，即使制定了，也无法体现其价值。同样道理，对甲战略来说 A 策略是优秀的，对乙战略来说 B 策略是优秀的，而 A 策略对乙战略或 B 策略对甲战略来说却可能都是最差的策略。明确这一点，对新媒体广告策划，尤其是对新媒体广告策略的制定具有重要的实践意

义。出于盲目崇拜或贪图省事等动机而随便套用模仿他人广告策略，很可能招致市场惩罚甚至导致灾难性后果。

（二）新媒体广告战略对新媒体广告策略具有依存性

新媒体广告战略任务的实现，必须通过一个个策略和一步步努力才能成功，离开了策略，广告战略只不过是空中楼阁，难以支撑。没有制定相应的广告策略时，广告战略只不过是一纸空文。因此，新媒体广告战略依赖于广告策略。战略和策略因具有一致性，都是一种谋略计划，因而就各种大小不同的范围来说，它们的区别只是相对的。比如，对企业系列产品总的广告运动来说，有一个整体的广告战略；而就其中某一个产品的广告运动来说，它也有其战略，而这个别产品的广告战略对于企业整个广告战略来说又具有策略性质了。但是，在同一个确定的范围内，广告战略和广告策略的区分却是确定的。

三、新媒体广告策略的目标

制定新媒体广告策略目标，是企业开展广告活动的前提条件，也是企业对自身的营销传播需求进行科学评估的结果。从宏观上看，新媒体广告策略的目标主要和企业营销战略结合在一起，目标比较抽象，如三年内让产品成为国际一线品牌；也可能比较具体，如三年内占领 80% 的市场份额。微观层面看，新媒体广告策略目标更多是指一次具体的广告活动需要达到的具体目标，如知名度提高 20%、产品使用率达到 30% 等。

从内容上来看，新媒体广告策略目标又可分为企业形象目标、产品促销目标和信息传播目标。企业形象目标是指要树立企业形象，提高企业整体知名度和美誉度；产品促销目标是指广告活动促使消费者产生某种直接反映的目标；信息传播目标则是要规定广告信息在传播过程中对消费者产生影响所需要的程度。由于沟通是广告最核心的功能，因此，信息传播目标，或称沟通目标，是新媒体广告策略最重要的目标。

下面从沟通效果的角度，将新媒体广告策略从消费心理层面由外而内分为五个层次：

（一）激发品类的消费需求

激发品类的消费需求，是指通过广告，让消费者意识到只要使用某个品类的产品或服务，便可以缩小甚至消除当下所感知到的匮乏状态与理想状态之间的差距，从而激发对该类商品或服务的消费欲望。比如，一个满脸青春痘的女生希望自己的皮肤光洁润滑，她对各类祛痘产品比较容易产生购买的欲望。

（二）产生品牌认知

产生品牌认知，是指借助广告宣传，购买者可以在众多品牌中确认（包括识别或记忆）出品牌的能力。如果消费者不仅能识记品牌名称，甚至能确认品牌的某些细节，那就说明消费者对品牌有相当的关注，并有进一步购买的可能。

（三）形成品牌态度

形成品牌态度，是指通过广告，购买者对品牌满足其当下消费需求的实际能力给出积极的评价，这来自对品牌效用的信念。这些信念部分来自品牌本身，部分来自消费者相关的非品牌因素的综合作用。对于老品牌而言，由于品牌态度早已形成，那么巩固、提升或改变品牌态度便成为广告目标。对于持正向态度的消费者，需要巩固并提升他们对品牌的好感度和忠诚度；对于持负向态度的消费者，则需要改变他们的品牌态度。

（四）激发品牌购买意向

激发品牌购买意向，是指消费者通过接触广告，开始尝试购买品牌，或者做出与购买行为相关的反应，比如电话或网上咨询、门店试用等。对于老品牌而言，广告目标可能变为促进消费者持续性购买（重复消费），或者将竞争品牌的消费者变为自身品牌的消费者。

（五）建立品牌忠诚度

建立品牌忠诚度是指通过广告活动，促使消费者对品牌进行重复性购买，使消费者与品牌之间逐步建立起相对稳固的情感联系，进而形成消费偏好和品牌依赖，不受或较少受到其他品牌营销因素的影响，从而建立起对品牌的忠诚度。

上述五个层次主要从消费角度探讨广告的目标，而企业形象的塑造和提升其实也是广告核心任务之一。企业形象与品牌形象是相互依存的关系，一个具有高度责任感的企业不仅能获取良好的社会资源，其产品也容易被消费者信赖并认可。因此，企业借助广告等沟通手段，建立起与政府、社会公众、消费者，以及内部员工等利益相关者之间的良好关系，也是企业追求的重要目标。

四、案例：耐克的神话传递

（一）案例介绍

耐克（Nike）这一品牌创造了不少营销奇迹：耐克正式命名于1978年，还属年轻企业，却后来居上，超过了曾雄踞市场的领导品牌阿迪达斯、彪马、锐步，被誉为“近20年世界新创建的最成功的消费品公司”。

在美国，与成年人想拥有名牌跑车相映，约有高达七成的青少年的梦想便是有一双耐克鞋，耐克成为消费者追求的一个“梦”。

显然，耐克品牌有许多值得我们挖掘的行销启示。耐克的营销奥秘是多方面的，其中一个很出色的方面是它的营销沟通（Nike's Marketing Communication）。着眼于沟通的耐克广告给消费者留下深刻的印象。1994年，耐克的广告费投入为2.8亿美元，若与全球头号广告主宝洁（P&G）公司的广告费相比并不多，只是后者的1/9左右，但富有创意而极具魅力的耐克行销传播，为耐克赢得了消费者，使耐克成为市场的胜利女神（Nike原意即为“古希腊的胜利女神”）。耐克营销沟通的成功之处是：

· 从运动员专用鞋市场拓展出普通消费者的大众市场；

· 采用“离经叛道”的广告强化沟通；

· 借用偶像崇拜建立品牌忠诚；

· 运用动画、电脑游戏等新媒体手段贴近青年儿童消费者；

· 深入自我心理意识和价值争取到女性消费群。

真正的突破是1986年的一则宣传耐克充气鞋垫的广告。在广告片中耐克公司不是采用一味宣传产品技术性能和优势的惯常手法，而是采用一个崭新的创意：使用代表嬉皮士的甲壳虫乐队演奏的著名歌曲《革命》，在反叛图新的节奏、旋律中，一群穿戴耐克产品的美国人正如痴如醉地进行健身锻炼。这则广告准确地迎合了刚刚出现的健身运动的时代新潮，给人以耳目一新的感觉。耐克公司的广告变法是相当成功的，这首先体现为公司市场份额的迅速增长——一举超过锐步公司成为美国运动鞋市场的新霸主。耐克的长期竞争对手锐步公司也不得不跟着效仿，像耐克一样强调沟通风格而不仅仅是产品功能，同时锐步公司改用ChiatDay公司作为广告代理商，后者曾在20世纪80年代中期当过一阵耐克的代理商，以图重振昔日雄风。然而这一切均无济于事，抢先一步的耐克公司的产品风格和优点已在消费者心中占据了不可动摇的地位。

耐克公司拓展市场的首要突破口是青少年市场，这一市场上的消费者有一些共同的特征：热爱运动，崇敬英雄人物，追星意识强烈，希望受人重视，思维活跃，想象力丰富并充满梦想。针对青少年消费者的这一特征，耐克公司使用“明星攻势”这一法宝，相继与一些大名鼎鼎、受人喜爱的体育明星签约，如乔丹、巴克利、阿加西、坎通纳等，他们成为耐克广告片中光彩照人的沟通“主角”。耐克掌握了十几岁少年厌恶说教、独立意识增强的特点，充分发挥和迎合他们的想象力与自我意识，从“乔丹”意识到“热爱运动的我”，从“穿着耐克鞋的乔丹”联想到“穿着耐克鞋的我”，在一连串的消费者自我想象、对比中，在耐克公司与其目标市场的沟通过程中，其品牌形象潜移默化地深植在顾客的心里。

广告最主要的目的就是沟通，耐克广告是真正的广告，就是因为它是真正的沟通。耐克广告代理商 W&K 公司的计划总监克里斯·莱利对比耐克公司与锐步公司的广告之后评论说：“你把耐克和锐步的广告拿给 14~15 岁的小孩们看，他们肯定会说：‘锐步又在打我的主意，他们用体育运动和健康来卖广告。’但他们谈论耐克广告的方式是截然不同的：‘你瞧，耐克那帮家伙又在挥霍钱财啦！真弄不明白他们是怎样管理自己的广告经费的。’这意味着他们理解我们，知道耐兄本可以采用传统营销导向的广告方式。”毫无疑问，耐克公司针对青少年市场的一系列广告达到了目的，受到青少年顾客的认同，而他们正是这一市场争夺战最具权威的裁判员。

耐克公司在女性市场上的广告更是匠心独具、魅力无穷。耐克公司比锐步公司较晚进入女性市场，部分原因是耐克认为其气垫技术革命的广告主题是针对男士们的，如果当时反过来吸引女性，那么势必损及男鞋市场的增长势头。当时耐克管理层及部门纠正了在加利福尼亚进行的一些促销活动，公司认为活动超出了公司的原意。公司管理者不想损害自己作为一家技术先进、勇于创新的体育用品公司的良好声誉，沦为一个女性味十足的流行用品公司。

当耐克公司在青少年市场和男性市场上牢牢站稳脚跟后，转而集中火力进攻女性市场。广告创意方案的策划者珍妮特和夏洛特两位女士用自我审视的方法来了解女性的内心世界，以女人与女人的“对话”作为主要沟通手段。广告作品采用对比强烈的黑白画面，背景之上凸显的是一个个交织在一起的“不”字，广告文字富有情意，意味深长，语气柔和但充满一种令人感动的关怀与希望：在你一生中，有人总认为你不能干这个，不能干那个。在你的一生中，有人总说你不够优秀、不够强健、不够天赋，他们还说你身高不行、体重不行、体质不行，不会有所作为。在你一生中，他们会成千上万次迅速、坚定地说你不行，除非你自己证明你行。

广告是登载在妇女喜爱的生活时尚杂志上。广告文字似乎不像是一个体育用品商的销售诉求，而更像一段呼之欲出的女性内心告白，但广告体现出耐克广告的真实特征：沟通，而非刺激。如同其他耐克广告，这则广告获得巨大成功，广告刊发后，公司总机室的电话铃声不断，许多女性顾客打电话来倾诉说：“耐克广告改变了我的一生……”“我从今以后只买耐克，因为你们理解我。”这些结果也反映在销售业绩上，耐克女性市场的销售增长率高于其男性市场。20世纪80年代后期女性市场上耐克远逊锐步的状况发生了根本改变。研究表明，市场上耐克品牌的提及率及美誉度已超过锐步。

耐克公司在短短的二三十年时间里，由一家简陋的小鞋业公司成长为行业霸主，由鲜为人知到今天名满天下（在美国知名度几乎为100%），耐克行销传播居功甚伟，在某种意义上，是广告的策划宣传创造了耐克商业神话。

（二）案例启示

1. 耐克公司成功神话的要诀

耐克公司注重沟通效果的广告，使耐克品牌深用户爱，迅速成长。耐克公司的广告变革为其赢得了市场和消费者，但更重要的是，耐克公司在变革中逐渐掌握了广告沟通艺术，形成自己独特的广告思想和策略，那就是必须致力于沟通，而不是销售诉求。这一策略与大多数美国公司的广告策略是根本不同的，但正是这一独特的策略和做法，使得耐克公司在市场竞争中不断成功，迅速成长。

2. 共鸣效果

耐克公司在青少年市场上的成功还不足以反映其广告的沟通真谛，许多人认为耐克广告沟通术就是“明星攻势”加上与众不同的广告画面、情节。但事实并非如此，起到根本性作用的不是沟通的形式而是内容，是在广告中与消费者进行心与心的对话。耐克广告的沟通也因此产生能让消费者产生强烈共鸣的效果。

3. 掌握需求

耐克因为能充分掌握年轻人对运动休闲鞋的需求，了解他们的生活形态与现实的心理渴望，创造出饶具创意的新产品、传播诉求及促销活动，从头到尾都是站在创造消费趋势的排头，耐克的世界第一并非浪得虚名。

第二节　新媒体广告定位策略

一、新媒体广告定位概述

新媒体广告定位，是指企业从消费者需求出发，把整个市场，按照不同的标准分为不同的部分或购买群，并选择其中一个或几个市场部分进行广告调查、确立广告主题、选择广告媒体、编写广告文案、实施广告行为的系统广告营销策略。

广告定位的正确与否直接影响整个策划的最终成败，是最能体现策划者的策划水平和策划能力的关键环节。谁能挖掘到消费者的潜在需求，确定恰当的定位，就能在激烈的竞争中取胜。

定位理论的创始人艾·里斯和杰克·特劳特曾指出：定位是一种观念，它改变了广告的本质，定位从产品开始，可以是一种商品、一项服务、一家公司、一个机构，甚至是一个人，也可能是你自己。但定位并不是要你对产品做什么事。定位是你对未来的潜在顾客心智所下的功夫，也就是把产品定位在你未来潜在顾客的心中。所以，把这个观念叫作“产品定位”是不对的，你对产品本身实际上并没有做什么重要的事情。

可见，广告定位是现代广告理论和实践中极为重要的观念，是广告主与广告公司根据社会既定群体对某种产品属性的重视程度；把自己的广告产品确定于某一市场位置，使其在特定的时间、地点，对某一阶层的目标消费者出售，以利于与其他厂家产品竞争。它的目的，就是要在广告宣传中，为企业和产品创造、培养一定的特色，树立独特的市场形象，从而满足目标消费者的某种需要和偏爱，为促进企业产品销售服务。

（一）USP 阶段

在 20 世纪 50 年代左右，美国的罗瑟·瑞夫斯提出广告应有独具特点的销售说辞（Unique Selling Proposition，USP）。他主张广告要把注意力集中于商品的特点及消费者利益之上，强调在广告中要注意商品之间的差异，并选择好消费者最容易接受的特点作为广告主题。

在 20 世纪 50 年代末期，随着产品时代被市场营销时代代替，确立“独具特点的销售说辞”就变得日益困难。但是，USP 理论中的基本思想被随后的广告思潮所汲取。因此，直至今日许多广告人把 USP 赋予诸多的现代意义，为当代广告活动所采用。

（二）形象广告阶段

从 20 世纪 50 年代以来，西方经济发达国家的生产得到迅速发展，新产品不断涌现，同类产品在市场上竞争十分激烈。许多广告人通过各种广告宣传和促销手段，不断为企业提高声誉，开创著名品牌产品，使消费者根据企业的名声与印象来选择商品。此时期，涌现出一大批著名的广告人，广告思想都以树立品牌形象为核心，在客观的广告实践上推动了企业营销活动的开展。这一时期最具代表性的人物就是被称为“形象时代建筑大师”的大卫·奥格威，他的最著名的命题之一就是：“每一条广告都是对品牌印象的长期投资。”

（三）广告定位阶段

1969 年艾·里斯和杰·特劳特在美国《产业行销杂志》写了一篇名为《定位是人们在今日模仿主义市场所玩的竞赛》的文章，使用了“定位”(Positioning) 一词。

广告定位阶段自 20 世纪 70 年代初期产生，到 80 年代中期达到顶峰，其广告理论的核心就是使商品在消费者心目中确立一个位置。正如艾·里斯和杰·特劳特所指出的：广告已进入一个以定位策略为主的时代，“想在我们传播过多的社会中成功，一个公司必须在其潜在顾客的心智中创造一个位置”，“在定位的时代，去发明或发现了不起的事物并不够，甚至还不需要，然而，你一定要把进入潜在顾客的心智，作为首要之图”。

（四）系统形象广告定位阶段

进入 20 世纪 90 年代后，世界经济日益突破地区界限，发展成为全球性的世界性大经济。企业之间的竞争从局部的产品竞争、价格竞争、信息竞争、意识竞争等发展到企业的整体性企业形象竞争，原来的广告定位思想进而发展为系统形象的广告定位。

这种广告定位思想，变革了产品形象和企业形象定位的局部性与主观性的特点，也改变了 20 世纪七八十年代广告定位的不统一性、零散性、随机性，更多地从完整性、本质性、优异性的角度明确广告定位。

系统形象广告定位，最初产生于 20 世纪 50 年代中期的美国，发展于 60 至 70

年代，成熟于80至90年代。这种广告形态不但在欧美，而且在亚洲都产生了划时代的影响。当代世界上的著名企业，其在经营管理过程中已经在系统形象广告领域做了大量的工作，促进了企业经济效益和社会效益的大幅度提高。

二、广告定位的方法

广告定位的方法主要有抢先定位、强化定位、比附定位、逆向定位、补隙定位等。

（一）抢先定位

抢先定位是指企业在进行广告定位时，力争使自己的产品品牌第一个进入消费者的心目中，抢占市场第一的位置。经验证明，最先进入人们心目中的品牌，平均比第二位的品牌在长期市场占有率方面要高得多，而且这种关系是不易改变的，如摄影的柯达、复印的施乐、可乐饮品中的可口可乐、电器中的通用、轮胎中的固特异、计算机中的IBM、快餐中的麦当劳等。

现代企业营销已进入一个以定位策略为主的时代。在这个时代，只发明或发现了不起的产品并不够，有时甚至还不一定需要，而占据潜在消费者心目中第一的位置才是首要之图。IBM并没有发明计算机，计算机是兰德公司发明的。然而，IBM是第一个在潜在消费者心目中建立计算机位置的公司。又如，“皮尔·卡丹”在法国名牌服装中只能排在中间的位置，但是它在中国被认为是法国最有名的服装品牌之一，拥有广泛的品牌忠诚者，只因为它是改革开放后第一个进入中国的法国服装品牌。

（二）强化定位

强化定位是指企业一旦成为市场领导者后，还应不断地加强产品在消费者心目中的印象，以确保第一的地位。实行强化定位应做到以下两点。

一是不断加强消费者起初形成的观念。例如，可口可乐公司所用的强化广告词是“只有可口可乐，才是真正可乐”，仿佛可口可乐是衡量其他一切可乐的标准，其他任何一种可乐类饮料都是在模仿“真正的可乐”。

二是绝不给竞争者以可乘之机。领导者绝不应盲目自大，自以为自己地位很稳固，沉浸在自满自豪之中，只顾欣赏自己忘记了周围竞争的存在。而应密切注视竞争者的动向，掌握竞争优势。

（三）比附定位

比附定位是指企业在广告定位中，不但要明确自己现有的位置，而且要明确竞争者的位置。竞争者的位置与自己的位置一样重要，甚至更加重要。然后用比附的方法设法建立或找到自己的品牌与竞争者的品牌、自己想要占据的位置与竞争者已占据的位置之间的关系，使自己的品牌进入消费者的心目之中，或者用比附的方法在消费者心目中开拓出能容纳自己品牌的位置。例如，第一辆汽车问世后，称为“不用马的马车”，这就使人们能够比较汽车与马车的相同与不同，接受汽车的概念，此即是用“不用马的车”去比附“用马的车”而建立一个新的位置。不含铅汽油、无糖汽水等都是新观念相对于老观念的比附定位。宁城老窖在广告中宣称自己是“塞外茅台”，在我国北方拥有较好的声誉，也是较为成功的比附定位。

（四）逆向定位

逆向定位是指企业在进行广告定位时，面对强大的竞争对手，寻求远离竞争者的“非同类”的构想，使自己的品牌以一种独特的形象进入消费者心目之中。七喜汽水可以说是逆向定位的典范。在充分了解到可口可乐和百事可乐在人们心目中已占有重要位置，并敏锐地洞察到消费者心中对可乐中含有咖啡因而萌发的微小不安时，七喜公司激发出辉煌的定位构思：七喜是非可乐，因为不含咖啡因。把七喜与可乐进行反衬，树立自身的大反差位置，使七喜成为可乐类饮料以外的另一种选择，从而确定了七喜在饮料市场上的地位，销量逐渐上升为处于可口可乐和百事可乐之后的第三位，抢占了碳酸类饮料的市场。

（五）补隙定位

补隙定位是指企业在进行广告设计时，根据自己产品的特点，寻找消费者心目中的空隙，力求在产品的大小、价位和功能等方面独树一帜，如舒肤佳香皂的去菌功能定位、立白洗洁精的不伤手定位、沃尔沃最安全的汽车的定位等。只要悉心研究，在广告定位时总能找到所需要的空隙。

三、广告定位策略

（一）市场定位策略

市场定位策略即把产品宣传的对象定在最有利的目标市场上。通过整合市场，寻找到市场的空隙，找出符合产品特性的基本顾客类型，确定目标用户。可根据消费者的地域特点、文化背景、经济状况、心理特点等不同特点，进行市场的细致划分。策划和创作相应的广告，才能有效地影响目标公众。

例如，宝洁号称“没有打不响的品牌”，这源自于宝洁成功的市场细分理念。以洗发水为例，宝洁有飘柔、潘婷、海飞丝三大品牌，每种品牌各具特色，占领各自的市场。海飞丝个性在于去头屑，“头屑去无踪，秀发更出众”；飘柔突出“飘逸柔顺”；潘婷则强调“营养头发，更健康更亮泽”。三种品牌市场个性鲜明，消费群体需求划分明确，可根据自己的需要对号入座。这种细分，避开了自己同类商品的竞争，强有力地占领了市场。

万宝路的成功也归功于成功的市场定位。最初的广告定位是女性，宣传主题是“像五月天空一样温和”，销量不佳。其原因是定位过于狭窄，把广大男性烟民排除在外，不利于品牌的发展壮大。后来做出重大变化，定位在硬铮铮的男子汉，强调万宝路的男子气概，以吸引所有爱好追求这种气概的顾客，并且用马车夫、潜水员、农夫等做具有男子汉气概的广告男主角，一跃成为全美第十大香烟品牌。可见，广告定位的正确与否直接影响产品的市场效应和未来发展。成功的定位策略对整个品牌有着起死回生的作用。

（二）产品定位策略

产品定位策略即最大限度地挖掘产品自身特点，把最能代表该产品的特性、性格、品质、内涵等作为宣传的形象定位。可以从多个方面入手，如产品的特色定位、文化定位、质量定位、价格定位、服务定位等。通过突出自身优势，树立品牌独特鲜明的形象，来赢得市场和企业发展。

在奶制品竞争激烈的环境下，各种品牌可谓“八仙过海，各显其能”。“健康的牛”伊利牛奶广告充分体现了伊利奶的定位策略是“健康的牛，运动出好奶”。此定位的优势是抓住了产品原材料的特点，从奶的源头上做文章，充分挖掘消费者追求健康、新鲜、优质奶的心态，从而抢先占领了奶制品市场，赢得了良好的市场效益。

（三）观念定位策略

观念定位策略指在广告策划过程中，通过分析公众的心理，赋予产品一种全新的观念。这种观念既要符合产品特性，同时又要迎合消费者的心理，这样才能突出自身优势，从一种更高层次上打败对手。这里更多地融入了一种思想、道德、情感和观念等。

脑白金的孝心和传统观念定位，使该产品在保健品市场上独占鳌头。其广告语为“今年孝敬咱爸妈，送礼还送脑白金”，“今年过节不收礼，收礼还收脑白金”。中国是一个节日和庆典比较多的国家，自古以来，民间就有互相送礼表示祝贺的风俗习惯。脑白金定位成一种礼品，并且是一种能带给人健康的礼品，极力宣传送礼更要送健康的理念。这个“送礼”观念定位恰好顺应了中国的传统。同时，中国自古就有尊老爱幼、孝敬父母的传统美德。脑白金增加礼品观念、增加孝心观念的策略，是其他竞争者所不具备的。

（四）企业形象定位策略

企业形象定位策略指把定位的重点放在如何凸显企业的形象和树立一个什么样的企业形象上。通过注入某种文化、某种感情、某种内涵于企业形象之中，形成独特的品牌差异。真正成功的企业形象是恰到好处地把握住时代脉搏，击中人类共同的感动与追求。定位可以从企业文化的角度、企业情感的角度、企业信誉的角度、企业特色的角度来树立企业的形象。

四川全兴大曲的广告定位中融入了四川源远流长的酒文化，通过“品全兴，万事兴”的广告语，竖立其在众多中国酒品牌中的独特文化定位；孔府家酒一句“孔府家酒，叫人想家”，注入了浓浓的思乡情感；号称中国第一酒的“茅台酒”，融入的是企业的信誉和品质。这些都成功地树立了企业独特鲜明的形象。

“大红鹰，胜利之鹰”的这个广告定位是从企业的文化和内涵出发，树立企业的形象。每个人的内心深处都渴望胜利，都渴望被认同，没有人会心甘情愿地主动放弃胜利而选择失败。大红鹰定位“胜利之鹰”，符合了时代特点和企业精神。

（五）品牌定位策略

品牌定位策略即把定位的着眼点落在扩大和宣传品牌上。目前的市场竞争已进入了同质化时代，很多同类商品使消费者无法轻易辨别出优劣，就如同人们很难说出可口可乐和百事可乐哪个更好喝一样。企业之间的竞争就在于品牌的竞争，谁抢先树立了自己的品牌，就抢先赢得了商机。消费者购买商品有时就是选择自己所喜爱的品牌。

我们可以通过求先定位、求新定位、空隙定位、竞争定位等手段来在第一时间树立起自己的品牌，建立起自己的消费群。例如阿迪达斯、耐克、李宁都有自己的品牌特色，人们购买商品就是选择自己喜爱的品牌。

成功的广告定位策略能帮助企业在激烈的竞争中处于不败之地，能够赋予竞争者所不具备的优势，赢得特定而且稳定的消费者，树立产品在消费者心目中的与众不同的位置。因此，在广告策划中，应准确把握广告定位。

四、广告定位的类型

根据产品的特性与特点、在市场上的占有率、竞争的激烈程度等不同，定位的情况也有所不同，加之现今市场上产品的品种繁多、门类庞杂，所以在实施具体的广告定位时，我们可以从以下方面入手，以找到合适的切入点。

（一）产品定位

产品定位是广告定位的基础，我们可以把产品定位称为“实体定位”。要提高产品在消费者心中的地位，首先就必须有针对性地进行产品的研究、开发、生产与制造，使自己的产品在实体上有一个清晰的定位，并通过广告刻意强化这一定位，使之引起消费者的注意、理解与记忆，进而引导消费者进行有明确目标的购买。

产品定位主要强调其实体上的差异性，如高科技含量、先进的设备、精湛的工艺等，突出产品的品质、价值、功效、服务等方面的特点，刻意强调其独一无二、不可为其他同类产品所替代的特性。借此增加产品对消费者的影响力，促使其产生刻骨铭心的印象与感受。

（二）市场定位

从定位分类的角度来看，这里的市场定位仍然是市场细分方法在广告策划中的具体运用，将产品定位在最有利的市场之上，或者更准确地称为“目标市场定位”。任何企业，无论其规模如何，都不能同时满足所有消费者的所有需要；而只能为自己的产品销售选定一个或几个特定的目标市场，为自己的产品选择某个范围内的特定消费者，即市场定位。从广告策划的角度来看，目标市场事实上就是广告传播活动的目标对象。

在进行市场定位时我们还要考虑到产品的生命周期，根据产品的生命周期各个阶段在市场中的不同特性，运用不同的广告策略，做不同的广告宣传，这样才能更好地满足不同消费者的需求。

（三）企业定位

当代广告活动的一个突出特点在于，当一个企业在对产品进行定位的同时，也使消费者认识到生产和销售该产品的主体是一个什么样的企业？它在哪一个位置、处于哪一个层次上？让消费者在选择产品的同时也选择了企业。

在广告策划中为企业定位的常见手法是“双重定位”，对于产品名称与企业名称相同的企业来讲更是如此，如可口可乐、百事可乐、娃哈哈等，这些企业在为产品定位的同时，也为自己的企业定了位。它们的广告一方面宣传了产品，另一方面宣传了企业，可谓一举两得。

（四）质量定位

质量定位，也叫品质定位。这个定位方式是通过强调产品的良好品质而对产品进行定位，也就是通过消费者对商品品质的认识来启动他们的需求与购买欲望，并在其心目中确定了商品的位置。

产品质量的定位，在广告定位中占有十分重要的地位。因为消费者在选购商品时，质量问题总是一个首要的问题。质量不好的产品给消费者带来的不仅仅是金钱的损失，更多的是精神上的烦恼。在激烈竞争的市场中推销商品，产品质量的好坏最能够影响消费者的购买态度与行为。事实上，产品质量的好坏决定了企业在市场竞争中的成败。

（五）价格定位

一个产品要作为商品进入市场进行交换和参与竞争，就应避免在品质、性能、功效和服务等方面与其他同类产品相似，即出现高度的“同质化”。如果产品没有什么特殊的地方可以吸引消费者以激起他们的购买欲望，价格定位的方法就值得考虑了。价格定位的主要策略是陈述产品价格的合理性、适应性及与同类产品的可比性，并以此来激起消费者的购买欲望。无论富裕程度有多高，理性的消费者对商品的价格都是比较敏感的。因此，运用价格定位获取竞争优势，并通过广告手段强化这个优势，以此给竞争对手以致命一击，也是企业营销战略中的重要策略之一。

（六）观念定位

观念定位是赋予产品以新的意义，以改变消费者的心理习惯，树立新的产品观念，即“不破不立”。观念定位在使用时可分为“逆向定位”与“是非定位”两种。

1. 逆向定位

一般的企业在进行广告产品的定位时都采取正向定位的策略，即在广告中突出本企业的产品在同类产品中突出的优点，以争取消费者的购买。而逆向定位则是在相反的定位方向提出一种新观念，唤起消费者对产品或服务的重新关注和全新认识，以“填补空白”的方式占据市场中的有利位置。

2. 是非定位

在广告中注入一种新的消费观念，并通过新旧观念的对比，让消费者明白是非，接受新的消费观念。例如某企业在其柔软剂的广告活动中，向消费者提问：“您真的会洗衣服吗？”刻意冲击旧观念，借此输入新观念。当一个市场挑战者在为其竞争对手重新定位的时候常常采用这个方法。

观念定位最著名的广告案例是20世纪70年代美国七喜汽水“非可乐”的定位，它既有逆向性又有是非性。

（七）形象定位

这是在广告策划中表现产品独特形象的一种方法。形象定位不仅要求产品形象具有不同于其他产品的识别性，还要求产品具有独特的情感与文化的品格。

成功的广告策划都在商品的形象定位上下足了功夫，形象美可以反映出商品的许多特点，如产品的风格、造型的美感（如和谐的尺寸等）、时代感和潮流感、企业的高水准、产品的高档次等。在广告形象定位的具体策略中，商标定位、造型定位与色彩定位占有极其重要的地位。

1. 商标定位

商标是商品用来标识自己、区别他人的一种图案。这一图案不仅告诉消费者它是一种商品，还同时告诉消费者该商品的牌号及其商品自身的特征。所以，在广告宣传中重点突出企业商标的位置是形象定位的重要一环。商标的重要职能是区别其他同类商品。在实际的购买过程中，消费者往往很重视运用商标识别来选购商品，因此，商标不仅代表了商品的品质和声誉，更是企业形象的象征。

2. 造型定位

造型定位就是在广告的活动中，集中力量告诉消费者，该项产品在外观造型上与其他产品有什么不同之处，以美观、新颖、奇特、时髦的造型获取消费者的喜爱，进而激发他们对商品的购买欲望。造型可以称为“视觉的语言”“抽象概念的形象化表达”。因此，商品的造型具有生动、直观的特性，与企业的形象定位紧密相关。

3. 色彩定位

色彩定位是在广告宣传中运用色彩表现产品之美感，使消费者从产品及其外观的色彩上辨认出商品的特点。色彩能给人以美的感受、色彩能令人产生美好的感情、色彩可以寄托人们美好的理想与期望。从市场竞争的角度来看，色彩能传达意念，表达一定的含义，使消费者能够准确区分企业产品与其他同类产品的不同，从而达到识别的效果。例如，柯达的黄、富士的绿和乐凯的红，大到店面的设计，小到产品的包装，色彩的力量无不在影响着消费者的购买行为。

（八）功能定位

功能定位就是在广告活动中突出商品独特的功能，使其在同类商品中有明显的区别，以增加其竞争力。功能定位以同类产品的定位为基础，选择有别于同类产品的优异性作为广告宣传的重点。事实上，功能定位是产品定位的重要内容之一。

突出产品能给消费者带来同类产品所不能给予的利益和好处，是功能定位的一种常见的形式，也可以称为“利益定位”。功能定位就是根据产品所能满足的需求或所能提供的利益、解决问题的程度来定位，如洗发水中飘柔的利益承诺是“柔顺”，海飞丝是“去头屑”，潘婷是“健康亮泽”等。

（九）服务定位

服务定位在字面上可以理解为针对服务的定位。服务定位对于有形、实体产品而言，就是从产品的性能与品质延伸到服务的领域，强调企业产品的售前、售中、售后服务措施的完善、贴心与周到，以此来解除消费者的顾虑，降低其购买风险，增强其购买信心的一种定位。这是对服务定位的一种理解。但对于服务行业来讲，它们并无实体形态的产品。事实上，服务就是它们的“产品”，可以说服务本身是一种无形的产品。因此，“服务定位”就是服务行业的“产品定位”。这是对服务定位的另一种理解。

（十）心理定位

心理定位是以产品能给消费者的心理上的价值定位，突出产品无形的精神功能和给人带来的心理享受和满足，达到刺激消费者购买的目的。例如，在广告中说“一切尽在掌握”“一路上遥遥领先”“成功自有非凡处”“享受驾驶的快乐”等，突出产品的高级豪华，让消费者觉得体面气派，烘托其高贵的地位与身份，使其获得一种炫耀、辉煌的心理满足。

第三节 新媒体广告目标策略

一、新媒体广告目标策略概述

（一）新媒体广告目标策略的概念

新媒体广告的终极目标与营销目标相一致，即最大可能地实现销售业绩，所以在传统概念中，新媒体广告目标都以销售及市场占有率来描述。而销售目标最常用的就是销量和市场占有率，这一点与新媒体广告的直接效用有所差异。新媒体广告是用来刺激消费者实际购买的，但这需要有一系列的反应过程，所以新媒体广告的目标就不能简单地用销售指标来界定。

新媒体广告目标可以概括为：在整个营销活动中，新媒体广告充当着营销沟通的角色，它的任务是创造消费者对产品的认识，改变消费者的态度，或者仅仅是让品牌在消费者心中留下印象。按照这种具体任务所确定的目标就是广告商所希望达到的目标，所以也叫新媒体广告目标。

新媒体广告目标策略是新媒体广告活动所要达到的预期目标。作为新媒体广告活动的总体要求，新媒体广告目标规定着新媒体广告活动的总任务，决定着新媒体广告活动的行动和发展方向。

广告目标的确立深刻地影响着新媒体广告活动的发展方向，新媒体广告活动中的各种有形因素，如采用什么样的策略、使用哪一些媒体、如何把促销活动整合到新媒体广告计划中、需要多少预算、如何衡量新媒体广告运作的效果等，都要在新媒体广告目标的统摄下完成。表面上看，建立新媒体广告目标似乎并不难，但在实际操作中，由于市场状况复杂，各种品牌需求不同，以及新媒体广告主的愿望模糊或对新媒体广告运作期望过高等，使新媒体广告目标的建立往往很复杂。在许多企业的经营规划中，有时并没有明确新媒体广告的地位，也没有注意新媒体广告与整个营销是否协调。有的新媒体广告主也明白要做新媒体广告，但却不明白新媒体广告到底该承担什么任务。有许多新媒体广告主都有一个通病，就是把新媒体广告目标与营销目标相混同，这一点必须要有所改变。

（二）新媒体广告目标与营销目标

首先，销售产品与销售信息截然不同。营销目标的基本点是销售额与利润，而新媒体广告目标则代表了对目标顾客传达销售信息，并达到某种传播效果的标准。测定营销目标的具体指标就是销售金额和利润数量，而新媒体广告目标则是以公司及产品在消费者中知名度的提升、态度或观念的转变，以及最终能否促动消费行为来认定的。

其次，即时效果与延时效果也不一致。营销目标往往以单一的时间段作为衡量标准，比如企业通常根据产品销售和财务核算确定一个月或一年是一个周期。而新媒体广告在一般情况下都有一个迁延特性，这个迁延特性包括两方面含义：其一，新媒体广告费用的投入效果一般情况下并不会立竿见影，大多数新媒体广告效果的显现要在新媒体广告运行相当时间之后才有所表露。其二，新媒体广告作为一种对消费者心理及观念的影响，它的有效性往往具有相当长时间的持续，即使在新媒体广告运动结束之后，仍旧在消费者中存在着以往新媒体广告运动的影响。其三，有形结果与无形结果有差异。营销目标通常是一些具体的措施和明确的数字，它以准确无误的计量单位来说明，如销售渠道和网点、利润数字、上货率等。新媒体广告目标虽然也力求定量化，但在实施之后所达成的结果常常很难具体化，如消费者态度的转变、意见的改变、信心的激发等，这些属于心理状态，很难用具体数字来对这种模糊性质加以测定。

（三）新媒体广告目标策略与新媒体广告指标

前者指新媒体广告活动所要达到的目标，着重揭示行为、活动方向。后者是指新媒体广告活动效果的数量、质量等方面的计量标准。例如，企业新媒体广告目标策略是扩大销售、增加利润，其新媒体广告指标就是数量上的具体规定，如销售额增长 20%、利润增长 18% 等。两者的关系是：新媒体广告目标策略包括新媒体广告指标，后者是对前者的具体化和数量化；新媒体广告目标策略只有一个总目标或几个主要目标，后者是多种多样的，并且能考核。例如，上海正广和汽水新媒体广告目标策略是使正广和“重返南京路”，在这一目标之下，将具体的指标确定为重新在上海饮料市场占有 10%，甚至更大的份额。

二、新媒体广告目标策略的分类

1. 销售成长目标

当企业提出它的营销目标时，可以根据营销目标来确定新媒体广告目标。企业的营销目标归根结底就是提高销售获取利润，为了达到这一目标，必然要面对着诸种问题：提高企业形象是先决条件吗？最重要前提是让大众了解产品，是让消费者认识产品用途，还是让消费者产生兴趣？认定品牌是一个关键吗？直接目标是增加使用量吗？是否必须开辟新的用途？其他需要要用新媒体广告进行的专项说明。从这些问题之中选择其中之一，就成了新媒体广告运作的具体目标。

2. 传播效果

在对新媒体广告目标内容加以衡量和说明时，一般从新媒体广告的传播程度和与消费者达到的沟通效果出发，从四个方面进行确认。

3. 暴露度

在一个特定范围里确认新媒体广告对目标用户的暴露频次。关于计算方式，一是统计人数以测量暴露率，二是确定每一个受传者的接受频率。

4. 知名度

新媒体广告送达信息的认知程度，即有多少人知道？印象如何？

5. 态度

受新媒体广告影响，顾客对新媒体广告产品所产生的好感和共鸣程度，以及情感观念的转变。

6. 行为促动

这是新媒体广告所要达到的根本效果，因为市场选择和广告传播都存在着多元性，新媒体广告真正发挥的效用就在于最终实现的对消费者购买行为的促动。

这一方面的内容侧重于新媒体广告的信息传播属性，是对新媒体广告目标基本性质的认定，但是在具体策划操作中，由于新媒体广告目标还涉及新媒体广告的信息特点和表现特征，因此根据实际需要，新媒体广告目标的设定往往要对暴露度、知名度、态度、行为促动这四个方面作进一步细化和具体化，它与新媒体广告运作的其他环节有着密切的关联。

三、影响新媒体广告目标制定的因素

新媒体广告目标的确定不能以僵硬的方式进行教条化操作，一定要结合企业产品、市场竞争做出判断。再进一步，新媒体广告策划者要做的就是把这一选定的目标尽量地加以具体化、数字化，表述力求准确，以便有针对性地制定策略；有时似乎面临着多种情况，每一种情况的改观都可能得到良好的反应。但一个新媒体广告却不可能同时突出多项目标，这就要有所取舍，新媒体广告也是一个经营过程，要找到核心所在，要衡量投入产出比，经过全面评价最终设定合理的目标。对其影响的主要因素如下。

1. 企业经营战略

它决定了新媒体广告目标。新媒体广告有长期目标和为了实现长期目标而制定的各阶段的短期目标。长期渗透战略，即采用持久的新媒体广告手段和多种新媒体广告形式宣传企业和产品形象，如宝洁。集中式战略，即可采用短期目标和多种形式宣传产品的特点、好处，新媒体广告目标在短期内即可实现。

2. 商品供求状况及生命周期

商品供求状况有三种：供不应求、供过于求、供求平衡。第一种目标是要进一步巩固企业与品牌形象。第二种应针对产品滞销的主要原因来确定新媒体广告目标。第三种目标要定在产品的促销上。成长期的目标为产品信息传播；成熟期的目标为保证已有市场份额；衰退期的目标为延长产品的衰退。

3. 市场环境

在纯粹垄断市场下，目标比较特别。在寡头垄断的市场，新媒体广告目标为品牌定位。在垄断性竞争市场，市场定位空隙大，具有分散性特点，目标在提高企业或产品知名度、熟悉感上。在纯粹竞争市场，人员推销占重要位置，目标在辅助推销上。

4. 新媒体广告对象

新媒体广告不是决定销售的唯一因素，故合理的做法是以产品的认知度、新媒体广告的回响率、品牌的知名度和消费者行为态度的转变作为新媒体广告的目标。

四、制定明确的新媒体广告目标

新媒体广告目标四个层面的理解，以及公司在整个营销系统中对新媒体广告活动的要求，已经为我们确定了新媒体广告目标的基本方向，杜恩（W. S. Dunn）

运用分类方法将这种要求予以展开，认为新媒体广告目标可以具体到为以下目标。

1. 心理性目标

一是将产品新的使用途径或服务，以及新的构思传达给消费者，如强生也适用于成人。

二是产品必须与消费者能得到的最大利益联系起来。

三是告诉消费者使用该产品不会产生任何厌烦。

四是将产品与消费者广泛认可的人物或符号联系起来。例如，明星新媒体广告，TCL 请金喜善做代言人，康泰克用胶囊卡通符号。

五是将产品与消费者共有的心愿或理想联系起来，如农夫山泉的希望工程新媒体广告诉求。

六是将产品与独特的东西联系起来。

七是促使消费者回想起先前有过的经验。

八是表明该产品或服务如何满足基本需求，如“999 皮炎平，快快快，止痒”。

九是利用消费者的潜意识需求，如汽车新媒体广告、服装新媒体广告等。

十是要改变消费者原有态度，如宣传康泰克不含有 PPA。

2. 行动性目标

一是鼓励消费者增加使用量，如牙膏新媒体广告中出现在牙刷上挤满牙膏；

二是鼓励消费者增加更换产品的频率；

三是劝说消费者购买非时令产品；

四是鼓励消费者试用某一产品的代用品，如雕牌皂角洗衣粉；

五是感动一个人，让其影响他人购买；

六是向消费者推荐试用品；

七是让消费者点名购买该产品；

八是采取试样和其他咨询形式；

九是欢迎消费者来商店浏览。

3. 企业目标

一是表明公司富有公众意识；

二是搞好内部员工间的关系，如航空公司新媒体广告；

三是增加股东对公司的信赖；

四是使大众理解公司是行业先锋；总目标：宝洁公司，优质产品；

五是吸引从业人员，如求职新媒体广告；

六是表明公司产品和服务范围广泛。

4. 营销目标

一是刺激对该产品的基础性需求；

二是确立对该产品的选择性需求；

三是激发公司销售人员的工作热情；

四是鼓励商家扩大公司产品销售；

五是扩大公司产品的销售网络。

显然，这四种新媒体广告目标使新媒体广告运作的目标更加具体确切，它甚至作为一种策略性指导，已经直接涉及新媒体广告创意的要求。事实上，还可以罗列许多具体要求，每一种要求都与新媒体广告抵达效果相统一。如果对这些目标加以归纳，就可以发现它的产生大抵出自三种方式，而这三种方式也就是我们设定新媒体广告目标的常用方法：

一是以产品销售来确定新媒体广告目标，即按照销售量和销售比例来提出新媒体广告传播目标，其前提是新媒体广告必须可以促销。这种方法简单、容易，为许多公司所采用，但不足之处是在许多情况下销售和新媒体广告难以一致，比如有时销售业绩并不能说明新媒体广告好坏。

二是以消费者行为来确定新媒体广告目标。因为销售量在很多时候无法判断新媒体广告好坏，只能以消费者的行为来判定，即通过新媒体广告活动，能达到多少消费者行为的变化和促动。

三是以媒介沟通效果来设定新媒体广告目标。主要是从媒介传播和消费者接受的角度，来认定新媒体广告在信息传达和沟通之中究竟起到了多大作用，用定量方式来预测新媒体广告通过媒介运作可能达到的顾客接受程度等。

必须注意的是，诸多关于新媒体广告目标的认识在新媒体广告目标的说明上，都具有集中单纯的鲜明特点，这就不仅使新媒体广告目标凸显，而且也便于量化处理，这一点恰恰是现代新媒体广告运作中对新媒体广告目标的明确要求。

1961 年，美国新媒体广告学家罗斯·科利提出了著名的新媒体广告设定方法：制定新媒体广告目标以测定新媒体广告效果 (Defining Advertising Goals Measured Advenising Results，简称 DAGMAR 法)。科利首先说明新媒体广告主以传播效果来说明新媒体广告是合理的基础。此外，他努力说明一个基本概念，即建立新媒体广告目标可以有针对性地测定新媒体广告效果。根据这一观点，科利提出了自己的认识：新媒体广告工作纯粹是对特定的用户传播信息，并刺激其购买行为。新媒体广告成功与否，要看它是否有效地把所要传达的信息与态度在正确的时间花费正确的成本传达给正确的人士。为此他制定了六项原则来说明新媒体广告目标：

一是新媒体广告目标是记载对营销工作中有关传播目标的简明陈述。

二是新媒体广告目标必须用简洁、可测定的语言文字加以表述。

三是新媒体广告目标要得到创意人员与新媒体广告批准阶层的共识。

四是新媒体广告目标的确定，应建立在对市场及消费者深刻认识的基础之上。

五是基准点的确定。

六是对今后测定新媒体广告效果的方法，在建立新媒体广告目标时即应制定。

科利的DAGMAR法有一个显著的特点，就是更加注重于新媒体广告目标的明确性和可测定性，从而使新媒体广告目标的设定具体而又量化。比如我们假设要增加品牌S的知名度，用科利的方法则可以表述为：在3个月的时间内，使M区域中25至40岁的男性消费者，对品牌S的知名度由目前的15%上升到75%。简而言之，科利的方法就是设定一个数量，界定一群对象，限定一个周期。这种对新媒体广告目标的量化设定，有一个显而易见的优势，它使新媒体广告效果由模糊变为具体，由不确定变为可测定。值得注意的是，科利在提出新媒体广告目标时，是把它作为一种对新媒体广告效果的测量和评价的指标，这就使得新媒体广告目标不仅仅是新媒体广告运作起始的基准点，而且是调控和监测新媒体广告运作的依据。它不仅具有策略性指导价值，而且在新媒体广告活动中还担负着调控性管理功能，尤其是对新媒体广告投入预算的确定更加有利。

四、新媒体广告策略的程序

（一）确定新媒体广告策略指导思想

为什么做新媒体广告是对开展新媒体广告活动意义的认识，对新媒体广告预期效果做到心中有数的关键是确定新媒体广告策略指导思想。

积极进取的观念：这种策略观念对新媒体广告的作用相当重视。思想和行为积极进取，目标策略是扩张型的，策略姿态是进攻型的，对市场环境的变化反应敏捷。企业在市场上尚未占据领导地位，处于二三流，却具有较强的竞争实力。对领导者发展攻击，主动争取市场领导者的地位，推广新产品或开拓新市场。例如立白洗衣粉，排名于雕牌和奇强之后，更远远不及宝洁等合资品牌，在降价潮中不但不降价，还要提价，并加大对新媒体广告投放，比前三年投入的总和还多。仅在广东省，立白一个月的新媒体广告投放量为五六万元，连续投放了半年，市场份额提升了十几个百分点。宝洁的新媒体广告创意平平，但是完整、一致、连续；但立白不能这么做，唯以杰出的创意，突破营销难关，在激烈的市场竞争中割得一块地盘。

高效集中的观念：重视新媒体广告近期效益，以集中的新媒体广告投放和大规模的新媒体广告宣传在某一市场或某一段时间内形成绝对的新媒体广告竞争优势，以求短期内集中有效。特征为较强的经济实力，风险大，对新媒体广告策略策划的质量要求比较高。例如 2001 年前半年海王新媒体广告央视投放策略，这是一次成功的大规模新媒体广告投放，不像哈药和脑白金，原因在于高质量的新媒体广告策略策划。

长期渗透的观念：重视新媒体广告长期效益。市场竞争比较激烈，产品的生命周期较长，新媒体广告很难及时有效，要逐步增强企业在目标市场上的竞争优势。

稳健持重的观念：对新媒体广告的作用比较重视，但在思想行为上比较谨慎，不轻易改变方针。维持现有地位和既得利益，很少有进一步扩张的要求，防御竞争者的进攻。适合已处于领导地位，和一时无能力开展积极竞争的企业。

消极保守的观念：对新媒体广告的作用不很重视，在思想和行为上比较消极被动。新媒体广告的主要目标在于推销产品，在产品畅销时就停止新媒体广告，也有的是缺少市场营销意识导致。

此外要分析环境。内外环境分析，这包括对产品和企业的内部环境分析，以及对市场、消费者、竞争对手等外部环境分析。上一章对这一问题已详尽论述，这里不多作解释阐述。

（二）确定新媒体广告策略任务

对谁说，说什么，说得好不好，这涉及新媒体广告内容、新媒体广告目标用户、新媒体广告效果等方面。

与新媒体广告运作中各项具体操作策略有所不同的是，新媒体广告策略所强调的是富有创造性地针对目标市场，通过有侧重的新媒体广告宣传内容，确实有效解决问题的信息传播和促销沟通模式。新媒体广告策略，简而言之，就是要解决我们通常所说的新媒体广告要为某一品牌“说什么”这一根本问题。新媒体广告运作是一项系统而复杂的工作，尤其是新媒体广告创意这一环节，在新媒体广告策划过程中往往是由少数人甚至是某一个人独立完成的。作为新媒体广告运作中最具魅力和创造性火花的一个环节，新媒体广告创意是把新媒体广告策略加以创造性表现的一种方式，因此多年以来在新媒体广告策划中不知不觉地形成了一种以创意为核心的习惯。许多新媒体广告公司和新媒体广告运作人员在操作中不是把大量的精力放在对新媒体广告策略的研究上，而是迷信创意火花，在表现技巧上煞费苦心，这其实是一种偏差。魏特·哈布斯在《文案策略》中述及将策略变成新媒体广告时讲，失去了策略指导，单纯依靠创意人员也可以产生看得过去的新媒体广告，“但完全依赖他们自己的花样，则他们永远不会做出那已付诸执行及发生效果的策划运动”。新媒体广告策划是一个完整的策略性运作，具体创意只是贯彻这一策略的一个环节，二者的关系其实就是“说什么”与“怎样说”之间的关系，首先要关注的是“说什么”而不是“怎样说”。那种把具体创意视为新媒体广告运作核心的运作模式，是一种误区。创意只是技巧，它完善策略但并不是策略本身。过于迷信创意，其结果只能如同阿尔夫来德·波立兹在《创作新媒体广告的窘境》中所讲的：“依赖使用欺骗、噱头及各种花样以款待、惊吓幽默的自己、他聪明的朋友以及他的客户。其重点也由目标转化为方法——从新媒体广告应该说什么转化为新媒体广告应该怎样说了。”这实在是一种不幸。

一般而言，新媒体广告策略代表了新媒体广告运作总的思路，它建立在市场分析和对新媒体广告目标的确认之上。舒尔茨教授对这一概念所做的定义是：新媒体广告策略是指利益、解决难题或其他的产品优势，包括有形的或心理上的，这些就是利益或新媒体广告的一般概念或经由新媒体广告信息所给购买者的利益承诺。这个表述多少有些拗口，我们将其内容归结在两个层次之上：第一个层次就是新媒体广告策略要明确判别新媒体广告策划所要解决的核心问题之所在，而这个问题并非销售上的关键障碍，而是为了完成销售指向所形成的沟通的关节点，包括给予消费者的利益承诺，以及消费者得到这些利益承诺必须克服的障碍及克服方式等；第二个层次是对这些作为沟通关节点的利益承诺所形成的有针对性的信息模式，以及解决问题的方向。新媒体广告策略是新媒体广告策划的原则指导，所以在陈述上要求概括、明确、简洁，要有定性化说明。可以说，新媒体广告策划在进入核心性运作的每一个阶段，都是新媒体广告策略的展开。没有新媒体广告策略就无法发展创意策略。我们常看到一些新媒体广告创意人员绞尽脑汁找不到巧妙创意，大叹创意的艰辛，其实创意的艰辛不在于表达手法的推敲，而在于对新媒体广告策略的完整准确把握和传达。创意人员往往不知从何入手，或是太多想法不知何从，或是由于对新媒体广告策略不明确或对新媒体广告策略理解不深，以致陷入茫然无绪之中。同样，媒介策略的实施也受到了新媒体广告策略的指导，并不是所有媒介都适合所要传达的问题，必然要有所选择。

曾经有一个白酒企业的新媒体广告负责人，他的白酒销售及消费对象是酒店中的顾客，其新媒体广告创意也是很有针对性的。为了强化新媒体广告效果，他把电视新媒体广告时间全部安排在晚上 19：00 左右的黄金时间了，当他兴冲冲地讲述自己的媒介策略时，我们立刻意识到他犯了一个错误：他的新媒体广告的那些对象这个时间大都在酒店中，无论是食客还是服务生。所以说，新媒体广告策略在新媒体广告运作中贯彻始终，它规划各项具体策略，在指导具体策略的同时也限制了具体策略。

第四节　新媒体广告诉求策略

广告诉求策略是广告传播活动中最为关键的环节之一，它解决的是“说什么”“如何说”的问题，是广告从业者必须掌握的核心技能。

新媒体广告诉求策略是结合了新媒体自身的特点，以传统的广告诉求策略为基础所形成的新型的广告诉求策略。那么新在何处呢？新媒体的特点就是新媒体广告诉求策略新的地方。在广告创意中，最重要的策略是“感性诉求”和“理性诉求”。“理性诉求”和“情感诉求”在广告创意中运用得最普遍。

感性诉求是采用感性说服方法的广告形式。它通过诉求消费者的感情或情绪来达到宣传商品和促进销售的目的，也可以称为“兴趣广告”或“诱导性广告”。感性诉求的广告不进行功能、价格等理性化指标的介绍，而是把商品的特点、能给消费者提供的利益点，用富有情感的语言、画面、音乐等手段表现出来。“威力洗衣机，献给母亲的爱”就属此类诉求方式。通常感性诉求广告所介绍的产品或企业都是以感觉、知觉、表象等感性认识为基础，是消费者可以直接感知的，或是经过长期的广告宣传消费者已经熟知的。采用感性诉求，最好的办法就是营造消费者使用该商品后的欢乐气氛，使消费者在感情获得满足的过程中接受广告信息，保持对该商品的好感，最终能够采取购买行为。感性诉求传达的主要因素——爱与关怀是人们最热烈最普遍的情感，也是最典型的情感说服手段。感性广告中容易感染消费者、唤起消费者情感共鸣的氛围，主要依靠爱与关怀的主要因素——爱情、亲情、友情、乡情等来营造。那如何在感性诉求广告中达到迎合用户情感的目的？又如何在今天纷繁复杂的广告竞争中脱颖而出？为此，从以下四点谈谈感性诉求广告表现的主要因素。

一是爱情。包括对爱情的看法，即纯洁、真挚、坚定、永恒，以及爱情所赋予人们的幸福、满足、快乐、思念、忧伤等。以青年消费者为主要目标市场的产品都很容易与爱情建立关联。如化妆品联系着“女为悦己者容”的心理，时尚手机可表现“来电的感觉”，钻石可代表爱的永恒，普通的日用品也能挖掘出与爱情的千丝万缕的联系。“一厢情愿 / 爱在世界的最边缘 / 梦难圆 / 咫尺天涯 / 不再回首 / 此生淹没在无爱的忧愁 / 不在乎天长地久 / 只在乎曾经拥有”，铁达时表的这则广告之所以成功主要得益于产品与爱建立起自然的关联，动人肺腑。

二是亲情。包括家庭之爱、亲子之爱及由此带来的幸福、快乐、思念、牵挂等。家庭消费品，小到洗涤用品、饮料、食品、保健品、药品、厨具，大到家用电器、汽车、住宅等，与美满家庭生活和家庭成员之间有着天然联系，广告便可用亲情来说服，如关爱父母、孩子、丈夫或妻子等。这样的例子甚多，诸如“盖中盖，关爱老年人的健康”和“孔府家酒，叫人想家”。还有就是 1999 年纳爱斯花了一个亿投拍的广告情节感人，其中人物童稚的语言“妈妈说，‘雕牌’洗衣粉只要一点点就能洗好多好多的衣服，可省钱了”“妈妈，我能帮你干活了”深入人心，整条广告感人肺腑，使产品在这一年的销量急剧增加。据统计，到 2001 年，“雕牌”洗衣粉的年销量达到了 89 万吨，其市场份额高达 40%，仅用了两年时间就登上了洗衣粉行业第一位的宝座。

三是友情。以友情为说服主题的广告作品很少，也难见精彩之作，这可能因为友情很难如前面所说的几种情感那样渲染或表现得真切动人。以此为主题的主要是啤酒、白酒或休闲食品等广告，如“喝和酒，交真朋友”（和酒广告）和“好丽友，大家的好朋友”（好丽友食品广告）。

四是乡情和怀旧之情。这是向成年消费者做情感说服的有效手段。与传统生活、事物相关或采用传统工艺的产品如酒类、传统食品，以及代表美好事物、美好感情的产品如照相机、电信产品和服务等均可采用此方式。农夫山泉矿泉水广告中，一个成功的中年男子走到山涧中喝山泉，显出很享受、回味无穷的样子。画外音响起，“是小时候喝过的味道”。然后，画面切换到广告主题词：“农夫山泉，有点甜。”广告无疑也是借回归自然、追忆童年强调农夫山泉的品质，借怀旧来达到说服目的。浙江丝绸进出口公司的一则广告为“年年如水悄悄逝，故土情思日日深，穿上一款家乡衣，以慰一片思乡情”，也以乡情作为说服重点，整篇广告语洋溢着深情厚谊。

理性诉求是采用理性说服方法的广告形式，通过诉求消费者的理智来传达广告内容，从而达到促进销售的目的，也称说明性广告。这种广告说理性强，常常利用可靠的论证数据揭示商品的特点，以获得消费者理性的认可。它既能给消费者传授一定的商品知识，提高其判断商品的能力，又会激起消费者对产品的兴趣，从而提高广告活动的经济效益。通常的理性诉求广告有承诺广告、旁证广告、防伪广告、比较性广告等。直接陈述是理性诉求最为直接的方法，说明产品的特点和功效，通过描述向诉求对象阐述产品的种种特性。引用数据法——比如，瑞士欧米茄手表的广告创意是这样的：全新欧米茄蝶飞手动上链机械表，备有18K金或不锈钢型号。瑞士生产，始于1848年。机芯仅25毫米薄，内里镶有17颗宝石，配上比黄金罕贵20倍的铑金属，价值非凡，浑然天成。这样的精确描述，使消费者对产品有了更细致的了解，这里的每个数字都使这则广告更具说服力。图表有时比文字更便于传达精确的信息。直接陈述和提供数据的方法可以清楚传达信息，但难免不够形象。

二、不同新媒体广告诉求策略案例分析

（一）感性广告诉求

1. 感性广告诉求概念

感性广告诉求也称为情感广告诉求、情绪广告诉求，是指广告的内容或表现形式以感情为主线，通过借得爱情、友情等基本的人类情感，或者平等、自由、成功等价值信念，唤起用户类似的情绪或情感体验，从而在情感与品牌之间建立起积极的联系。感性诉求侧重于感情表达，较少直接表述产品或服务的信息，只突出广告的表现手法。这种广告又叫作“情绪广告”或“感性广告”。心理学认为，感性诉求采用的是边缘说服策略，重在唤醒消费者某种适度的情绪体验，同时通过情感迁移的原理，将观看广告所体验到的某种情感（情绪）不自觉地迁移到产品上，从而赋予产品同样的情感体验。用户态度的改变不是源于个体对广告信息的精细加工，而是根据广告信息源的可靠性或权威性，广告诉求所引发的各种联想、所激发的不同情绪情感体验等边缘线索直接对刺激做出反应。但要注意的是，如果用户的注意力完全聚焦于情感内容，可能导致他们根本没有留意广告中还存在品牌信息，更谈不上对品牌信息的深化。因此，运用情感诉求时，如何把握情感激发的“度”非常关键。

2. 感性广告诉求技巧分类

（1）温情型。温情型是指通过表现一个戏剧场景或画面，来激发人们心中的情感。

腾讯QQ 12周年关于母亲节的广告：小时候，我们总觉得妈妈很唠叨，但是长大后离开她，离开家乡，才慢慢地体会到了妈妈对我们深深的爱。广告前面都是在讲关于母亲的故事，最后的页面才弹出腾讯QQ的广告，激发了我们心中的情感使广告有了温度。

（2）幽默诉求。幽默诉求的广告通过夸张、象征、谐趣、歧义等手法，适度

突破人们心理定式，引人发笑，使人产生愉快、兴奋的情绪体验，从而淡化了广告的直接功利使消费者在欢笑中不知不觉地接受某种商业和文化信息，减少了人们对广告的反心理，增强了广告的感染力和沟通力。

（3）恐惧诉求。恐惧诉求是指通过特定的广告手法引起消费者害怕、恐惧及相关情感体验，从而使消费者渴望得到一种解救，自然引向广告推荐的产品。影响恐惧诉求有效性的主要因素是用户的接受心理和信息内容本身。恐惧诉求的信息内容只有具备了有效构成因素和适宜的诉求强度，才有可能被用户接受。因此，采用恐惧诉求时，威胁的强度要适度。如果强度太轻，消费者无动于衷；强度太大，消费者容易产生绝望甚至破罐破摔的心理，无法达到广告效果。

海尔 2011 除甲醛空调广告，新居里甲醛危害很大，房间里到处都是甲醛，会危害人体健康，让人们意识到除甲醛的重要性，购买海尔除甲醛空调来消除内心的恐惧。

（4）夸张诉求。夸张诉求把广告要着力推荐介绍的商品的某种特性，通过极度夸张的手法表达出来，根据夸张在广告中的不同运用，广告夸张可分为功能特点夸张、使用效果夸张、背离常理夸张、警示劝解夸张等。

肛泰 2019 年广告片为了表现肛泰能快速地治好痔疮，用夸张的表现手法使人们明白，肛泰是治疗痔疮的好产品。

（5）悬念式。悬念式广告是一种充分利用人们的好奇心理，先把问题设置好，让大家去猜测、去关注，然后到一定时候再把答案给出来，它是自问自答式的。在运作过程中要注意，悬念的设计必须能让人们感兴趣，能引发大家的讨论，结果又让人捉摸不透。悬念广告分为一悬一答、一悬多答、多悬一答三种形式。一悬一答即这一次设置悬念，下一次解答悬念；一悬多答即这一次设置悬念，接下来得几次分批解答悬念；多悬一答即在一个阶段内，围绕一个主题分批设置悬念，最后集中解答悬念。

灰暗的夜路上，只有两团黑影在移动，之后开车的男性在路上相遇。危急时刻，大众轿车一个急刹车，女性和狗狗也终于露出笑容。大众汽车通过制造悬念的方式告诉观众，它们的自动刹车可以识别危险并迅速做出刹车反应。

（6）情节化诉求。情节化诉求就是借用文学创作的手法，将商品和服务的信息通过新的、独特的情节设计展现给用户。情节化诉求的优势有以下几个方面：一是有故事，有悬念，能迅速吸引眼球；二是能营造真实的生活场景，增强产品的亲和力，激发欲望，促成购买；三是能促成多次传播，由于故事本身具有很强的传播力，可以促成病毒式传播的效果。当然，情节化诉求也可能陷入以下误区：一是隔靴搔痒，故事与产品关联度低；二是过度追求新奇，导致消费者对产品不信任；三是因故事的主题、基调与品牌不吻合，直接损害品牌形象。

益达广告中，“你的益达，不，是你的益达”。通过益达口香糖来表现男主人公和女主人公之间的感情，其中的爱情故事情节让人到今天都回味无穷。

（7）性感诉求。性感诉求是指广告以含有性暗示的身体、场景、语言作为诱饵，吸引用户关注并接受广告信息的诉求方式。研究显示，在认知层面，性感诉求能明显提高用户观众对广告的注意，但可能抑制用户对信息的编码，即用户把注意力几乎都集中于“性”，而对产品信息关注较少。在情绪情感层面，性感诉求能增强用户对广告的情感体验，如果用户对性暗示信息体验是积极的，则对广告的态度也是积极的。反之亦然。另外，在性别差异上，女性对广告中的男女模特一般会产生一定的情感制激反应，但性暗示以中度为宜，性暗示的刺激过高，女性反而会产生恐惧等负向情绪；男性对模特中的女性的刺激反应随“性”信息的强度而相应变化，但对男性模特的刺激反应较弱。性感诉求的效果还存在年龄差异，年龄越大，对性感诉求的反感度越高。需注意的是，尽管用户认为“性”度高的广告比“性”度低的广告有吸引力，但对“性”度高的广告产品表现出更高的不信任，甚至认为很糟糕。因此，性感诉求是一把双刃剑，运用时需要谨慎。特别是对于成熟品牌更要慎用，以免伤及品牌自身。另外，广告人必须担负相应的社会责任，遵守法律法规，杜绝一切黄色、淫秽和不健康的广告内容，以免给社会造成不良影响，给未成年人带来身心伤害。

3. *感性广告诉求表现方法*

（1）幻想法。此法广泛运用于感性诉求的表现中，比如用于形象广告。幻想法特别适于电视商业广告，它可以在30秒钟的广告中使收视者逃避现实，走进另一种生活方式。产品或服务是广告主用这种表现方式所营造的情景的中心部分。化妆品广告常常使用幻想法来创造与品牌有关的形象和特征。

（2）剧情法。此法特别适合于电视广告，重点是讲述一个关于产品或服务的简短故事。它在讲述故事时更多地使用了令人激动的情节和悬念。使用该法的目的是把观众带入剧情所描绘的故事中去。当此法运用成功时，观众会沉迷于剧情中，经历着剧中人物的思维与感受。该法一般分“五阶段”：一是解说阶段——为即将展开的情节铺陈发生的背景；二是冲突阶段——有冲突才能辨别出问题所在；三是剧情中心阶段——剧情活动增多，故事在发展，冲突在加剧，悬念在增强；四是高潮阶段——问题得到了解决；五是结局阶段。

三、理性广告诉求

（一）理性广告诉求概念

理性广告诉求指的是广告诉求定位于用户的理智动机，通过真实、准确、公正地传达企业、产品、服务的客观情况，以信息本身和具有逻辑性的说服来加强诉求对象的认知，引导诉求对象对广告和产品的认同。理性诉求常用的方法有直接陈述、引用数据、利用图表、类比、解释原因、功能示范、对比、双面信息等。从信息加工机制来看，理性诉求采用的是中枢说服路径，此时用户具备对信息的加工能力且动机强烈，自身态度的改变是用户主动考察广告信息源、搜索和检验有关体验、分析和评价广告产品的各种特点，以及进行综合精细的信息加工的结果。这与感性诉求的边缘说服路径具有明显差异。

（二）理性广告诉求策略方法

1. 直接陈述法

通过描述直接说明产品的特点和功效，阐述产品特性。

例如，全新力士润肤沐浴露广告文案：“全新力士润肤沐浴露有三种不同滋润配方和香味，充分呵护不同性质的肌肤。白色力士润肤沐浴露，有天然杏仁油及丰富滋养成分，清香怡人，令肌肤柔美润泽，适合中性和干性肌肤。”这则广告准确阐述了产品的特性和功效，使消费者对产品形成全面认知。

2. 引用数据法

引用数据可以令消费者对产品和服务有更具体的认知，详实的数据远比空洞的、概念化的陈述更有力量。例如，奥妙去除 99 种污渍。

3. 利用图表法

如果需要引用的数据较多，或者产品结构、设计的特性很难用语言描述，可以引入简洁明了的数字表格、图表或示意图。

4. 类比法

直接陈述和提供数据的方法可以清楚传达信息，但难免枯燥呆板。类比是形象传达信息的重要方法。类比的基本思路是：选择消费对象熟悉的、与产品有相似或相反特性的事物，让它与产品并列呈现，从而让消费者明白该产品的特性。

5. 解释原因法

即解释产品为什么会带来好的效果，是因为配方的改变、设计的改变，或是添加了新的成分。对诉求对象要有所交代，也可以借此区别于其他同类产品，展现独一无二的特性。

6. 功能示范法

利用画面演示与文案说明相结合，做出更为直观的表述，比如烟机、汽车等广告都使用功能示范的诉求策略，让消费者眼见为实。

7. 对比法

对比诉求是指用广告产品与同类产品，或者与改进前的产品，或者对产品使用前后的效果进行比较，来显示产品个性和优势的广告策略。运用对比策略时，需要考虑可比性、产品在竞争关系中的位置等因素。处于领导品牌的产品最好不要和其他产品进行比较，相反，知名度低、处于市场跟随地位的产品却可以和领导品牌进行比较，只要产品确实有过人之处，便能够在短时间内打开知名度，提升市场地位。需注意的是，按照我国的广告法，一般不能将自己的产品和其他产品指名道姓地进行比较。

8. 双面信息法

双面信息是传播学中的一个术语，它是和单面信息相对应的。单面信息是指广告所提供的信息具有倾向性，它只包含支持性论据，或者说与结论一致的论据。双面信息是指广告中既包含支持性论据，也提供反面论据，给人不偏不倚的印象，感觉信息更加公正客观。研究表明，在消费者已经喜爱某一产品并且经常购买的情况下，单面信息支持有效；在一种产品还没有吸引消费者，或者消费者对某一产品生疏的情况下，运用双面信息呈现的方式效果较好。运用双面信息呈现时，反面信息应当是次要的或不会为消费者所重视的，点到为止，不宜渲染。呈现次序上，宜先说反面论点，后说正面论点。有时也可以使用附加论据，或者进行论点反驳，有利于增强广告效果。如英国某家刀片公司的一则广告是："我公司的刀片十分锋利，经久耐用……缺点是易生锈，用后需要擦干保存才能久放。"这则广告对核心信息与反面信息进行了巧妙处理。

实际上，理性诉求和感性诉求在广告策略中的运用并非泾渭分明、非此即彼。理性诉求偏重于客观、准确和说服力，对完整、准确地传达商品信息非常有利，但是过于注重事实的传达和道理阐述，广告往往显得生硬、枯燥，影响诉求对象对广告信息的兴趣。情感诉求贴近诉求对象的切身感受，亲和力更为突出，但是过于注重对情绪和情感的描述，往往会影响信息传达。因此，实际广告策划中，理性诉求与感性诉求往往交织在一起，既使用理性诉求传达客观的信息，又使用情感诉求引发诉求对象的情感共鸣，结合二者优势，才能达到最佳的说服效果。

四、潜意识诉求

潜意识诉求，即诉求于用户的潜意识，甚至把潜意识广告称为阈下知觉广告。阈下知觉广告是利用一种特殊装置，在消费者没有意识到的情况下，在媒介背景上呈现极微弱或极短暂的广告信息，如电影中闪现某广告的信息。其设想是消费者虽然没有意识到广告的存在，但会在阈下水平对广告进行加工，并做出一定反应。但事实证明，阈下知觉广告对消费者的品牌选择行为的影响是非常微弱的。尽管阈下知觉广告不能直接影响消费者的购买行为，但心理学研究表明，阈下知觉广告可以启动信息加工，会对情感反应产生影响，并且会影响到高水平的认知加工。

五、产品诉求策略时期分析

产品生命周期理论，是美国哈佛大学教授雷蒙德·弗农于 1966 年在其《产品生命周期中的国际投资与国际贸易》一文中首次提出的。他把产品生命周期分为引入期、成长期、成熟期和衰退期四个阶段。

（一）不同产品生命周期的市场特征

1. 引入期

引入期是指产品从设计投产到投入市场进入测试的阶段。新产品投入市场，便进入了引入期。此时产品品种少，消费者对产品还不了解，除少数追求新奇的消费者外，几乎无人购买。生产者为了扩大销路，不得不投入大量的促销费用，对产品进行宣传推广。该阶段由于生产技术方面的限制，产品生产批量小，制造成本高，广告费用大，产品销售价格偏高，销售量极为有限。企业通常不能获利，反而有可能亏损。

2. 成长期

产品经过引入期，销售取得成功之后，便进入了成长期。成长期是指产品的试销效果良好，购买者逐渐接受该产品，产品在市场上站住脚并且打开了销路。这是需求增长阶段，需求量和销售额迅速上升。生产成本大幅度下降，利润迅速增长。与此同时，竞争者看到有利可图，便纷纷进入市场参与竞争，使同类产品供给量增加，价格随之下降。企业利润增长速度逐步减慢，最后达到生命周期利润的最高点。

3. 成熟期

成熟期是指产品大批量生产并稳定地进入市场销售的阶段。经过成长期之后，随着购买产品的人数增多，市场需求趋于饱和。此时，产品普及并日趋标准化，成本低而产量大，销售增长速度缓慢。竞争的加剧导致同类产品生产企业不得不加大在产品质量、花色、规格、包装服务等方面的投入，一定程度上增加了成本。

4. 衰退期

衰退期是指产品进入了淘汰阶段。随着科技的发展和消费习惯的改变，产品的销售量和利润持续下降，产品在市场上已经老化，不能适应市场需求，市场上已经有其他性能更好、价格更低的新产品，足以满足消费者的需求，此时成本较高的企业会由于无利可图而陆续停止生产，该类产品的生命周期也将结束，以致最后完全撤出市场。

（二）产品不同生命周期的诉求策略

产品处在不同的生命发展阶段，其工艺成熟程度、消费者的心理需求、市场竞争状况和市场营销策略等都有不同的特点。因此，广告目标和诉求策略也会有所不同。

在引入期和成长期前期，产品刚进入市场，其品质、功效、造型、结构等尚未被消费者认知。在这一阶段，广告宣传以创造品类需求为目标，使消费者产生新的需要，执行开拓市场的战略，这是广告宣传的初级阶段。在这一阶段，多采用理性诉求为主，突出新旧产品的差异，引起消费者兴趣，让其产生信任感，并大力宣传产品的商标和名称，不断扩大知名度。运用各种与促销相结合的广告手段，促使尝试者购买，并在最先尝试者的推动下，争取更多的早期使用者，然后逐步过渡到普遍采用。

产品进入成长期后期和成熟期，由于新产品获得消费者认可，销售量急剧上升，利润已有保证。同时，同类产品也纷纷投入市场，竞争日益激烈。尤其是进入成熟期后，产品工艺稳定成熟，消费者已形成使用习惯，产品销售达到顶峰，新产品变成普及产品，同类产品竞争激烈。在这一阶段，广告以保牌为目标，巩固已有市场，扩大市场潜力，展开竞争性广告宣传，引导消费者认牌选购。广告诉求必须具有强有力的说服力，突出产品同其他品牌同类产品的差异性和优越性，巩固企业和产品的声誉，加深消费者对企业和商品的印象。

产品进入饱和期和衰退期之后，产品供求日益饱和，原有产品已逐渐变成老产品，新的产品逐步进入市场。这一时期的广告目标重点放在维持产品市场上，采用延续市场的手段，保持产品的销售量或延缓销售量的下降。其主要做法是运用广告提醒消费者，以长期、间隔、定时发布广告的方法及时唤起注意，巩固习惯性购买。诉求重点应该突出产品的销前和售后服务，保持企业声誉，稳定产品的晚期使用者及保守者。一定程度上，产品生命周期的划分及其相应的诉求策略都是相对的概念，实际操作过程中要根据市场情况随时调整。

通过对新媒体广告诉求策略的分析，我们知道了广告诉求策略是多种多样的，应该被合理地安排在日常商业活动中。

第五节　新媒体广告传播策略

随着时代的不断变迁，广告传播策略也在不断演进，传播是广告的核心。新媒体时代下，传播媒介不断更新，传播市场不断演变，人们对于广告概念的认知也在不断变化着。新媒体广告传播策略主要包括整合性传播策略、渠道传播策略和柔性传播策略。

一、整合性传播策略

整合性传播策略也被称为营销传播的一元化策略。整合性传播有以下三种具有代表性的方法：一是建立消费者资料库。所有广告传播后所销售的商品或服务，都依赖于消费者本身，所以建立消费者资料库、统计消费者的习惯及心理和以往购买记录等非常有必要。二是研究消费者。消费者的行为应当是品牌研究的重点，探究其消费理念，主要是判断传播的此品牌有着忠实的消费观还是对于此品牌只是游离不定的消费观念，这也体现出整合性传播的重要性。三是接触管理。20 世纪 90 年代，这种方法比较能够成功使消费者信任并选择去消费，但是现在市场现状杂乱繁多，这种方法应当适当改变，应慎重选择“什么时候，怎么样去和消费者接触”。

二、渠道传播策略

渠道策略大致有三种形式：第一种是使用传统媒介进行传播，例如纸媒，电视等；第二种是利用网络传播，也就是新媒体时代下的传播；第三种是整合性传播。传统媒体传播有利有弊，利在于它的信息传播方式具有强制性和较高的说服力，弊在于精准度差并且较为平面，网络传播则更为丰富，与大数据相辅相成。

新媒体广告渠道即广告营销，是广告策略实施中的一个环节，它依赖媒体进行，在一定程度上等同于媒介投放策略。对新媒体广告渠道开展的调查具体分为两方面：销售渠道调查和沟通渠道调查。

销售渠道调查是针对商品或服务从对生产向消费转移过程的具体通道或路径展开的调查，通过调查厘清有哪些通道或路径能够将商品或服务提供给消费者。销售渠道调查主要关注两个核心问题：一是渠道资源调查，这是回答有多少类通道可用于销售的问题。新媒体广告渠道主要是网络传播。网络营销下有很多门类，如搜索引擎营销，其最核心的营销方式就是竞价排名，由客户为自己的网页购买关键字排名，按点击计费；论坛营销（BBS 营销），是指利用论坛这种网络交流的平台，通过文字、图片、视频等方式发布企业的产品和服务信息，从而让目标客户更加深刻地了解企业的产品和服务，最终达到企业宣传品牌、加深市场认知度的目的；微博营销，是指企业或个人通过微博平台与网友交流，发布信息，创造价值，并满足用户各类需求的一种营销方式；微信营销，是网络经济时代企业营销模式的一种创新，可通过朋友圈的熟人关系进行产品信息推广，也可通过建立微信公众号进行信息推广交流；病毒式营销，是一种常用的网络营销方法，包括口碑营销、事件营销等，它利用用户口碑传播的原理，让信息像病毒那样在网络上扩散，当然还有近些年来涌现的直播带货、短视频营销等。同类产品销售渠道调查主要是对渠道产业链及销售终端进行调查。产业链调查涉及一条产业链中一定时间内的批发量，铺货销售点的平均销售量，销售终端的促销方式、促销传播、促销价格，销售过程中销售者与消费者的感受及评价等。终端调查最常用的方法是结构式观察和访问，研究在互联网和移动互联网平台上某品类或某品牌在网络空间中信息呈现和销售的方式，如借助电商平台开设专卖店、自办营销网站、进行微商代理、利用直播平台带货等。

沟通渠道调查是针对某区域可用于广告沟通的渠道资源的类别、数量、质量所开展的调查。新媒体广告的渠道资源涵盖互联网和移动互联网，例如搜索引擎、移动视听、移动商务等，户外新媒体资源是当今传统媒体利用新材料、新技术、新媒体实现的一个优质提升，包括楼宇电视、地铁、公交电视，大型 LED 屏等。对以上这些进行综合调查是广告跨媒介沟通策略的基础和前提。跨媒介沟通调查的对象是目标消费群众，内容是消费者的媒介接触和使用情况。新媒体广告的发展对应着如今“以消费者为中心”的精准传播阶段，大数据的运用在广告传播上实现了精准的消费定位和精准的消费者需求预测，同时通过程序化创意和程序化购买手段，实现广告的精准投放和效果化的精准监测。因此，对新媒体广告渠道进行调查，有利于促进广告科学化和广告业务的发展，有利于监测市场和消费者，以及评估媒体资源，同时还有利于融合传统地面营销和当今的新媒体商务，开辟广告发展新通道。

三、柔性传播策略

柔性广告相比硬性广告更能为大众所接受，它将广告植入各种大众所接触的短视频或电影中，如偶然间女主用的面膜或男主用的剃须刀都是柔性广告的植入。它可分为五个大类：第一，内容营销。广告趋向于内容化，在大数据时代，按需推荐就在内容营销中体现得尤为明显，广告不再是单纯的贩卖而具有了更多的价值。第二，植入式营销，也就是植入式广告。这就是我们前面说到的隐藏于短视频或电影之中的广告，这种广告传播更加贴近生活，对于用户来说更加容易接受，但是它也要求不能有过于明显的广告植入感。第三，原生广告。这是一种以消费者本身使用该媒体的方式，去接触消费者的广告方式。原生广告具有以下特点，即内容的价值性、内容的原生性、用户的主动性。第四，公益营销。其作为树立品牌形象的一项重要举措，具有良好的经济效益，还可以拉近公司与用户的关系，使消费者能感受到品牌的正面形象。第五，赞助营销。赞助营销实际上是精心策划的整合性传播方式，而不是随机的一次营销。

第四章 新媒体广告创意

第一节 新媒体广告创意概述

新媒体广告随处可见，在这样的情况下，新媒体广告的创意就显得非常重要。如何抓住用户的眼球，成了一个难题。广告本身并没有新旧之分，好到“炸裂”的内容在任何时候都有生命力，但对于内容好坏的判断不能停留在单纯的创意层面，而要回到广告的初衷。从帮助产品营销的角度来看，找到一个正确的品类，比创意出一个炫酷的广告，要有用得多。所以我们看待新媒体广告创意时，也不能单单为了创意而不择手段，新媒体广告的创意更应该与其内涵相映衬。新媒体广告遵循话题思维，广告内容是为了让消费者看到后进行讨论和分享，而不是简单地基于媒体投放的信息覆盖。广告的病毒性，其实就是它在内容上的强大传播能力，能更加容易让大众接受，我们在策划新媒体广告时，要很好地考虑这一个点。新媒体广告更多的是互动性广告，可以让大众讨论值不值得花费时间去了解，甚至花费金钱去购买。因此，新媒体广告创意是更应该带动大众的情绪的一种创意。新媒体环境为广告创意的实现降低了广告成本，这是一个显著的好处。新媒体广告的投放门槛低，整体的规模效应给广告主带来了成本上的减压，在此情况下，广告商应该将目光落在新媒体的广告创意表现上。

一、广告被不断重新定义

新媒体技术发展对广告产生了深远影响，广告行业亦适应技术创新发展态势，通过对自身的解构与建构，不断突破传统广告的形式束缚，愈加精准契合消费者需求进行个性化定向投放，更加注重与用户的互动交流，在多样性、精准性和渗透性方面呈现出新的特质并推动对广告的重新定义。

（一）重新定义广告的多样性

1998 年联合国教科文组织认定互联网为第四媒体，媒介形式的变迁与发展为广告行业带来了新机遇，使得广告的载体形式变得多样化。打开手机微博，可以感受到中国传媒大学 2022 年线上毕业典礼的开屏爆击；打开芒果 TV 的综艺节目《乘风破浪的姐姐》，可以看到非会员版的视频前面有长达一分多钟的广告；打开微信朋友圈，会有某位明星出现在自己的朋友圈，点击可以观看某产品的宣传视频。凡此种种不胜枚举。

特别是随着 5G 应用、人工智能普及、AR 和 VR 等硬件设备的更新迭代，以及区块链等前沿技术理念的逐渐成熟，广告的市场格局正在被改写，多平台全媒体矩阵发布成为趋势，全新的商业模式将被激发。

在广告的表现形式方面，以前多为展示性广告、搜索广告，后来发展到信息流广告、精准营销的效果广告，现在出现了网红、意见领袖代言广告和 H5 广告、短视频广告等，广告形式迭代速度加快。2021 年冬奥会上《人民日报》新媒体和抖音推出了 H5 趣味小游戏《冰雪动物城》（见图 4–1–1），该 H5 包含 5 个趣味小游戏

图 4–1–1　H5 趣味游戏《冰雪动物城》

（单板滑雪障碍追逐、花样滑冰、冰球、冬季两项、高山滑雪），用户通过“挑战TA”按钮进入感兴趣的游戏后，可先查看玩法引导，再完成挑战。游戏主要以单击、双击、滑屏等简单的交互操作为主。游戏结束后，用户可查看游戏结果，并根据提示选择再玩一次、返回游戏选择页或生成结果海报。每次挑战的得分会被累计，用户可通过提示按钮查看排行榜，并获得排行海报。交互性很强，引发用户竞相播放、转发、模仿拍摄视频，广告效果非常突出。

（二）重新定义广告的精准性

借助互联网革命，基于大数据的广告投放比传统广告投放更加精准。长期以来，传统广告投放通常难以做到对用户人群的精准定位，且其投放具有较长的市场反应期。在新媒体环境下，广告主不需要等到产品销售后市场有了反应才去决定产品的广告定位。他们可以利用大数据更快更早地获得消费者信息，通过消费者在互联网留下的足迹精确感知他们的需求，清晰地抓住他们的喜好，成为消费者“肚子里的蛔虫”。

我们经常会发现，当浏览、搜索一件商品时，互联网平台往往会推荐同类型的商品广告，这是基于消费者浏览足迹的智能推荐。通过整合消费者的搜索关键词，大数据分析计算出特定消费者现阶段的需求，从而在网络平台上精准推送同类产品的广告。调查显示，有 92.56% 的受访者经历过根据浏览足迹推荐相关信息的大数据广告投放方式，在搜索软件上搜索一件事物，不久便会收到关于此事物的系统推荐信息（见图 4–1–2）。

我们还会发现，虽然没有搜索过某类商品，但互联网平台仿佛能预知我们的需求一样，贴心地为我们提供相关广告的推送，其实这也是基于消费者个人信息的智能广告推荐。外卖软件会自动定位并获取我们的饮食习惯，定向推送就近的餐厅美食；购物软件会获取我们的脸部信息，为我们推荐最适合的护肤品。因此，我们会发现这些广告仿佛有了灵性，它们好像是最了解消费者的朋友，总能精准预知消费者的需求。调查显示，有 59.41% 的受访者经历过根据系统定位推荐相关信息的广告投放，受访者只要到了某个地方，其手机上的外卖软件就能收到附近好店的推荐信息。对于这种基于大数据分析的智能精准投放广告，调查中有 76.88% 的受访者认为，广告中与自己兴趣相关的内容确实会吸引到自己。大数据广告利用媒体智能化进行精准定向，以迎合消费者的兴趣和需求，大大提高了广告的投放效率。

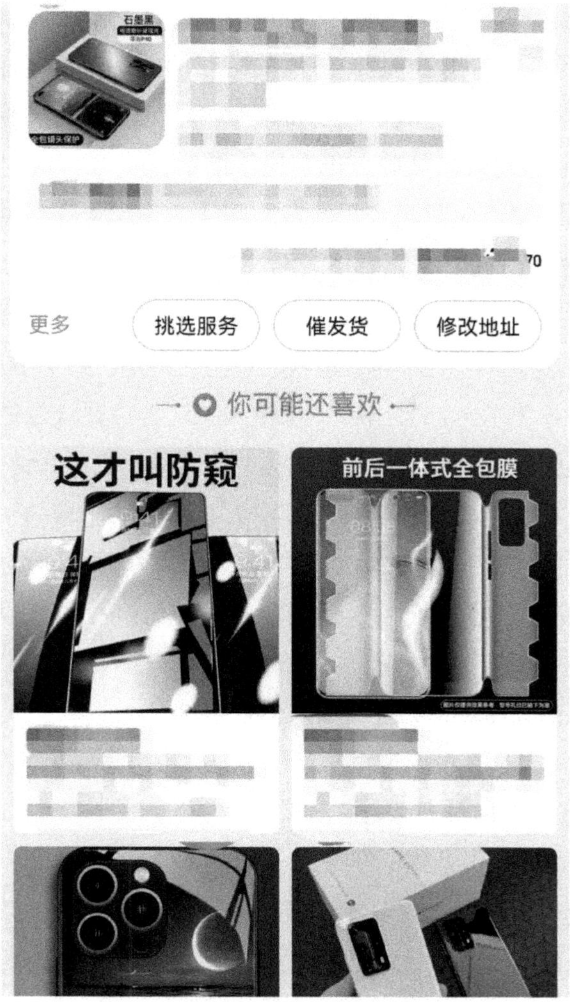

图 4-1-2　淘宝软件首页推荐界面

（三）重新定义广告的渗透性

广告已经融入消费者的日常生活，消费者在体验生活的同时接受广告，也在接受广告的同时享受生活。随着互联网的深度发展，以及新媒体的硬件与软件的加快迭代，这样的技术变革赋予了消费者更多的广告效果体验，也让广告扭转了“硬广”的窘境，变得更注重参与感和互动性。特别是广告一旦被升格为“艺术”，经过富有创意、独到贴切的宣传推介，会让消费者相信使用该产品的确是“与众不同的”，从而更加主动地参与到广告互动中去，产生更大的满足感与获得感。

在短视频平台抖音软件上，天猫曾推出为“618”宣传的自拍表情贴纸，这不仅引起了抖音用户的兴趣，还在用户产出短视频的同时为广告商品进行宣传。网络游戏中也出现了植入式广告，一些广告主用制作精美的限定皮肤或装备吸引用户，而用户也十分乐于购买使用这些新鲜好看的游戏产品，广告宣传达到了良好预期。此外，微信公众号也提供了让广告融入生活的可能。不论是喜茶、一点点等奶茶品牌，还是兰蔻、Ice等化妆品品牌，都开通了微信公众号，定期发布产品广告和优惠促销活动信息，甚至有时只是和消费者聊聊生活。广告变得越来越生动可爱，使得消费者在刷微信、浏览朋友圈时让广告可渗透进他们的生活，影响其市场选择行为。

在自媒体圈内，基于原生内容的植入广告同样普遍。如果不点开PAPI酱①的每一条抖音，我们并不能从封面看出哪一条植入了广告。观众像往常一样沉浸在她的美貌和有趣的灵魂中，看到最后才发现这是一条“软广”，PAPI酱俨然是广告的代言人，而这一条短视频的流量也达到了她本人其他作品流量的平均值。“六神磊磊读金庸”的公众号也一样，读者一如既往地惊叹于六神磊磊对金庸作品的独到见解，却不知不觉阅读到了作者为其他品牌做的广告，恍然大悟：原来这是一篇广告软文！再想想，便觉得这样的广告也不错。调查中有66.07%的人支持这种渗透性强的广告植入方式，也接受了与广告共生的新媒体社会。

二、新媒体广告创意特征

那么什么是新媒体广告呢？其实主要就是网站、视频等，新媒体广告可以有固定的广告位和相应的关键词、软文，形式多种多样，相比传统的广告而言有很多的优势。现在的新媒体广告一个手机就可以实现广告的投放，查看数据和信息十分方便，随时随地想看就看。传统广告需要到达指定地点才能看到，受限制程度高，不像新媒体广告，传播速度较快，其便捷性也赢得了巨大的优势。

总的来说，新媒体广告在这个时代更具优势，但也需要结合自己所处的行业进行具体的分析，因为也有些行业不适合新媒体广告，只适合传统广告。

那么新媒体广告的创意又有何种特征？

广告创意是为了表现广告主题而进行的新颖独特的、带有创造性的构思，也被称为“好点子”。网络广告建立在网络新媒体的基础上，其创意具有与传统广告不同的特点。

---

① PAPI酱，短视频网红。

（一）跃动性

广告创意不可避免地要受到表现形式的制约，因此必须符合媒体的表现特点。新媒体广告出现在屏幕上，但又不可能像电视那样展现一个生活场景，或是表现一段生动的故事情节；它是一条平板的条幅或标语，但却又可以跃动，不仅条幅中的景、物、文字可以动，整个条幅也可以动，这就使得它比传统报刊广告更富于动感。因此，跃动性是新媒体广告表现的特点，也是新媒体广告创意的特点。

（二）链接性

具有链接功能是新媒体广告区别于传统媒体的一个重要特点，新媒体广告要充分发挥这一优势。在进行网络广告创意时，无论图、文都必须考虑到这一层与下一层（或更多层）之间的关系，即这一层面表现什么，下一层表现什么，它们之间如何衔接等。将每一层面相互联系并融为一个整体，让链接性这一网络特有的属性在新媒体广告中发挥到极致。

（三）多样性

新媒体广告有很多种形式，每种形式又有各自的特点。同时，一个企业要想在网上树立自身的形象，光在一个网站上做一种形式的广告是难以奏效的，它必须整合多种形式的新媒体广告（当然还要与传统媒体相结合）。这就要求新媒体广告在创意时要注意多样性的特点，抓住不同新媒体广告形式的不同特点，在保持内在一致性的前提下充分展示不同形式的网络广告优势。

（四）互动性

新媒体广告可以有效地吸引用户的参与、反馈，这种参与有在线参与、线上线下结合的参与两种形式。就在线参与而言，通过 H5 等技术手段，可以编制一定的程序。如可以将一个 Banner 制作成一个小游戏，或是在大幅广告内加入跟随鼠标移动的数字符号，或是有奖问答等，使目标用户参与到广告本身的互动中来，甚至产生在线购买行为。就线上线下结合的参与而言，可以先在线下取得某种标识再上网抽奖（或摇奖），如易拉罐拉环内有一个号码，用户得到这个号码后登录相应的网站，输入号码就可以得到一次现场摇奖的机会；也可以先在线上得到某种提示，再在线下进行交互活动。如麦当劳在邮件广告中鼓励人们“转发麦当劳的球迷优惠券”，人们在线上可以转发优惠券，在线下又可以凭着优惠券享受优惠。创意时可以充分发掘、利用网络广告的互动性特点。

三、广告重新定义过程中出现的问题与思考

不可忽视的是，重新定义后的广告在变革发展中也产生了一些新问题，特别是对保护个人隐私、维护公序良俗等方面的冲击，值得引起警惕。

互联网广告侵犯消费者隐私权的问题常常发生，调查中有66.40%的受访者认为，“大数据投放广告的同时侵犯了消费者的隐私权”。大数据技术不仅能够追踪浏览足迹、获取位置信息，甚至通过后台获取消费者的个人隐私。有36.29%的受访者就表示，“曾经历过通过后台窃听推荐相关信息的广告投放”，他们和朋友聊天谈及一件事物，不久就在手机淘宝、知乎等软件中收到相关推荐。消费者浏览的每一个页面、发布的每一条消息，甚至在使用手机时说出的每一句话，都会在网络上留有痕迹，互联网公司搜集、整合这些用户数据后，就可以进行精准“画像”，并出售给广告商获利。广告商再利用这些大数据资料进行精准广告投放，力求将商品信息投放给最可能的买家，获取利益的最大化。由此可见，大数据成为一种新的经济资产，而个人的隐私数据甚至成为互联网上可售卖的商品，新闻报道对此类案例也时有披露。

新媒体广告依然存在可信度问题。当被问及“你认为当下的新媒体广告存在的问题”时，有78.58%的受访者认为“广告可信度不高，不知可否购买”。在线下消费时，消费者通常可以看到商品的全貌，在服装店中还可以试穿。但在网络中，消费者只能看到商家的宣传图和其他消费者的反馈信息。一些网购平台的商品，“卖家秀”看起来高级精致，但消费者的“买家秀”却做工低劣。正是互联网上这种虚假与欺诈广告，使一些消费者不信任网络广告。还有一些广告有违社会道德，这是广告行业的顽疾；而在新媒体时代，借助互联网的广泛传播，其危害性更甚。

随着网络信息技术的发展，新媒体广告未来必将提升到一个崭新的层次和高度，也必将因为新媒体广告的发展带来十分重要的进步。在现代科技影响下，当代媒体产业结构面临深刻的调整，新媒体产业将引领媒体产业潮流，部分传统的媒体行业将逐步走向衰微，适应市场需求的媒体行业将继续保持活力，文化内容将成为媒体产业核心竞争力。

第二节 新媒体广告创意要点

一、有效提升广告创意的方法

广告的概念是指为了某种特定的需要，通过一定形式的媒体，公开而有目的地向公众传递信息的传播手段。创意的本意即创造意义，在广告中，最终的目的便是创造生意。在新媒体广告时代下，好创意即是好的卖点、好的焦点、好的起点等一系列与众不同的创意要点。在不同的时期，消费者的消费特征都会随着时代的发展发生较大的变化，为了更好地进行产品的宣传推广，广告主应该及时对特定时期、特定区域、特定人群的消费心理和消费行为进行分析研究，及时捕捉消费者的消费特征，有针对性地制定适当的产品推广方案。为了取得良好的产品推广效果，广告创意的设计应该随着社会的发展做到因时制宜，不落俗套。本节重点对新媒体广告创意的要点进行研究。

广告行业与媒体之间有着较强的关联性，可以说媒体是广告的载体，媒体的环境变化会直接影响广告行业的兴衰。在新媒体的影响下，广告行业必须做出改变，提升创新性，这样才能有效顺应社会发展的潮流，实现既定的发展目标，提升广告的市场核心竞争力。当今新媒体环境发展背景下，新媒体技术的发展需要对广告创意理念进行升级与完善，这样才能确保广告跟上时代发展步伐。新媒体创意广告的要点不仅侧重于对新媒体环境的利用，互联网广泛兴起的年代，广告创意要与新时代接轨，同时要给创新团队、广告内容和广告媒介注入新鲜血液，好的广告创意要跃然于屏幕上，不能纸上谈兵。衡量广告价值的核心标准有两个维度：第一个维度是连接的广泛性，经常被称为广告的覆盖范围；第二个维度是连接的有效性，也就是广告的实际效果。对加强广告创意理念升级，要给予更多关注。而要想有效提升广告创意性，相关工作者就要从广告创新团队、创意广告内容及创意广告媒介三方面着手进行创新。

（一）加强广告创新团队的合作与创新

自以互联网为代表的新媒体诞生以来，广告的强制传播效果逐渐被稀释，传播进入窄众时代，用户不再被动等待，一支广告通吃的年代一去不复返了。环境在变，消费者的生活形态在变，消费者接触媒体的时间、地点、方式、习惯都在变，如果广告（载体、传播方式、创意表达、设计理念、时代元素、目标群体精准定位等）一成不变，将找不到沟通的目标对象，不能利用有效的传播途径，也就无法达到提升销售额的作用。一个好的广告创新团队要有较强的将文字创作成画面和将画面还原成文字的能力。把新媒体环境下衍生的搜索引擎广告、电商广告、信息流广告等针对不同类型做不同的梳理，不断加强团队的创新能力，坚持实践出真知的理念。

（二）强化创意广告内容

评判一个广告创意做得好不好，最根本的就是大众是否接受广告创意内容。广告创意内容是广告的灵魂。满足消费者需要的广告创意更要注重在操作模式上寻找突破口，将更多互动性创意融入其中。增强互动性创意的关键体现为两点：一是明确用户群体关注的重点，二是互动媒体终端是否在用户群体中具备较强的普及性。其主要目的：一是确保用户群体能够有一定的心理准备，二是确保互动创意的更好实施。比如大家都不陌生的微信抢红包，把传统与现代相结合，把年味用新方式体现，深受消费者的喜欢。每逢过节，如清明、端午等节日，相关品牌企业会利用传统文化造势（见图 4-2-1 和图 4-2-2）。新媒体环境发展背景下，创新者与创意者对于用户需要有正确认识，强化才能促使广告行业朝着更好的方向发展。

图 4-2-1　优酷清明节广告

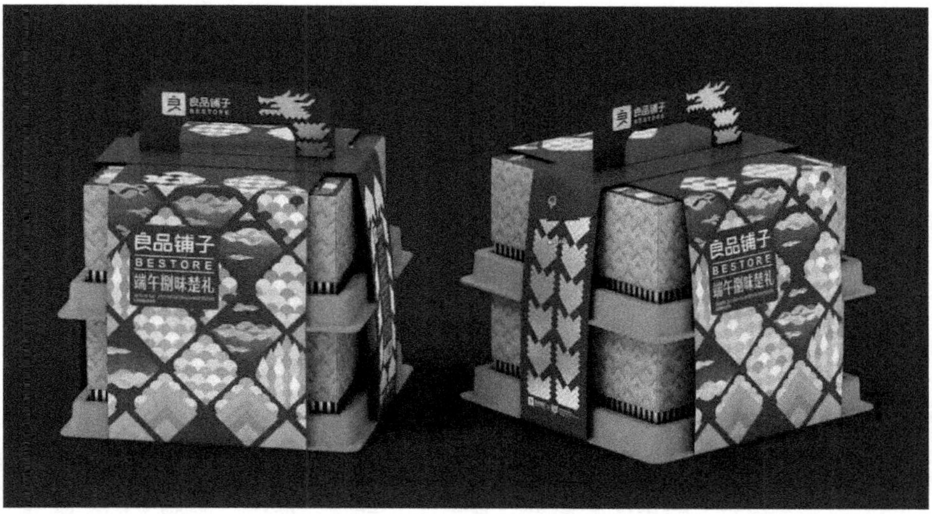

图 4-2-2　良品铺子端午节广告

（三）加强对广告媒介的利用

广告媒介策略是企业营销策略能否成功的关键因素之一，广告媒介策略是现代广告的主要策略之一，它与定位分析策略、创意策略、文案策略一起，构成了广告活动的主体。广告媒介的利用则直接决定广告目标能否实现，企业广告目标是塑造企业与商品形象，促进并扩大商品销售。在广告媒介的选择和组合上，版面大小、时段长短、刊播的次数、媒介传播时机等，都对广告传播有一定的影响。

延长广告时间，包括广告时间的绝对延长和相对延长。一般而言，时间长比时间短更易引人注意，但是绝对延长时间，即延长一条广告整体时间会使内容枯燥乏味，反击会降低注意力。相对延长时间，即广告反复出现，增加广告的频率也易引人反感。但是，反复出现广告也有一定界限，过分反复会使用户感到厌烦甚至产生对抗心理。因此，在广告媒介的择用上，采用媒介空间大小和时间长短会直接影响广告目标的实现。

目前新媒体广告的形式多种多样，不同的广告形式各有其特点和优势，企业在进行新媒体广告投放时该如何进行好的创意选择呢？广告创意是指通过独特的技术手法或巧妙的广告创作脚本，更突出体现产品特性和品牌内涵，并以此促进产品销售。简单来说，创意能突出产品特性和品牌优势，吸引用户点击到页面。而在互联网时代，传统媒体广告在一定程度上受到了冲击。相对来说，传统媒体广告的创意在某些方面已经逐渐与时代脱轨，在新媒体广告时代背景下广告需要有新的创意形式。

二、我国新媒体广告创意设计的现状分析

随着数字技术和网络技术的发展，我国新媒体广告创意呈现出新的发展态势，广告创意不再仅仅满足于对产品的推广，更注重人文关怀的体现，满足消费者的情感需求。

（一）借助名人效应进行宣传造势

纵观我国的广告创意发展历程，广告主对于产品的宣传和推广最常使用的一种手段是名人代言，商家热衷于借助名人效应在消费者中提升产品的知名度。名人代言中的名人多指影视明星或体坛翘楚，这些人在大众中具有极大的知名度和影响力，商家借助名人强大的影响力能够帮助产品形成一种品牌效应，刺激人们的消费欲望。

（二）广告创意的同质化问题严重

人类具有很强的模仿意识和模仿能力，当一则广告起到很好的宣传作用的时候，其他商家为了获得经济效益就会对这种广告创意进行模仿。比如姚晨为赶集网代言的骑着毛驴去赶集的广告播出之后，出现了杨幂为58同城摇旗呐喊的广告代言。两则广告在表现形式上具有很大的相似之处。广告创意的互相模仿在广告领域中形成了严重的同质化现象。

（三）轻视广告作品的人文关怀

我国广告作品的一个通病是过分重视广告的商业价值，过于注重向消费者展示产品的特征，而忽视了消费者的情感诉求，轻视了人文关怀。广告是商家推广产品的手段，而创意是精神意识的产物，所以广告作品不能只注重商业价值，更应该注重广告作品所传递的文化价值和精神价值。

三、我国新媒体广告创意的发展趋势

（一）传播文化

在新媒体广告学的教学过程中，教师经常以西方的广告作品作为优秀范例向学生展示。西方的广告作品之所以能够深入人心，能够在具有巨大文化差异的国家得到广泛传播，就在于广告作品本身的文化价值，最成功的案例莫过于美国的可口可

乐的广告，它已经超越了产品的商业价值，成了美国文化的一部分。

广告作品作为连接广告主与消费者的桥梁，对提高产品的知名度，加深消费者对产品的认识，激发他们的购买欲望具有重要意义。广告设计的最主要目的是进行信息的传播和产品的推广，从而在消费者中形成品牌的影响力，培养消费者对于产品的购买力，帮助商家占据市场份额，获得社会效益和经济效益。因此，传播对于广告作品来说尤为重要，一则广告要想做到深入人心，在较大范围内得到传播，必然要有它的独特之处。随着经济的飞速发展，我们已经进入了经济全球化时代，为了获得更多的发展空间和经济效益，商家对于产品的宣传和推广就不应该只面向本国的消费者，而是应该谋求长远发展，走向世界。面对这种形势，广告创意就应该及时调整，要有文化传播的意识，承担起文化传播的责任。央视的节目《舌尖上的中国》之所以能够备受人们的关注，形成极大的影响力，就在于它反映本土特色，起到了传播我国各地的饮食文化的作用。文化价值是精神层次的，是对商业价值的超越，广告主和设计师应该意识到广告对于文化传播的重要性。

（二）人文关怀

进行产品推广的关键是要了解消费者的消费心理，熟悉消费者的情感需求，只有这样才能有针对性地寻找推广策略、打动消费者，激发消费者对于产品的购买欲望，达到宣传推广的目的，因此广告设计应该做到以人为本，从消费者的角度出发，站在消费者的立场上去思考，思考消费者购买产品的目的是什么，是为了满足生活需要还是精神需要。广告创意的人性化有利于打动消费者，在心理层次上提高消费者对于产品的认同感，从而增加他们对于产品的忠诚度，形成消费黏性也便于让消费者对于产品进行二次消费。

人文关怀在以服务人们为功能的公益广告中体现得比较多，在商业广告中有所忽视，很多商业广告多注重宣传产品的性能，而忽视情感的传达，往往达不到预期的说服效果。在广告设计过程中，设计师应该从消费者的情感诉求寻找突破口，以情动人，打动消费者，让消费者从内心深处认同产品。

（三）幽默风趣

事实表明几乎没有人会拒绝幽默，人们对于有趣的东西总是会表现出强烈的喜爱之情。在广告创意的过程中，设计师应该对人们的心理进行深入的研究，了解人们心理活动的共同之处，从而使自己的广告创意能够面向更广大的消费者，得到更多人的认同。有趣的内容总是能迅速地得到人们的关注，在大众之间形成广泛的传播，设计师可以在广告设计的过程中以这种现象作为创作的出发点来寻找灵感，尽量在广告作品中融入趣味性的元素吸引消费者的注意力，博得消费者的喜爱。广告创意中的趣味内容可以增加广告作品的活力，充满创作力和生命力的作品能够更快速地在众多广告作品中脱颖而出，给消费者留下更加深刻的印象。

四、新媒体环境下的创意与创新

广告创意作为一种战术性指导思想，关系到广告的效果。广告营销大师菲利普・科特勒曾说，广告创意包含两个主要的因素：创意广告内容和创新广告媒体。新媒体环境的变化，使得广告创意也要经历由内而外的传播策略调整，创意广告内容。

（一）凸显互动性

新媒体时代，全新的技术手段为用户带来充分互动的广告传播环境。数字时代的广告创意应该增加互动元素，调动用户的参与，激发消费者感官兴趣和内心情感，使其不知不觉中接受广告信息，促进购买行为的完成。例如蒙牛乳业主办节目“创业吧，兄弟！——蒙牛校园合伙人活动”，从学生角度出发，降低了参赛门槛，只要会画画、有故事就能参加。初赛阶段以奶盒包装设计为切入点，层层选拔，让成功晋级决赛的选手前往呼和浩特参观蒙牛工厂并接受培训，学生既可以参与上游的产品和营销设计又可以体验产品下游的生成和终端销售，引发了大量有创业梦想的学生参与。活动还邀请俞敏洪老师与学生开展线下互动，使用映客、微信红包、翻牌抢红包等方法，吸引了近 30 万名大学生的关注和互动。

（二）增加体验感

在广告的传播过程中主创人员可以整合先进的媒体资源，提升用户全方位的感官体验，展示体验营销的魅力。2016 年 8 月北汽集团在 ARCFOX Space 体验中心举办了 ARCFOX 品牌发布会。ARCFOX 是北汽新能源旗下全新的生态品牌，目标客户为追求创新、极致、个性的“新 FUN 一代”。北汽集团与洛可可联手，开启 ARCFOX-1 产品众创，只要你有科学创意的想法都能参与到汽车的产生过程中。发布会现场行业大佬的分享、网红直播的分享、酷炫动感的纯电动超 ARCEOX-7 展示、充满激情的音乐表演、轻松的酒会、高科技玩乐体验等持续吸引用户集结。

（三）注重趣味性

消费学家郑也夫在《后物欲时代的来临》一书中提到，人们最终需要的不仅仅是物质生活的丰富，而是更加注重娱乐化的精神需求。广告创意的娱乐化需要运用全新的思维，尝试利用新媒介，用富有趣味性的广告激发消费者的主动参与。2016年夏天，必胜客榴梿比萨的上市通过《去拼吧，榴梿》成功塑造了一个呆萌、坚强、有担当、勇敢且拼劲十足的榴梿人形象。“榴梿多多比萨兴风作浪，红白机复刻童年……”其15秒的游戏视频引发复古游戏热潮。主创人员在必胜客全国118家门店都安装了榴梿主题游戏的智能电视设备，消费者用手机扫码即可体验游戏快感。无论是游戏视频还是有趣的线上、线下互动，都是为了告诉年轻人，要成为游戏和人生的赢家，除了“去拼”，没有捷径。

（四）传播个性化信息

个性化营销本质上是按照顾客的特殊要求，制定个性化产品的新型营销方式，其重点关注人的个性释放和个性需求，推广个性化的服务。广告信息传递过程中应该满足不同个性的人群特征，将广告信息制作及品牌形象与用户个性相匹配。比如百事可乐在2016年夏天推出一套Emoji表情①，并将70个Emoji表情印在可乐瓶和可乐罐上，通过这些代表喜悦、悲伤、生气等情绪的Emoji表情来展现品牌的个性和流行度。

（五）营造文化氛围

面对新媒体环境下的广告新形势，我们应该努力营造文化氛围，用优秀的民族文化打动用户，将新媒体广告与民族文化完美结合，与用户产生情感共鸣从而实现广告传播效果。2016年火热的8月，里约奥运的加油助威声、呐喊鼓励声频频传来，肯德基适时推出一款“红色鼓励桶”，喜庆的红色配上青花蓝瓷，桶身印有锦鲤、祥云等中国传统元素。消费者在享受美味时，它是“桶”，享尽美味之后它翻身为“鼓”，成为加油助威的神器。此外，肯德基还邀请歌手谭维维与华阴老腔合作《红色鼓励曲》，其主题鲜明，极具原生态的唱腔结合西北的华阴老腔，加上现代摇滚，玩出了传统文化的独特腔调。肯德基“红色鼓励桶”在娱乐的同时也向传统文化致敬，将产品和传统文化结合，在产品中融入中国风，进而打造独特的品牌文化。

---

① Emoji表情，在无线通信中所使用的视觉情感符号，可用来代表多种表情，如笑脸表示笑、蛋糕表示食物等。

五、好的新媒体广告创意的要求

（一）好创意需要好的卖点

动人，不是感动人，也不是美丽动人，而是让人心动、让人行动。用户需要被满足的是需求，需要被解决的是痛点，而商家的产品或服务能满足需求、解决痛点则是卖点。不要认为需求是卖点，需求有很多而且是不定的。需求不是卖点，能够证明满足需求的那个点，才是卖点。

卖点能够满足需求，用户才会行动。不能满足需求，再多的卖点也是自说自话，无法促进行动。而对广告投放来说，用户产生行为的第一步是搜索，但是搜索会出现很多商家推广，而能让用户产生行动的第一步是点击广告。促进用户第一步行动的就是创意中的卖点。

什么是有创意的卖点呢？有些商家的品牌本身就是卖点，比如京东，即使创意中没什么特别的描述，人们在购买数码 3C 产品时也会优先选择京东。有些产品的卖点就是价格，还有些更注重售后，不同的产品、不同的商家会有不同的卖点。

在广告投放中，经常会出现创意没有卖点，或者卖点无意义、与需求不匹配的情况。那么什么是动人的卖点呢？如果是同质化的产品，因为产品差异小，所以竞争激烈，拉不开绝对的差距。这时候需要做 AB 测试，去尝试抓到用户购买的需求点。需要注意的是，用户的需求可能会随时间、地域、气候、环境的变化而变化，所以需要不断地通过测试来确认用户最主要的需求。

如果是差异产品的卖点呢？差异产品的优势是差异，劣势也是差异。差异产品的创意，容易产生的最大问题是把差异当卖点，而不去思考这些卖点是不是用户需要的。

因为产品有差异，所以单纯地把产品的特性和功能、使用的标准和材料等与众不同的地方作为卖点，通通堆砌到创意里面，不管用户能不能理解这些卖点。或者明明可以做出差异化，却不研究产品、分析需求，也就找不到卖点；即使找到卖点，也无法证明，最终无法打动用户。

卖点想要“动人”，就要让用户理解你的点。如果用户不能理解，或者不需要某个卖点，那么即使产品或服务在某个方面的差异化做得再好再突出，这个卖点也没价值，达不到“动人”。

要关注买点，而不是卖点。商家总是从自己的产品、服务找卖点，但找出的卖点未必是客户需要的。用户总是从自己的需求找产品，但产品功能都差不多，凭什么会买你的？打动用户的，是买点，也就是用户愿意付钱的那个点。不要只考虑自己的产品如何好，而要考虑用户的需求是什么。所以要不断测试，不断总结，不断发现和创新，找到用户真正的需求，找到产品的买点。1 个买点比 10 个卖点更动人。

（二）好创意需要好的焦点

好的创意需要有好的焦点，詹姆斯·韦伯·扬[①]指出，广告创意是一种组合，是组合商品、消费者和人性的种种事项。广告创意对商品、消费者和人性的组合，是将实在的存在转化为意象性的符号，依据意象在性质、形状、状态和相互关系中所表达的品质、性格，所蕴含的感觉、思想和情感意义等进行选择性组合，或者以常态的表达唤起目标消费者的习惯记忆，或者以创新打破用户的习惯和麻木，从而创造出更为生动而富有意蕴的、符合广告意图的创新性广告作品。下面以 OPPO 为例。

在被称为“vlog[②]元年”的 2019 年，“拍视频”已成为人们选购手机时的一大新诉求。OPPO 推出视频拍摄功能全面升级的 OPPO Reno2，鼓励富有创意的年轻人用手机创作。但随之而来的挑战是如何将手机强大却乏味难懂的功能点，用最易懂而好玩的方式呈现给用户。在 OPPO Reno2 上线之际，OPPO 携手 W+K 上海拍摄多条影片，构造了一个多彩而奇妙的Reno2影像世界，通过各种意想不到的讲故事方式，让大家秒懂 Reno2 的强大科技。

三条 15 秒的影片奇趣妙幻，分别主打 OPPO Reno2 的“视频降风噪”“视频人像虚化”和“E3 护眼屏”功能。《呼呼呼风人》将拍摄视频时干扰的风声噪声拟人化，用随处捣乱的小朋友比喻风声；《模糊效应》中，一场模糊风暴伴随着“视频人像虚化”功能的开启，突然降临街角咖啡店；《超护眼装备》则使用极富创意的反讽手法，提醒人们护眼其实可以更简单。几条短片让观众在会心一笑的同时，也轻松牢记OPPO Reno2各种强大的视频功能（见图 4-2-3、图 4-2-4 和图 4-2-5）。

---

① 詹姆斯·韦伯·扬，智威汤逊广告公司原顾问及总监，通才杂学的广告大师，广告创意魔岛理论的集大成者。曾任智威汤逊广告公司资深顾问及总监，是美国当代影响力最深远的广告创意大师之一，并于1974年荣登“广告名人堂”。他的广告生涯长达60余年，其本身几乎就是美国广告史的缩影。晚年致力于广告教育工作及著述，被认为是美国广告界的教务长。

② vlog是博客的一种类型，全称是video blog，意思是视频记录下来，视频博客、视频网络日志，源于blog的变体，强调时效性，vlog作者以影像代替文字或相片，写个人网志，上传与网络分享。

图 4-2-3　OPPO Reno2 广告之一

图 4-2-4　OPPO Reno2 广告之二

图 4-2-5　OPPO Reno2 广告之三

时长30秒的《神奇巴士》则旨在展现OPPO Reno2的变焦四摄功能。影片同样充满奇幻色彩：一个男生搭上一列沉闷的巴士，无意间打开OPPO Reno2的相机，通过变焦四摄功能，把远处的各种奇妙瞬间立刻拉近到了身边，原本无聊的旅途也变得妙趣横生，充满惊喜和创造力。

谈及手机科技创新，人们总会联想到冰冷的参数、晦涩难懂的光学知识，但这一次，OPPO携手W+K上海打破沉闷，从更人性化、更有温度且富娱乐性的角度出发，用四个不可思议的奇妙故事，再一次拉近了品牌与消费者之间的距离，再一次凸显了“好的创意需要有好的焦点”思维。

（三）好创意需要好的起点

俗话说，良好的开端是成功的一半。好的创意需要有好的起点，起点式思维需要我们有着好的创新思维与经验之谈，以及良好的实践能力。为营销而宣传，任何广告作品，如果失去了这一基本出发点，那么不管作品如何花哨，都将堕入工艺短片、泡沫电视剧的圈子，失去了为营销而宣传的广告创意的本意。优秀广告创意的重点必须是“宣传最终是为了营销”，可见广告人的天地无限大，关键是如何去把握。追根寻源，一个优秀的广告作品的产生，其成功的关键有许多。但说到底，源于一个优秀的、不同凡响的广告创意。

六、新媒体广告创意路径

如今这个时代，对于企业来说，要想提升品牌形象、提高知名度，除了在产品的质量上要出类拔萃之外，还需要借助广告的宣传和推广。现在基本上各大商家都在做自己的广告，有了广告并不意味着消费者会买账，有一个最终能够让消费者接受和记得住的好广告创意才是最重要的。那么，对广告人来说，怎么做才能有好的广告创意呢?

（一）知己知彼，时刻关注同行

现在各个行业的竞争都日益激烈，广告行业自然也不例外，想要做行业的领头羊，就需要实时掌握同行的动态，根据各方信息对自己的战略和规划做出调整，所谓“知己知彼，百战百胜”。而今的互联网时代，多关注几个同行业的媒体公众号，关注他们的广告动态，对他们的创意进行再创作与发掘，也是一种创意的来源。

（二）知天下事

掌握同行的动态，这对于广告从业者来说还远远不够。对于一名广告人来说，敏锐的洞察往往来自对实事的观察，每天翻一份报纸，搜一下网页，看看新闻标题、广告版面，要知道现在整体的传播环境是怎样的。当然这样做的归根结底还是应了那句话——“艺术来源于生活”。

（三）积累与创新：广告创意的双轮驱动

也许有的广告创意是在一刹那、一瞬间迸发出来的，但不会每个创意都有灵光乍现的一瞬间。广告创意也是需要平日的积累的。广告行业的魅力在于，它永远走在时代的最前沿，永远都会有精彩的创意出现，永远都不知道未来会发生什么，所以你需要一套完整的资料搜集体系。

创意在本质上是一种沟通传达，是将产品、品牌与生活形态、精神追求，乃至审美文化予以符号化、价值化和传播化的过程。新媒体广告的创意是基于传统媒体广告和新媒体广告，将二者相结合融新后凝练出的一种新型特色广告创意。广告创意是广告作品的灵魂，广告创意的创造性和新颖性能够更加迅速地引起消费者的注意力，形成良好的传播效果，帮助商家进行产品的宣传推广，促进产品销售。优秀的广告作品能够感染大众，在消费者心中建立良好的品牌形象，增强品牌的影响力和知名度。广告创意如果一成不变，就会落入俗套，难以在众多的广告作品中脱颖而出，广告创意应该随着时代的发展及时进行创新，不断给广告作品注入新鲜活力，使作品保持旺盛的生命力，形成良好的传播效果。

第三节　新媒体广告创意趋向

在新媒体时代，随着文化的交流与融合、人工智能的发展、社交媒体交互性和传播性的不断提升等，广告创意在新的环境下不断进取，并呈现出新的特征。

新媒体广告，就是将新媒体作为传播载体的广告。新媒体广告的产生伴随着新兴媒介技术的产生。近几年来，随着新媒体的不断涌现，在传统的电视、广播、平面媒体、户外传媒等广告之外，新媒体广告正在冲击和分流着传统的广告市场，除了互联网这一新兴广告平台外，新媒体广告的种类和形式繁多。这些“新广告”的出现对广告主而言，意味着更多元、更立体的广告载体选择；对用户而言，意味着更多样、更复杂的接受习惯。

一、“中国风”趋向

面对当今令人眼花缭乱的广告市场，将传统文化元素与现代广告设计融合，可以更加有效地收获国内用户的市场。而如何将两者有机结合，将会是中国广告界当今及未来几年内持续探讨的话题。

汉字作为一种“形意兼备”的文字，有着表音表意和图画性两个最重要的特征，同时也承载着中国特有的意象思维。将汉字作为广告创意元素，具有极强的传统文化吸引力，同时也可以引发国人的文化共鸣。

在设计中文字不仅有着传递思想的基本功能，还能在视觉上营造出特定的审美氛围，丰富作品的内涵。作为汉语的书面记录方式，汉字可以分为方块内的上下或左右关系，因此也被称为“方块字”。《文字的感情》系列中靳埭强把象征着中国传统文化的文房四宝分别放在四个画作当中进行组合，四件器物与挥毫泼墨的书法浑然天成，融为一体，山、水、风、云四个书法汉字呈现出了中国山水画般的意境，不但给人以美感享受，而且极具视觉冲击性。不仅表现了中国传统水墨艺术的独特形式美感，而且体现了深厚的文化底蕴（见图 4-3-1）。

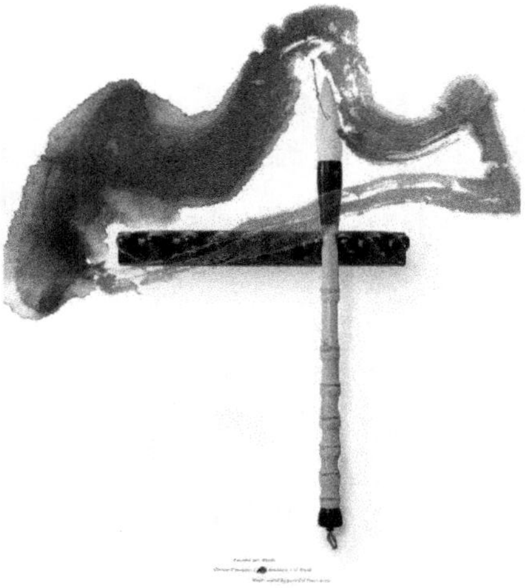

图 4-3-1　靳埭强《汉字》系列海报之“山”

二、跨文化传播趋向

品牌是一个企业的灵魂。在经济全球化时代，品牌更是一个国家经济实力的象征。众所周知，一种品牌必然与其所处的环境与风土人情相契合。当国外品牌进入我国时，对该品牌进行本土化改造就变为一项必然要进行的任务。例如肯德基在中国开设分店时，会依据中国人的饮食习惯将本公司的产品进行中国化改造，以开拓中国市场。广告创意的跨文化传播也可以借鉴此方式，融合不同种类文化，实现品牌的国际化沟通。

在全球化时代，跨文化传播对于塑造自身形象、增进理解意义重大。新的国际格局和传播环境要求跨文化传播在传播主体、渠道、内容、用户意识等方面进行变革。跨文化传播是一座“桥”，连接了不同的群体，其价值不是为了传播自己，而是依靠对自己的传播，争取不同文化之间的理解。图 4-3-2 是一幅关于中国传统文化的海报。在海报中，我们可以看到中国龙、长城等标志性图案组成了“中国”的英文单词“China”的首字母。

图 4-3-2　中国传统文化海报

三、交互性设计趋向

感觉交互体验是通过视觉、嗅觉、听觉、味觉等建立起感官之间的体验，直接刺激观众的感觉系统，引发消费者购买的欲望。图 4-3-3 是某果酱品牌的广告，瓶内的果酱通过电脑技术被改为一颗真实的苹果，在光的照射下，瓶内的果酱看起来像极了蜂蜜。这种奇妙的视觉效果可以激发观众的好奇心和想象力。苹果的艳丽颜色和透明的水珠，以及蜂蜜的鲜甜味道，让观众联想到新鲜苹果的美味和蜂蜜的香甜口感。这种完美的融合让观众更加期待品尝到瓶内的果酱，从而激发其购买欲望。此外，在充足的光线照耀下，苹果和水珠更加鲜艳，这种视觉上的冲击力也能够吸引更多的消费者。整体而言，这种技术能够让观众更加深入地了解产品的特点，从而更好地推广产品。

图 4-3-3　某果酱品牌广告

广告是连接产品与消费者的重要桥梁，也是实现营销的重要方式。在信息爆炸的当下，消费者每天都会接收大量的广告，广告效力的下降已成为大势所趋。如何运用创意性强、体验性强的广告吸引消费者，是企业和广告公司都需要面临的问题。而与本土元素或异国文化接轨，或增强广告的体验性，是吸引消费者、提升广告效力的有效方式。

媒介形式不断嬗变，宣告着“万物皆媒”时代的来临，以无边界、强互动、数字化、超时空为特点的新媒体崛起，颠覆了信息传播的方式和格局，也给广告传播注入了新的生机与活力，借助新媒体进行广告传播，是这一时期的行业新特点，应注重探讨在新媒体环境下广告传播的新形态和新趋势。

第四节　新媒体广告创意赏析

从广告出现起，其主要目的就是帮助信息的传播和利润的扩大，而为了更好地传播产品和品牌信息、与用户建立良好的联系并达成营销和传播上的附加值，广告创意成了广告行业中无法避免的部分。随着科学技术的发展，计算机网络的变革和互联网的发展催生出新媒体的诞生，在新环境和新机遇中，涌现出许多新媒体广告，其新颖的创意和特点值得关注和赏析。在新媒体环境下，广告创意在不断发展，在传播效果上，精准定位用户需求有助于产品和理念得到更好的宣传，但轰炸式的宣传也可能引起消费者的反感，因此在新媒体形势下，品牌和媒体在广告创意方面仍然需要做出更多的尝试和不断的调整。

一、平面类新媒体广告创意赏析

随着经济的发展、时代的演变，我们步入新传媒时代——以网络媒介为代表的新型媒介的产生与兴盛。它强烈地冲击与瓜分着传统平面媒介，即纸质印刷媒介，如报纸、杂志等的用户群，并使其广告份额流向网络媒介。可以说传统平面广告在新传媒时代获得了新生：媒介形态从纸质转变为电子媒介；传播语言使用的是网络媒介的数字语言；传播方式从大众传播到分众传播、从单向传播到互动传播；广告营销理念从单纯的推销到重视品牌的塑造、整合营销传播等，平面传统广告也有了新形式——平面类新媒体广告。下面主要探讨在新媒体环境下，平面类广告创意设计的重要性，以及从平面类新媒体广告的色彩运用角度来赏析新媒体平面广告。

广告的种类繁多，随着科技的进步、媒介的发展，不断涌现出新的广告形式。广告学中，从广告媒介的功能角度，即广告对人的心理活动的感知过程的影响来看，分为：视觉媒介广告——报纸广告、杂志广告、招贴广告、DM 直邮广告、pop 售点广告等各类印刷媒介广告，以及户外广告、实物陈列广告、橱窗广告等；听觉媒介广告——无线电广播广告、宣传车广告、录音广告、电话广告等；视听两用媒介广告——电视广告、电影广告、电脑网络广告及其他广告等。

传统平面广告就是发布在传统平面媒介上的广告信息，即上面所提到的视觉媒介广告中的各类纸质印刷广告。下面说明两个概念，即传统平面广告中的“传统”与“平面”。

传统平面广告中的“传统”是从以下两方面定义的：

首先，从媒介形态的角度来讲，传统平面广告是以各类纸质印刷媒介为载体发布广告信息，相对于网络广告以互联网为新媒介、以电信设施为传输渠道、以功能齐全的多媒体电脑为收发工具、依靠网络技术连接起来的复合型媒介而言，属于“老式媒介”，故称其为“传统”平面广告。其次，从传播方式与营销理念来讲，大众的、单向无互动的传播方式和“小作坊”的非整合营销理念的传统平面广告，相对于分众的、互动的传播方式与整合营销理念的网络广告而言，在观念、方式等方面都相对落后，故称其为“传统”平面广告。

几何学上，线移动的轨迹即为“面”。传统平面广告中“平面”这个词是借用了美术构成中“平面”的概念。构成是一种造型概念，就是将不同形态或材料的几个单元重新组合成为一个新的单元，并赋予视觉化的、力学的观念，包括平面、色彩、立体三大构成。而平面构成在于探求二度空间的视觉传达规律，将各种视觉形态（包括具象、抽象形态的点、线、面、体）在二维的平面内，按照一定的秩序和法则进行分解、组合，从而达成理想的组合构图形式。传统“平面”广告中的“平面”简单来说就是，在二维（长、宽）纸质印刷平面媒介上发布的广告信息，相对于在立体的，即具有三维（长、宽、高）空间的电视等媒介上发布的广告信息来讲，称其为“平面”广告。

将各种精美图案、曲线、文字内容相互组合在一起，以二维的方式呈现在用户的面前，向用户传输特定的文化观念，展示特定的商品，达到吸引用户注意力和传播相关内容的目的的广告被人们称为平面广告。

在新媒体快速发展的背景之下，一些新兴的动画制作技术、图案绘制技术、图片裁剪技术、图案美化技术逐渐涌现在各个行业。平面广告设计人员可以利用这些先进的科学技术制作出精美的平面广告，使社会中平面广告形式多样并具有较高创意，设计方案能够使得平面广告脱颖而出。

人们接受信息量直接影响着人们的审美能力和辨别能力。随着新媒体的不断发展，人们每天接收大量的数据信息，平面广告数据信息就属于其中的一种。平面广告使得人们的审美能力和辨别能力逐渐得到不同程度的提升。而部分用户会对同一种类型的平面广告产生审美疲劳，因此设计人员依据用户需求设计出有较高创意水平的平面广告提高了平面广告的吸引力，使得用户在阅读相关文章和浏览相关网络平台时能够在众多平面广告之中留意到此，从而使得平面广告具备较高的传播力和感染力，使得广告产品能够受到更多用户的关注。

色彩作为平面广告设计的重要构成要素，对色彩的巧妙合理利用有助于广告创意和内容的视觉化传达。结合色彩的基本原理和色彩的联想象征含义，笔者认为，在平面广告设计中可以从以下四个方面进行色彩的创意设计：色彩构成设计、色彩运动设计、色彩重量设计和色彩文化设计。

色彩构成设计是指通过对色彩的三个构成要素进行调节变化和搭配，使之达到画面的统一或强烈对比，从直观的视觉层面进行广告色彩的设计运用。无论对色彩要素做什么样的变化，平面广告中的色彩在视觉层面带给用户直观的感受可以总结为两种类型：统一协调感和对比冲突感。所以在色彩的构成设计中，主要从色彩的统一调和设计、对比互补设计、韵律动态感设计、整齐秩序感设计、色彩重量设计、色彩文化设计六个角度展开论述。

（一）统一调和设计

平面广告设计色彩的统一调和有助于统一画面的视觉效果，营造协调、平衡的视觉氛围。色彩的调和法有同一调和法、近似调和法和形状调和法。同一调和法和近似调和法适用于广告基色调的应用，保持色彩的一个或两个要素不变，在另一个要素上进行调整，或者添加同一要素，缩小它们的差距。广告的基色和底色一般多采用同一色系的色彩，或在明度上使用渐变，这类色彩就运用了色彩的统一调和设计以达到视觉平衡美感。形状调和法是根据色彩的三个基本要素调整其大小比例，以求达到视觉的平衡。

歌德①认为色彩的形状大小主要与明度有关，他把光谱六色的明度用级别做了划分：黄、橙、红、紫、蓝、绿的明度比例依次为 9、8、6、3、4、6。按数字比例，我们可以知道黄色的明度是紫色的三倍，橙色的明度是蓝色的三倍，绿色和红色明度一样高。根据这样的明度比例，色彩形状和面积大小的统一调和就方便了很多，使用高明度的色彩时，配以与明度比值相反的低明度色彩的面积，在视觉上更具有协调平衡的美感。并且，由于人的视觉具有一定的习惯规律，所以在色彩的调和及位置安排时还要结合视觉规律正确摆放色彩的位置，避免用户视觉和生理上的不舒适感。

下面这幅高露洁平面广告（见图 4-4-1)，左边的海报为粉色背景，中间一道明暗交界线，给整个空间带来立体感，画面正中央的是一个注射器，注射器的内部装满了黑色的咖啡，广告词为咖啡不应该让你感到刺痛，广告海报的整体是暖色调，

---

① 歌德，德国诗人兼业余科学家。

让人联想到火热的咖啡，注射器的针尖，让人联想到了刺痛。这则广告意味着高露洁牙膏可以有效缓解喝热咖啡给牙齿带来的刺痛感。右边的海报为蓝色背景，中间一道明暗交界线，给整个空间带来立体感，画面中间是一个老鼠夹，老鼠夹上还放着一块冰块，广告词为冰不应该让你感到刺痛，画面的整体是冷色调，让人联想到冰冷的冰块，老鼠夹又让人联想到了刺痛，这篇广告寓意着高露洁的牙膏可以有效缓解吃冰块给牙齿带来的刺痛感。

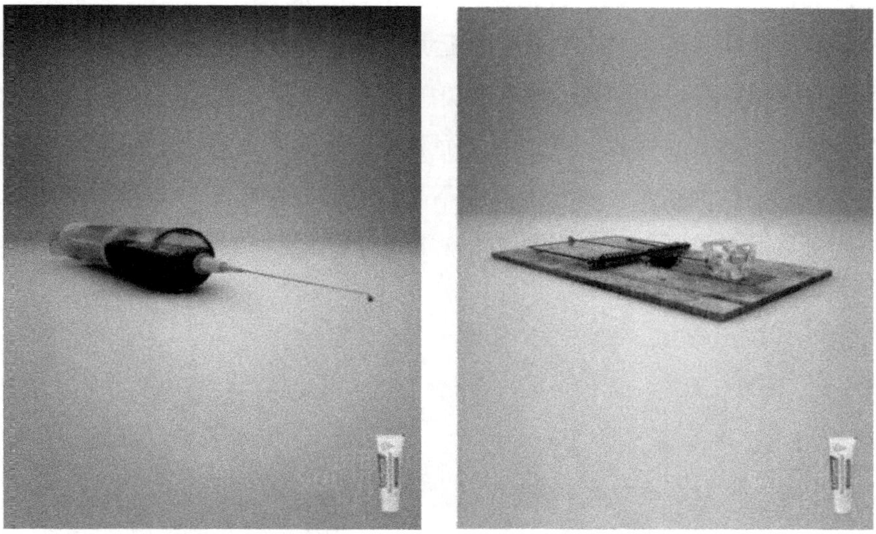

图 4-4-1　高露洁平面广告

（二）对比互补设计

与统一协调感相反，为了增强平面广告色彩的视觉冲击力，我们可以通过色彩的对比互补搭配，创造出夸张突出的视觉效果。色相的对比与互补关系要充分利用色相环的作用，色相环上色相距离的远近决定色相对比度的强弱效果，对比度最强烈的是互补色。在广告创作时，为了突出产品的特点，对比度强烈的色彩组合不失为好的选择。同样，明度比值相差越大，视觉效果越强，高明度色彩显得更明亮，低明度色彩显得更暗沉。色彩纯度差值越高，带来的鲜艳与灰暗的视觉对比也就越强烈。对比互补设计的正确合理利用可以强化广告画面视觉效果，突出产品特征，产生活跃激情的画面感。

图 4-4-2 是 Corona Paints 的广告，该广告发布于 2014 年，主要选用明艳的黄色和蓝色作为背景色，分别用蓝色和红色的图形色进行对比应用，这样的色彩搭配既符合油漆产品鲜艳丰富的产品特点，又在视觉效果上能够迅速吸引注意力，黄色

的背景中间是一个身着彩色小丑服的小丑，小丑手举一个羚羊的头颅标本，他的主体颜色是蓝色，配有其他的彩色的线条，小丑的假发是蓝紫色带有灰白的斑纹，胸前所举的羚羊头颅标本底座是原木色，与羚羊身体的花纹相衬，小丑表情严肃，与其怪诞的妆容形成强烈反差，海报整体用色大胆，给人的视觉冲击感之强烈。蓝色背景中间是一个身着蓝色披风的红衣“超人”，“超人”表情严肃，带着黄色的护目镜，胸前举着一座木质的挂钟，戴着黄色的手套，与身着红衣的“超人”产生对比，披风上的黄色五角星，黄色护目镜以及胸前举着的原木色挂钟给整体带来了一丝童趣。两张海报采用了互补色与对比色的运用，但并非我们片面认识得越强烈越好，所有色彩的应用都要以达到视觉的和谐美感为第一要务。例如红色的互补色是绿色，二者在明度上的值是相等的，所以同等面积比的红绿搭配理论上视觉冲击最强，但前文中也提到，红绿搭配在视觉舒适度不高。所以在色彩的对比互补设计中，考虑视觉的冲击力固然重要，但也不能忽略视觉的舒适度。

图 4-4-2　Corona Paints 广告

平面广告与影视广告最大的区别在于平面广告是二维空间信息传播的手段，虽然平面广告没有影视广告在音响和画面动态上的优势，但平面广告并非不能营造出运动、动态的视觉效果。色彩的运动设计就是指通过色彩在色相、明度、纯度、大小、形状等方面的变化应用，拓展出流动性与空间感。平面广告的色彩会让人产生画面整齐一致和交错韵律的不同感受，因此，色彩的运动设计分为韵律动态感设计和整齐秩序感设计。

（三）韵律动态感设计

平面广告设计可以通过色彩的调配和造型的变化营造出韵律动态的感觉。韵律并不是音乐的专有词汇，色彩也有韵律，色彩的动感是人们因视觉感知而产生的对色彩空间上的心理感受。色彩的韵律是通过色相、明度、纯度、曲直、长短的变化在用户心理上产生动感而产生的。每幅平面广告作品其实都有韵律感，只不过存在强弱之分，韵律感完全是一种心理感受，创作者的色彩敏感度和艺术修为决定了广告色彩的韵律美。创造色彩的动感效果最为直接的办法是让色彩形与景发生变化，色彩的形就是形状、长短，色彩的景就是色彩基本要素。通过这些变化使平面广告作品产生动感，可增强广告阅读的趣味性。图 4-4-3 是 K・SWISS 运动鞋广告，广告画面简洁干净，渐变的黑白灰色彩明度和曲直的变化，营造出动感流动的效果。色彩的前进后退和膨胀收缩的视觉效果也是色彩动感的具体表现，即使面积相同，红色正方形也比蓝色正方形在视觉上显大；黑底白图有种白色向外扩张的感觉，而白底黑图有种黑色向里收缩的感觉。因此，在平面广告设计时，利用色彩的膨胀收缩视错感能很好地塑造视觉空间，形成无限延伸和立体的动态效果。在广告创作中根据广告效果的需要可以有意识地选择背景色与图形色的明暗、冷暖属性来突出广告内容或营造广告气氛。

图 4-4-3　K・SWISS 运动鞋广告

（四）整齐秩序感设计

整齐与秩序是运动的特殊状态，是规律机械甚至是静止的效果。广告色彩的整齐划一感虽然有时会显得枯燥缺乏动力，但有序的色彩排列有时也会带来理性规则的心理美感，能起到反复强调的效果。广告色彩的整齐感设计可以是一种或多种颜色的重复排列或有序的位置安排，往往在视觉上给用户量的强调和冲击，加深用户对广告内容的记忆。也可以是一种色系的次序排列，产生色彩的递进关系，在视觉和心理上起到一种缓和作用。在以视觉冲击和夸张为创作手法的今天，巧妙运用广告整齐秩序感的设计反倒能起到吸引注意的效果。面对复杂多变、夸张强烈的广告色彩，用户审美疲劳，此时规则有序的色彩画面不论是视觉上还是心理上都能达到舒缓的作用。在同类产品广告中，如果该类广告普遍采用非整齐式的色彩运用，设计者不妨应用色彩的整齐秩序感进行创意设计，给用户不一样的视觉感受。

索尼液晶电视的广告（见图 4-4-4），这幅平面广告虽然是要表达索尼液晶电视色彩的鲜活生动，但是在广告色彩的设计和排版上并没有选择多种不同颜色加以表现，而是用红色系，从深红到橘红的渐变和整齐排列来表现液晶电视色彩丰富细腻鲜活的产品特点。这则广告就利用了整齐秩序的色彩设计，给用户不一样的视觉感受。整齐的色彩设计不仅能舒缓视觉感受，对色彩的重复排列也能起到加深记忆的作用。当然，色彩的整齐感设计需要注意避免死板、缺乏活力。

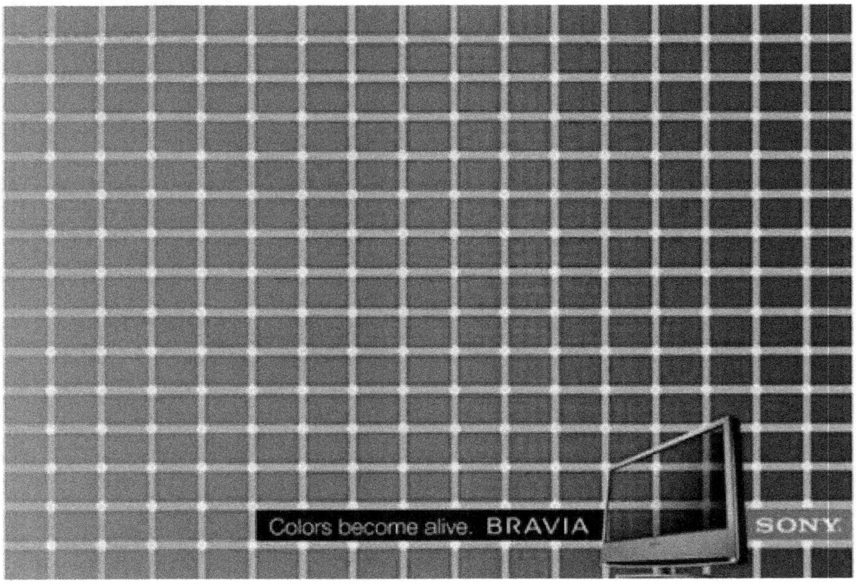

图 4-4-4　索尼液晶电视广告

（五）色彩重量设计

广告色彩的重量设计是指在广告设计中用色彩在色相和明度上的变化体现画面的轻重与虚实感，色彩的轻重虚实感是人的一种心理感觉，色彩的重量感与色彩的冷暖色调、明度高低有直接的关系。一般而言，冷色调和明度低的色彩分量感沉重，暖色调和明度高的色彩轻盈飘逸，平面广告创作要想在视觉上凸显画面的重量感就要从色相和明度着手展开，可分为厚重分量感设计和轻盈上升感设计。

1. 厚重分量感设计

在色相环中，冷色调的颜色比暖色调视觉效果更有分量感，显得厚重沉重，因为冷色调具有平静寒冷的感觉，对人的心理有镇定的效果，冷色在视觉上是一种收缩和下沉的感觉，因而更显厚重。明度低的色彩在视觉上同样有下沉的重量感。所以广告设计要想表现画面有力的分量感就应该选择冷色或在色彩的明度上予以降低。在行业类别上，平面广告的分量下沉感设计多用于科技类、汽车类、重工业、金属制品等广告中。由于这些产品本质属性的特点，它们对广告色彩的需求是希望通过色彩的运用体现其本身坚实、耐用、稳健的产品属性，在用户心理产生可靠感和信任感。图 4–4–5 是 MINI 汽车的平面广告，该广告采用黑色作为背景色，并局部进行明度的变化，产生追光的效果。黑色的背景与汽车材质的重量感吻合，符合产品属性特征。

图 4–4–5　MINI 汽车广告

在平面广告设计时，即使是在单一色相的背景中，也可以利用色彩的重感营造一种视觉下沉的效果。一般广告的重感设计会把冷色和低明度色彩安排在画面的下方，这是由人的视觉规律决定的。广告使用色彩进行重量设计要避免画面的沉闷感，避免产生压抑的感觉，所以在大面积冷色或低明度色彩的广告中，适当和局部提高画面的明亮度能缓和过于压抑的画面，其实这利用了色彩的形式美法则，从视觉和心理上维持画面的艺术美感。

2. 轻盈上升感设计

与冷色相反，色相中的暖色调在视觉效果上比冷色调显得质量轻，在明度上，高明度的色彩也有上升和轻盈的感觉。举一个最简单的例子，白云看起来比乌云更缥缈轻盈是因为白色的明度比灰色明度高。在所有色彩中黄色的明度最高，而紫色与青色明度最低。与色彩的厚重分量感设计相比，色彩的轻盈感设计适用于服装纺织、文化等行业，因此高短调、高中调、中短调甚至是高长调的色彩搭配在这类广告中运用得较为广泛。图 4-4-6 是 ERAM 服装的广告，该广告的背景色与人物形象色都选用了明度高的色彩，不仅符合行业特点，又从色彩轻盈感的运用上提升了时尚、淑女的品牌特点，视觉上带给用户舒适明快感。

图 4-4-6　ERAM 女装平面广告

平面广告画面的轻盈感设计，一方面可以采用明度高的色彩作为背景色，从整体上塑造轻盈的感觉，这种方法一般用来营造氛围；另一方面可以采用暗色背景衬托亮色主体，形成一定反差使主体形象更鲜明，这种反差法一般起到强调和突出的作用。色彩的轻与重感觉设计一般遵循产品属性原则和视觉审美原则，上轻下重的配色有种稳健感，上重下轻的配色则让人觉得头重脚轻，有失重的感觉。

（六）色彩文化设计

色彩的文化设计是对广告信息传达深层面的创作，是在消费者情感和心理层面的创意运用，色彩之所以可以进行文化设计是因为人们赋予色彩情感联想和情感象征，利用色彩的文化设计将有助于广告视觉效果的升华，从心理上以色动人，说服用户。色彩的情感设计可以从色彩具体联想和色彩抽象象征两个方面展开。

在平面广告中对色彩联想设计是从色彩带给人们的心理认知层面进行设计运用，在人类长期的社会实践中，人们对色彩的感觉总是会与自然事物联系在一起，广告设计运用色彩的联想特征能丰富广告内容，这就是色彩在平面广告设计中信息传递作用的具体表现。色彩的联想是源于人们对自然的认识和记忆及自身经历，平面广告色彩联想设计往往用来突出产品特征，所以对色彩联想的设计要根据广告主题进行选择应用。

表 4–4–1 总结了常见色彩的具体联想和抽象象征含义，从表格中我们能进一步看出色彩与自然事物的紧密联系。平面广告设计中，色彩的联想设计总与广告产品或主题有着千丝万缕的联系，与自然事物相关的广告主题都可以通过联想设计在一定程度上夸大或提升广告效果，例如联想设计在食品类、化妆品类广告中运用最为广泛。联想设计的应用既要和产品属性匹配，又要起到突出特征的作用，所以在色彩设计时可以先选色相，再对明度、纯度进行调整，最后利用色彩的搭配和形式美法则安排色彩比例及位置，突出广告主题。

表 4–4–1　色彩具体联想及抽象特征

颜色	具体联想	抽象象征
红	太阳、火、鲜血、鲜花	热情、喜庆、活力、危险
黄	阳光、丰收、香蕉、	活泼、光明、富贵、嫉妒
蓝	天空、大海、水	平静、忧郁、冷静、理智
绿	森林、树叶、草地、蔬菜	希望、和平、安全、青春、新鲜
紫	葡萄、花朵、茄子	高贵、神秘、优雅、沉闷
黑	夜晚、煤炭、墨水	坚硬、严肃、刚毅、恐怖、死亡
白	白云、雪、盐	纯洁、简单、安静、朴素、悲哀
灰	乌云、阴天、树皮	平凡、谦和、失意、中庸、不安

图 4-4-7 是迪奥 Dior 香水广告，广告基色和产品人物色均采用粉色，包括字体的用色也是淡粉色，该广告的色彩应用就运用了色彩的联想设计。香水产品大多源于自然，有来自自然的花香，粉色的运用既符合广告产品的基本属性，又能让用户联想到美艳的花朵，营造的优雅浪漫的氛围使用户产生心理的联想，广告传播效果得到升华。

图 4-4-7　迪奥香水广告

（七）色彩象征设计

色彩的联想与象征是密不可分的，人们对色彩的有关联想必然会赋予色彩一定的象征含义，色彩的象征含义是建立在对色彩联想基础上的。运用色彩的象征设计可以赋予广告情感化的表现，是联想的一种升华，对用户心理具有引起共鸣、说服用户的作用，能增强广告传播的效果。色彩的象征设计关键点就在于把握各种色彩在用户心理的象征寓意，这里既要对色彩的象征有所认知，又要对广告的目标对象进行分析了解。

色彩的象征设计有利于引起用户情感上的共鸣，加深对广告作品的认识和记忆。色彩象征设计首先要进行科学的色彩分析，总结普遍的色彩象征含义，然后再对广告主题和广告用户进行定位分析，最后结合用户对色彩的认知和广告目标选择对应的象征性色彩。不同颜色有不同的象征意义，同一色彩又包含不同的象征意义，色彩象征的正确应用离不开对广告主题的分析，广告诉求点和诉求对象决定设计者选择何种类型的色彩进行创作。例如象征生命和希望的广告和象征死亡与绝望的广告，在色调上就存在明显的差异，前者适合用鲜艳明快的暖色或象征希望的绿色，后者适合选用冷色或无彩色；在色彩的明度上也有差别，象征希望的色彩明度比带有死亡含义的色彩明度高；再如以女性为目标用户、象征女性柔美感性的广告应选择高调色彩，如粉红色、米黄色，在广告用色时可以适当提高色彩的纯度，强化色彩视觉的柔软效果，而以男性为主要目标用户、象征沉稳、刚毅的广告则适合选择低矮调和低中调的色系，如深蓝色、深灰色等。所以色彩的象征设计是以用户心理为出发点进行的色彩创作。

平面广告中色彩的创意设计主要从色彩基本属性的运用和色彩情感内涵两方面着手。对色彩构成、色彩运动和色彩重量的设计离不开对色彩基本构成的认识，是在利用色彩的形式美法则的基础上对色彩基本要素、色彩形状大小、长短曲直、冷暖色调的组合并用。以直观的视觉传达为主要目标，深入用户的内心感知，加深用户对平面广告的初步认识和感受。而色彩的文化设计则是在前三者的基础上，从色彩深层的情感层面进行运用，将色彩的联想和色彩情感融入平面广告作品设计中。以丰富广告内涵、引起情感共鸣为目标，深入用户的思想和情感，加深用户对平面广告的理解和认识，最终起到说服用户的作用。因此，平面广告色彩的创意设计是充分发挥色彩作用的有力手段和有效途径。

优秀成功的平面广告作品不仅仅依靠色彩发挥创意表现的作用，更需要把色彩、文字、图形和编排结合起来考虑，取长补短、相辅相成。无论平面广告设计的未来会有何变化，色彩诠释广告思想的作用始终不会改变，色彩在平面广告设计甚至是在广告设计中的应用将会更广泛，支撑色彩应用的理论研究也会更完整、更深入，更具有现实意义。

广告在新媒体的促进下增加了互动方面的技术，同时作为新兴的具有创意空间聚集地和发展载体、发布平台的移动端，它的崛起为互动广告的创新与传播提供了新的平台。广告在新媒体大环境下的重要传播方式转变为互动广告。移动端设备的迅猛发展打破了传统信息传播的封闭性，慢慢渗入到用户的行为习惯中，改变了用户接收信息的方式，遍及各个领域。创意广告的互动性也已经突破了传统的媒体与大众的情景式互动模式，让观众更加关注并融入广告本身的情节与环境，这样既能充分调动人们的视觉和听觉，引发共鸣，还能起到更好的传播效果。

二、认识互动广告

在理解互动广告之前，必须先理解何为互动。互动最初是发生在人与人之间的信息和感情的对流，是人类生命的本质体现。在现代社会的发展过程中，随着文化的融合和技术的提高，互动同样也可以发生在人和机器之间、人和物体之间，以及人和广告之间等。

（一）互动的含义

互动一词在英文中出现得较早，互动的英文为“interact”，意为互相作用、互相影响、相制、交互感应。后来随着科技的发展又被广泛地应用在计算机等电子媒体里，特指人机之间的相互影响和作用，但这种作用的目的最终还是为人服务。“互动”中文一词是在现代语言环境下产生的新汉语词汇，来自对英文“interactive”的意译。互动原本特指人与人之间的相互作用，分为感官互动、情绪互动、理智互动等，而现在指共同参与、相互影响、相互作用。因此，互动现在并不只限于人与人之间，任何可以相互影响、相互作用的个体间都可以产生互动效果。

“互动”的本意强调的是相互推动、相互沟通与共同的参与，它也是相互间的促动和带动。“互动”既是一种人与人交流的方式，这种方式渗透到人们生活中的各个领域，影响着人们的观念和行为；同时“互动”也是一个平台，文学、艺术、商业在和互动平台的交叉中发生了本质的变化。

对于广告设计而言，互动元素和方法的运用可以使用户者或消费者获得真正体验的机会，从而有一种“Try before Buy”（买前尝试）的体验行为。而这种由广告带来的互动体验，与真正的实物体验又存在着本质的区别，它通过更巧妙的手法和创意，让用户对产品或所传达信息产生更多的兴趣，从而留下更深的印象和心理影响。在互动广告中，互动概念更多的是通过数字多媒体平台呈现的，如网页的体验广告、网上文章的超文本链接，以及多媒体电视广告等，但互动的概念并不是局限于数字多媒体平台。

（二）认识互动广告的含义

实际上，广告的核心都是互动。互动并不是新的概念，真正新的是由先进的信息技术所提供的互动的速度、范围和规模。由于互联网和信息数字技术的迅猛发展，消费者和市场之间的互动变得空前显著，消费者不仅拥有了对信息的选择权，可以随时搜索到自己想要的信息，甚至拥有信息的发布权，广告的社会信息环境彻底地改变了，消费者从被动方转为主动方，对广告施加的影响也越来越积极。传统的广告实践和理论研究几乎都含蓄地认为广告是企业对消费者施加的一种影响。而针对这种根本性的转变，很多学者将这种更强调消费者的参与程度和控制程度的新型广告称为“互动广告（交互广告）”。互动式广告理论真正的提出和形成是在20世纪

90年代初期。其中，乔纳森·斯塔尔（Jonathan Steuer，1992）认为交互广告就是“用户能参与修改实时媒体环境的形式和内容”；斯库巴（Skuba C，1996）提出作为一个真实的交互行为，消费者需要在与广告商双向交流的过程中积极地参与；约翰·D.莱肯比和李海容（John D Leckenby & Hairong Li，2000）提供了一个更为广义的定义：“互动广告是确定的发起人通过包括消费者和生产商之间的交互行为的媒介方式，对产品、服务和观点的有偿或无偿的介绍和宣扬。”

从大多数学者的定义和分析中来看，互动广告可以定义为：由确定的发起人利用可即时参与和修改的、可以包括执行交易和支付功能的数字交互媒体，促使消费者对其所传递的产品、服务或观点进行反馈，从而增加产品销售和品牌资产的双向循环交流行为。按照以上定义，互动广告似乎只能产生于数字交互媒体，换而言之，互动广告的基础是新的技术和媒体。实际上，虽然新的媒体技术和社会发展给了互动广告更大更高的平台，同时也是在这样的背景下，互动广告被越来越多地重视和应用，但数字交互媒体并不是互动广告产生的唯一平台和必要条件。实际广义的互动广告是指所有具有交互性的广告，这也包括以传统媒体为传播载体的具有交互性的广告。事实上，互动广告并不是随着新型数字交互媒体的出现而出现的，广告在某种程度上来说一直是互动的，消费者从来都不是广告的被动接受者。只不过在原有的社会发展层面上，传统的广告可以满足大众的需求从而达到传播的目的，而在当下的数字信息时代，原有的传统平面媒体广告模式在数字媒体广告的冲击下，已经显得更加苍白无力了，因此在这样的背景下情景互动式创意在平面媒体广告上的应用也就越发地重要起来了。

三、互动广告的分类

（一）情景互动广告

情景互动式广告是指需要广告画面外的物体来参与，共同完成信息传播的一种广告形式。与传统广告相比，情景互动广告并不一定需要在公共场合突出位置，以大幅面、醒目文字和艳丽画面博取注意力，而是建立在用户视觉经验、心理暗示和行为活动之上，根据广告目的预先设计场景，使得用户能够不由自主地参与互动体验，从而更生动、更形象和更丰富地传播信息。情景互动广告的特点如下：

（1）参与性。体验经济时代，用户在广告中获取亲身感受，体验到参与的乐趣。

（2）娱乐性。广告信息不再直接描述，通过比拟、象征和夸张等手法，产生诙谐与荒诞相容的心理。

（3）多元性。包括广告传播环境的多样化（玻璃幕墙、车体、普通地面）、广告媒介形式的多样化（三维、四维）和广告表现手法的多样化（声光电）。

情景互动广告能够使广告与用户产生互动，这种互动首先是行动上的“亲身参与”和“亲密接触”，之后从思想上产生影响，最后会给用户留下深刻的记忆。相信随着技术、设计创意等的日益完善，情景互动广告会发展得越来越好。

案例一：2021 年 2 月份围绕“闲不住？上闲鱼！”全新品牌主张的闲鱼软件打造了“我在闲鱼的第一桶金”的线下事件（见图 4-4-8）。品牌方在上海徐家汇地铁站展出了巨幅赚钱账单，上面写满了各式各样不同人群赚取第一桶金的故事。同时在现场打造了“第一桶金到了”的互动体验区，带着不同表情的金桶倒置，里面能听到关于“钱的音效”，乘客可以钻到金桶内去聆听，还可以打卡拍照留念。

图 4-4-8　“我在闲鱼的第一桶金”

案例二：58 同城的“涨薪季”营销活动（见图 4-4-9）联合王者荣耀在上海地铁站布置了一条“王者峡谷通道”。以地铁通道包装、英雄角色广告画面喊话、游戏主题立体橱窗打造、游戏同款声优语音装置互动、职场趣味预测互动装置等形成融“视、听、感、玩”于一体的线下情景交互方式，与用户进行深度互动，引发各大社交平台的网友纷纷到现场打卡，向更广泛的人群传递了“58 同城总有涨薪好工作”的信息，最终实现线下营销的破圈。

图 4-4-9　58 同城互动广告

这两个案例主要为用户带来视觉震撼效果的广告画面，引起用户的关注，除激发用户的兴趣和共鸣外，还通过充满创意的互动体验来提升用户主动参与度，拉近了品牌与用户的距离，提升用户对品牌的好感度。

案例三：2021 年 2 月 4 日，腾讯乘车码联合重庆轨道交通和“渝畅行”软件发起“平安过年，就是好年”公益主题活动，同时邀请娱乐明星白宇、蔡文静、焦俊艳、李晨、乔欣、杨蓉、赵英博成为平安出行大使，在地铁站用乡音为广大重庆市民和在重庆工作、无法回家过年的人们送上春节的问候，并倡议大家保持安全的社交距离和出行距离，一起过个平安健康的好年。

乘客在朝天门地铁站内扫码参与，就会收到明星的视频邀请，选择接听即可解锁平安出行大使的乡音问候。另外，在春节来临之际，腾讯乘车码还为大家准备了丰厚的春节平安出行好礼，扫码进入 H5 页面完成任务，即可免费领取明星专属微信红包封面和现金红包，以及乘车券等福利，为出行在外的人们增添一份节日的惊喜（见图 4-4-10）。

案例四：为更好地亲“龄”年轻消费群体，泸州老窖窖龄酒以散发性思维在地铁站内打造了一个“研酒所”（见图 4-4-11），巧妙运用色彩斑斓的霓虹酒樽墙贴，结合微生物、研究室器皿打造成灯光模型装进地铁站厅品牌墙，精心打造柔光与色彩的美妙变幻。现场还设置了互动小环节，吸附在墙上的异形磁石贴小巧精致、各式各样、色彩纷呈，扫描磁石贴的二维码还能了解更多活动详情。沉浸式的地铁创意展示墙俨然成为城市网红打卡地。

图 4-4-10 “平安过年，就是好年”公益主题活动

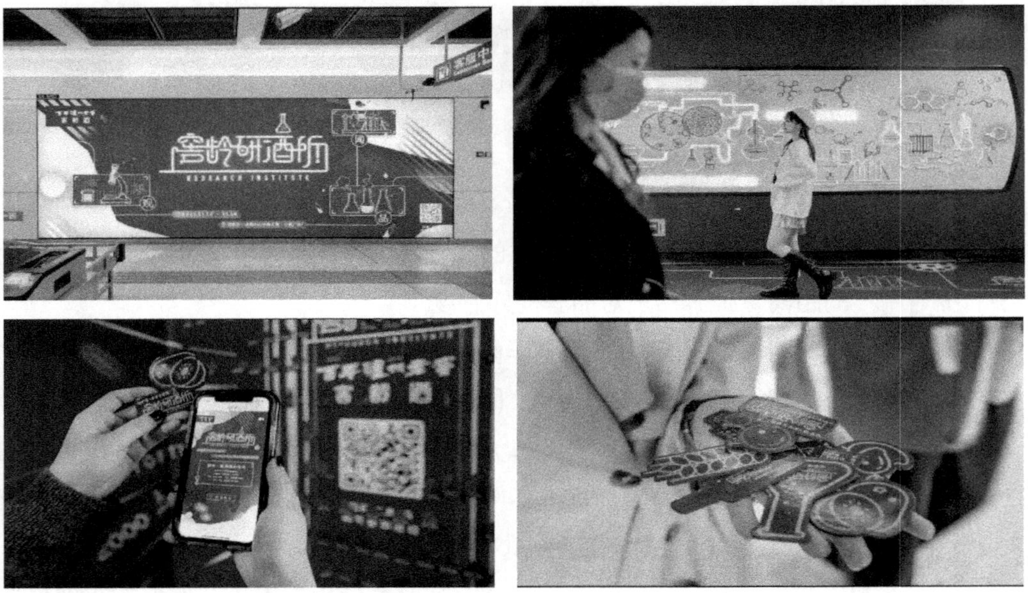

图 4-4-11 “研酒所”互动广告

案例三和案例四主要是以创意形式搭建玩转地铁的营销方式。随着创意和技术的不断引入形成新的广告表现形式，打破传统的单一画面文案形式，目的不仅是引起乘客的有意关注，打动用户的内心需求，让用户产生感动，也希望能吸引乘客主动参与到广告里面去，使得用户在整个过程中获得别致的互动体验，加深品牌在用户心中的印象。

（二）感应互动广告

感应互动广告是指以计算机视觉和虚拟现实等技术为基础，使普通广告能够根据人体动作而产生相应变化，把单一的平面广告改造成集趣味性和娱乐性于一体的多媒体广告。感应互动广告分为以下四种类型：

1.H5 互动

现在只要提到移动网络的传播形式，必然会想到 H5，但大多数人所熟知的 H5 是可以在微信里面打开、转发的页面。单就技术方面来说 H5 本身是 Hyper Text Markup Language（第五代超文本链接语言，HTML5）的缩写，所以简称为 H5 并不严谨，H5 涉及了许多 HTML5 的规范，二者相互联系。H5 广告从最初的“未来的汽车特斯拉”初露锋芒，到“围住神经猫”的全新畅快体验，之后的“我们之间只有一个字”和“这个电话你敢接吗”等一连串全新互动体验的出现，逐渐开始引爆移动互联网。

H5 的互动方式同样也是多样化的，如触屏互动、移动智能设备自身配置的重力感应、陀螺仪和摄像头等硬件传感器、3D 空间交互等，既丰富了交互方式，又为用户的互动体验提供了更多的想法。

2. 触屏互动

腾讯视频主页面点击触点进入问答，点击符合自己性格的答案即可，包括寻爱主动性、时间观念、交际习惯、喜欢的工作类型、看辩论节目时的心理状态、更注重伴侣哪方面的契合、生活习惯、性格偏向等。答题完毕，生成结果海报，结果包括用户的失恋类型、害羞慢热的冒险家、忠诚可靠的守卫者等、爱情宣言、症状、解开心结的方法建议、心动类型等，让用户体验到个性化服务，引发热议（见图 4-4-12）。

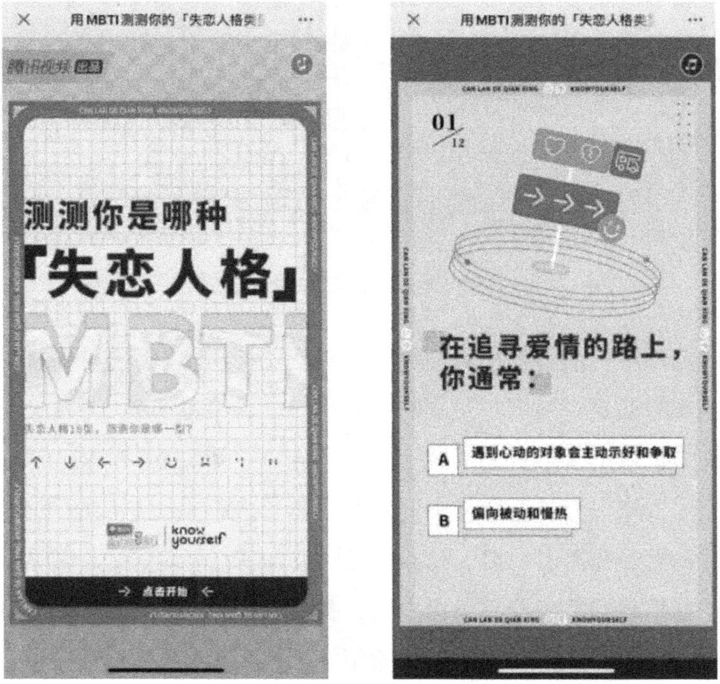

图 4-4-12 腾讯视频触屏互动

3. 鼠标滚轮滑动类型的 H5

百度百科推出该广告为宣传法国枫丹白露宫，该广告主要围绕法国枫丹白露宫的景观展开，进入页面，用户可以看到枫丹白露宫的荣誉庭院，上面还标有各种景点，拖动鼠标可以进行360度的旋转（见图4–4–13）。用户可以在狄安娜花园、狄安娜长廊、圣三教堂、鹿廊、御座厅、圣路易餐厅、椭圆庭院、弗朗索瓦一世长廊、大花圃等各个景点进行参观，点击就可进行360度环绕参观。同时还会配有语音解说支持中文和英文双语解说，配合着舒缓的背景音乐，犹如身临其境般的参观这座枫丹白露宫。

图 4–4–13　百科博物馆计划 – 枫丹白露宫互动广告

中国邮政储蓄银行借中秋品牌宣传H5（见图4–4–14），首先聊了聊生活中的酸甜，而后通过小游戏的形式，引出“悦享时光灰机”“悦享越有折（折扣）”，最后引导用户办理邮政储蓄信用卡。页面加载完毕后，先是一镜到底的叙事，提示向上滑动屏幕，讲述孩子、工作、恋爱等生活中的酸甜，然后进行重力感应的飞机游戏，提示用户在三款折纸飞机中选择出一款，选定的飞机被点亮，滑动后提示用户“点击起飞”，并提示用户左右移动屏幕来控制飞机方向，并生成一张飞行里程海报。重力感应的飞机游戏很丝滑，方向容易控制，游戏体验很好。设计策划采用卡通风格，背景为深蓝色的天空夜景，配上黄色的月亮。整体案例使用纸飞机贯穿两部分内容。

4. 摄像头互动

腾讯大申网出品的“青春整容院”运用了摄像识别功能，将大学比喻为整容院，利用卡通画风将这一话题转变为照片合成的小游戏，上传自己四年前后的照片。系统会根据两张照片所提供的信息统计出结果，受到众多年轻人的喜爱(见图 1-4-15)。

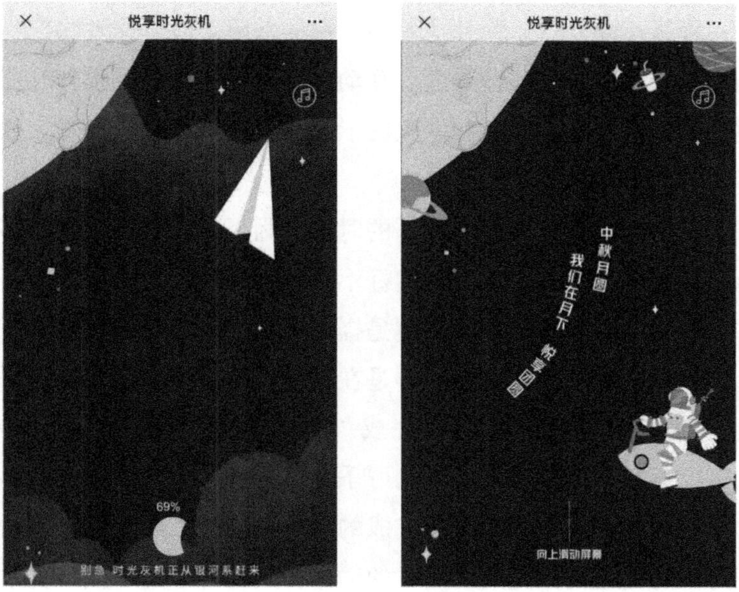

图 4-4-14　“悦享时光灰机”互动广告

图 4-4-15　“青春整容院”互动广告

H5这种新形式的互动广告不管是在内容方面还是在技术方面，都更注重互动性，关注用户的需求，让用户在体验中可以产生共鸣。

（三）多屏互动广告

多屏互动是指用手机通过互联网技术，与其他移动设备、计算机或广告进行连接，建立的一种新互动方式，弥补了单向传播的缺陷。多屏交互将广告中所想要体现的理念和情绪、故事中的各种悬念、互动方式等内容融合到创作核心中，通过社交和互联网人性化的场景再现，标签化的形式充分达到用户的需求，使电视、电脑实现与屏幕外用户完美连接。

可口可乐在刚刚推出“零度”可乐的时候，为了在广告中传递“零度”可乐虽然没有糖但依然很好喝这一信息（虽然好不好喝有待考证），设计出了这种多平台的交互式“可以喝”的广告，宣传语更是提出了“下一次渴了，喝个广告”。人们无论是在大屏幕、电视、公交站台，还是在杂志上看到了“零度”可乐的广告（见图 4-4-16）。只要拿出自己的手机，完成“接”可乐和“喝”可乐这种跨平台的交互动作，就可以免费领取一瓶“零度”可乐。这一互动式广告的成功除了商业营销的策划，也离不开这种运用个人手机完成的跨平台交互，既增加了消费者互动的积极性，通过简单的交互动作完成“喝”的动作，又增加了趣味性，让消费者主动参与到“活动”中。这种跨平台利用消费者个人电子设备进行交互的例子屡见不鲜。

图 4-4-16 “零度”可乐广告

（四）虚拟现实（VR）与增强现实（AR）互动广告

随着科学技术的成熟发展，互动式广告也给用户带来了一些新鲜的体验，广告方式更加注重智能技术的展现，虚拟现实能够让用户产生虚虚实实的感觉，与现实世界分隔；而增强现实，无论是在现实中还是在虚拟中都可以与虚拟物体或信息进行互动感知。这类技术能让用户在与广告进行互动的过程中能达到沉浸式体验，通过这种技术也能展现出游戏中的场景和用户在游戏中的情绪体验，并且这些技术的变化也使广告的传播方式与展示方式越来越丰富。

卫浴品牌科勒推出的 AR 混搭实验室（图 4–4–17），创意之处在于 AR 眼镜、智能交互的引入。鉴于手机等屏幕的局限，AR 从业者一直的方向是让现实世界作为交互界面，研发打破屏幕局限的产品，比如视场角更大的 AR 智能眼镜，并且让语音、手势、肢体动作等更自然的交互方式成为常态。在科勒 AR 混搭实验室中，用户戴上 AR 智能眼镜，通过语音、触摸板定制卫浴产品部件，并同时把过程投射在墙体上，提升消费者的购物体验。随着 AR 智能终端的逐渐成熟，将代替手机 AR 成为 AR 营销载体。

图 4–4–17　科勒混搭实验室

在阿姆斯特丹国家博物馆，BAB 设计工作室举办了一场 AR 虚拟展览“Paint Job”。游览人员只要扫描墙上的艺术作品，就能看到作品中更详细的信息，还可以看到很多有趣的评论，以动态图文的方式引起人们对历史的探索欲，打造了一场新形式的文艺复兴（见图 4-4-18）。

图 4-4-18 阿姆斯特丹国家博物馆 AR 虚拟展览

支付宝集五福活动的开始时间是在每年大年初一的前 10 天至前 12 天，活动最长时间是 12 天，最短是 10 天。每年的集五福活动是集齐爱国福、友善福、和谐福、富强福、敬业福这五种“福”就可以参与瓜分现金。集福活动主要需要利用支付宝 AR 功能，用户对着福字扫描可以获得福卡，也可以通过支付宝上的其他活动来收集福卡。它利用多种方式绑定用户，在很大限度上宣传了支付宝（见图 4-4-19）。

图 4-4-19 支付宝集五福活动

AR 广告在营销界的存在不是新鲜的话题，只是过去都是大型企业运用这项技术，而现在的 AR 技术不断地普及与优化，更利于营销广告的发展，做出更多符合年轻人的魔性广告，把广告与营销变得更有趣。

在互联网存量时代，互动广告兼具互动性和体验感，在带给用户友好体验的同时，为广告主带来更高的创意营销转化，为媒体带来“更高变现质量 + 更优用户体验”，能够满足多方利益。兼顾用户体验与广告主效果，这是互动式广告的核心原则。因此，精细化运营会是互动式广告未来最为重要的方向。“权益、场景、创意、形式、精准投放”构成互动式广告最为重要的环节，都需要各大广告平台在其设计上面多花心思。在用户时间逐渐被切得越来越碎的移动互联网时代，互动式广告到底能不能与信息流广告、视频广告平分天下，让我们拭目以待。

四、其他新媒体广告创意赏析

新媒体为各行业带来了新的发展机遇，不但可以用来进行广告宣传，还可以在移动端上进行活动推广、品牌营销，成立网上商城等项目。新媒体广告通过多种推广手段不断引起使用者的兴趣，而广告创意设计也从广告内容的层面向广告运作流程的层面转换。随着移动端软件制作广告的高效，设计类软件被广泛应用，移动端的设计软件为创作者增添了丰富的选择。

新媒体广告借助新媒体传播媒介和平台向用户营销推广产品、服务和理念等行为，其创意理念、设计技术等都呈现出与众不同的特点。正是因为新媒体这一媒介的可能性，越来越多新的广告创意开始涌现，出现了许多只有新媒体广告才能实现的创意。

（一）从开屏广告到激励广告

目前业内有两种手机应用软件广告划分方法：一是按照软件所属行业进行划分，可以分为搜索广告、电商广告、门户及新闻广告、垂直广告（竖屏视频）、视频广告（横屏视频）等。这种划分形式适用于研究、分析机构，用来洞察各行业发展趋势，比如抖音、快手软件的崛起，就极大地推升了垂直广告份额的增长。二是按照广告位的属性进行划分，可以分为开屏广告、横幅广告、插屏广告、贴片广告、信息流广告、激励广告等。在笔者看来，这种划分形式更为准确，广告位是广告主在广告投放中直接的采买物，同一软件内也往往拥有多个广告位，同一广告位也有着多种形式。

1. 开屏广告

开屏广告(Splash Ad)也被称为启动页广告(见图4-4-20),出现在软件启动加载时，将广告图片或视频展示固定时间（5 秒），展示完毕后自动关闭并进入软件主页面。

图 4-4-20　开屏广告

作为进入软件的首要入口，开屏广告在设计上有着尺寸大（软件内置最大的广告位）、可跳过（一般放置于用户较少触碰的位置）的特点，基于此，开屏广告的广告可见性高、广告效果好，是品牌广告主的首选。开屏广告是传统平面广告与互联网的一种完美融合，它以手机应用软件为载体，以平面广告的表达形式衍生出了一种独属于新媒体广告时代的创意广告。如今，开屏广告几乎已经渗透到了各个软件之中，像传统广告一样，它们给软件广告费。在如今这个互联网时代，几乎每个人的手机上都有着形形色色的软件，而此类广告成功抓住了机遇，乘上了互联网这艘大船，借助互联网的迅猛发展开辟出了新的广告形式。

2. 横幅广告

横幅广告（Banner Ad）是网络广告最早采用的形式，也一直沿用至移动端，以文字、图片等富媒体形式，在软件首页、发现页、专题详情页等页面的顶部（含下拉刷新）、底部或中部呈现（见图 4–4–21）。

图 4–4–21　横幅广告

相对于开屏广告，横幅广告在移动端设计上有着尺寸小、位置偏（照顾用户体验、避免误触）、支持轮播（动态展示不同广告主的文字链、图片）的特点。基于此，横幅广告难以吸引用户注意力，广告可见性和广告效果都较差。虽然广告的可见性较差，但是它却创造性地利用了软件里那一段小小的空间，通过轮播的方式，让那一小片空间可以放置多个广告，显著提高了资源利用率；它也没有喧宾夺主，而是将大幅的空间让给软件本身，清晰地认识到了主次关系，优化了用户使用软件的体验感，而不是大篇幅挤占软件的空间，影响用户的使用体验，造成用户与软件的不适。但是横幅广告要想关闭却很困难，关闭标识的位置太偏，图标尺寸太小，这些都严重影响了用户的使用体验。

3. 插屏广告

插屏广告（Interstitial Ad）是触发式广告，在用户做出相应的操作（如开启、暂停、过关、跳转、退出）后，弹出的以图片、动图、视频等为表现形式的半屏或全屏广告。（见图 4–4–22）

图 4-4-22　插屏广告

相较于横幅广告，插屏广告曝光性强，很容易吸引用户注意力，但也会引起用户反感（打断用户正常使用软件的操作），从而立即关掉广告。整体来看，插屏广告影响用户体验，广告可见性和广告效果都很一般。插屏广告挤占软件大量空间，会引起用户的不满，但好在其可以立即关闭广告，且关闭广告的操作更为便捷，不容易出现误触等问题。在广告的营销和宣传效果方面，插屏广告无疑做到了优秀，大幅的空间可以迅速占满用户的视线，使用户被迫了解产品。虽然影响了用户的使用体验，但单从广告层面，插屏广告无疑是成功的。插屏广告尺寸仅次于开屏广告，因此对创意展现较为充分；如果再配合合理的位置选择和精准的人群定向，则可以达到不错的转化效果——按行业普遍说法，插屏广告点击率是横幅广告的 5 至 10 倍，转化率一般在 3%~6%；而借助美数 DSP 平台进行精准定向投放插屏广告，转化率最高可达 8%~10%。eMarketer[①] 调查数据显示：横幅广告、信息流广告、插屏广告吸引的用户注意力分别为 38%、63% 和 71%，插屏广告胜出。由此可见插屏广告相对来说能带来更优的曝光效果和可见效果。插屏广告适合推荐给追求投放效果的广告主，广告尺寸最好等于或大于手机屏幕的一半，选择与应用协调的广告边框、字

① eMarketer，一家拥有93%股份的子公司市场研究公司，可提供与数字营销，媒体和商业相关的见解和趋势。eMarketer成立于1996年，位于纽约州纽约市，其客户包括《财富》500强公司的2/3。

体颜色、创意素材等，以提高广告的吸引力、降低用户干扰，从而更好地实现广告转化。广告需要经常更换文案和设计素材，常给用户新鲜感，以带来更好的投放效果。

4. 贴片广告

贴片广告（Roll Ad）即将广告内容贴入视频之中，可以分为视频贴片和创可贴两种形式，前者是将 5 至 60 秒不等的横版视频广告，添加至视频播放前、视频播放中或视频播放后的位置，后者将图片 / 动图等元素放在正在播放的视频中。

视频贴片广告沿袭了 PC 时代的广告位设计，整体广告效果和视频类型与质量有较为密切的关系，一般使用传统采买、竞标的交易模式；而创可贴广告可结合剧情设计，具有尺寸小的特点，使得用户体验更好，广告可见性更高，广告效果更好。

贴片广告优势在于：贴片广告针对性强，目标更为精准；贴片广告不会给用户观影带来困扰，贴片广告是在影视剧开始、结束时播放，并且用户拥有主动性，可以选择看或不看；贴片广告只须选定影视剧，只要用户点击观看影视剧，广告就会出现，所以贴片广告的播放量极大，触达率也极高。

贴片广告劣势在于：贴片广告价格较贵；贴片广告更注重广告创意素材，注重视频质量；贴片广告的广告效果较难掌握。

总的来说，贴片广告充分尊重了用户的自主选择权，具有极强的针对性和目标性，对用户群体有着清晰的定位，自成一体。但是更需要创意和质量，有时难以达到理想的广告效果，稳定性较差。

5. 信息流广告

信息流广告（Feeds Ad）（见图 4-4-23），是在社交媒体用户好友动态或者资讯媒体和视听媒体内容流中的广告。2006 年，脸谱网（Facebook）首先推出信息流广告。这种穿插在内客流中的广告，对用户来说体验相对较好，对广告主来说可以利用用户的标签进行精准投放，因此在移动互联网时代到来后迎来了爆炸式的增长，几乎所有的互联网媒体都推出了信息流广告平台。

信息流广告（Feeds Ad）是当前手机应用软件最流行的形式，出现于有内容产出的软件，是与软件的日常内容（如一则资讯、动态、图片、视频）融为一体的广告形式。相较于其他广告位，信息流广告是延展性、可玩性最强的广告位，目前可记录的形式就有数十种，包括文字链、小图、组图、大图、竖版视频等。由于原生性、内容性较强，信息流广告能够最大限度地保护用户体验，还能形成二次传播，广告效果优于大多数广告位。

图 4-4-23　信息流广告

信息流广告被称为“最不像广告的广告”，又称为“长得最像内容的广告”。比如我们在刷微博时，会刷到长得像内容的广告（见图 4-4-24），我们在刷朋友圈时，会刷到长得像朋友发的动态的广告（见图 4-4-25）；我们在刷抖音时，会刷到长得像正常视频的广告。

图 4-4-24　微博信息流广告

图 4-4-25　朋友圈信息流广告

穿插在信息流内容中，标注有“推广”和“广告”标志的都是信息流广告。信息流广告的关键点是“大数据 + 机器智能算法”，传统广告是以买固定位置为主，而信息流广告在大数据的支撑下从“买广告位”演变到“买用户”，信息流广告以推荐引擎为核心，被嵌入在用户日常浏览的资讯、社交动态或视频流中，从广告素材和广告文案上与普通内容完全一致、高度原生，并且通过用户的刷新行为不断变化。

通俗来讲，信息流广告会基于用户的浏览行为、个性化标签（年龄、性别、地域、教育、兴趣爱好等），利用大数据技术，实现用户与广告的智能匹配。信息流广告的特点：原生性强；穿插在原生信息流内容里面，长得像内容；在用户浏览新闻或好友动态时，会根据用户年龄、学历、地域、兴趣属性等主动推送给用户。

6. 搜索广告

搜索广告（Search Ad）也称为触发式广告，用户搜索关键词后，在搜索联想、搜索结果中出现广告，一般为广告主的应用软件和商品，或者是带有推广性质的内容，以信息流的形式呈现。一般是应用商店、电商、搜索工具类的主流广告位，近年来，大型社交、资讯类也在加快布局（见图 4-4-26）。

图 4-4-26　搜索广告

不容置疑，搜索广告是转化效果最强的广告位，能够形成用户搜索—广告引导—完成转化（下载、下单）的环路。但想提供搜索广告的软件，需要一定的搜索基数和口碑（用户信赖度），所以目前在移动广告中，是应用门槛最高的广告位。

搜索引擎广告包括关键词广告、竞价排名广告、地址栏搜索广告和网站登录广告等形式，下列显著的特点使搜索引擎广告得到了快速发展：一是具有极强的针对性。在搜索的时候，客户需求已经通过关键字表现出来，搜索引擎根据客户需求，给出相应结果，因此广告投放完全是精确匹配的，直接针对有需求的客户。二是可跟踪的广告效果。好的搜索引擎可以提供广告的数据资料，由此生成完整的报告，方便掌握广告投放效果，及时调整相应的营销战略。三是用户广泛。从2005 年到 2007 年，我国使用网络搜索的用户数量将会以 27.5% 的年速率飞速增长。我国搜索引擎用户占到了互联网用户的 88%，绝对用户数超过了 8 500 万人。

同样，搜索广告也存在众多弊端：一是关键词广告中无效点击比例过高；二是广告信息与自然检索结果可能对用户获取信息的过程产生误导；三是专业搜索引擎关键词广告投放跟管理并非易事；四是关键词广告每次点击费用在不断地上涨。

总的来说，搜索广告注重的是对于用户行为习惯的调研和对关键词质量的打磨，同时也要具备良好的创意才能吸引用户。但高要求也意味着高回报，搜索广告一旦达到和关键词的适配，便能以更少的资金抓住属于自己的用户，从而实现高质量的广告投放。

7. 激励广告

激励广告（Incentive Ad）是利用激励让用户接受广告或做出指定行为，比如下载软件、观看视频等。激励广告可以分为积分墙和激励视频两种形式，前者用户可以完成指定操作获取积分，并兑换奖励；后者则让用户完成指定操作，获取权益，比如游戏复活、新增特权等。激励广告是企业通过激励用户的方式来获得持久回报的互动广告应用平台，用户可以登录企业网站来参加企业组织的抽奖活动，或通过积分来兑换不同价值的商品。通过点击广告获得一定的价值回报，广告用户会主动关注广告，从而更深层次了解广告内容，进一步了解企业提供的产品和服务。

参加企业组织抽奖的用户需要点击企业广告（产品图片、企业商标、促销商品、打折信息等）获得相应的积分才能参加，或因购买了企业的产品后获得积分才能参加。这样就可以在用户参与的过程中产生巨大的广告价值并促进企业产品的销售。用户主动接受企业广告，并参与到广告活动内容中去，这样所产生的广告效果是非常有效的，用户转化为准客户的比例也将会非常高（见图 4-4-27）。

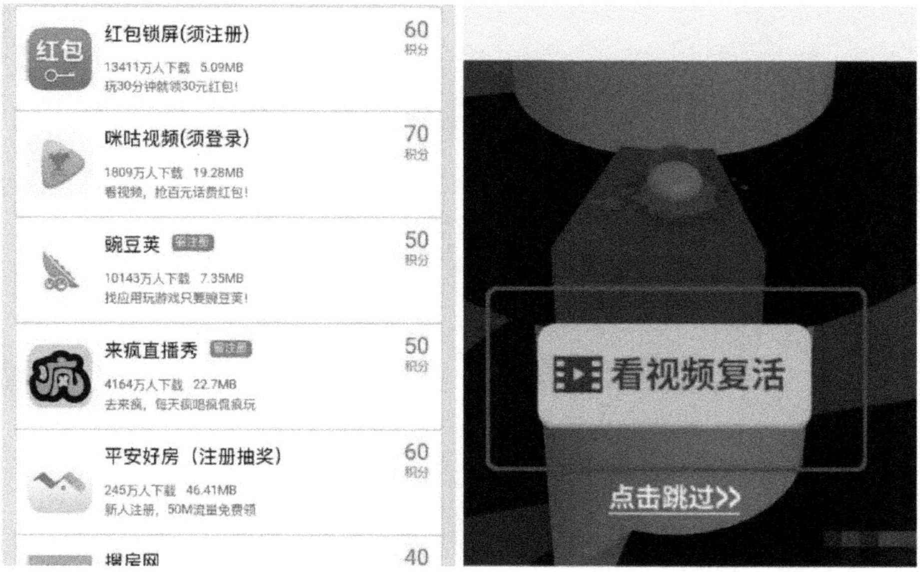

（1）积分墙　　（2）积分视频

图 4-4-27　激励广告

互惠互利是激励广告的核心特点，对于应用软件来说，提供激励广告，能够使付费意愿不强的用户流量变现；对于用户来说，能通过操作获取相应的权益，提升软件使用体验。整体来看，激励广告的点击成本低，广告效果好。激励营销的广告方式效果非常突出，操作成功将会带来大量的客户。利用企业自身的产品服务资源，将企业的产品和服务提供给用户，一旦广告用户点击并参与到广告活动，那么就会产生一个客户。最典型例子是拼多多的营销：点击广告之后马上注册会员，即可获得20元拼多多的点击费用，注册之后也就成为它的客户。当然有了客户之后，还要学会如何维护客户。

激励广告的最大优势就是实现互利，在广告商和用户之间形成一种互惠互利的关系。将用户与广告商进行捆绑，从而使用户自主去接受广告，这样更易于用户去接受广告，用户也从接受广告的过程中得到了好处。激励性和非激励性广告都在以自己的方式创造价值。激励性广告对于大众化的应用是最适合的，而非激励性广告适用于目标用户属于某一细分领域或特定用户群的应用。开发者在启动应用推广时，必须触发用户对应用的实质性的关注，以积累起一定的用户基数，但是在一开始获取高质量的用户也很重要。激励性广告主要解决关注的问题，而非激励性广告给你带来高质量的用户。因此，建议按特定的比例在两种广告类型中分配预算并随时间进行调整。

第五章　新媒体广告文案

第一节　新媒体广告文案概述

一、广告方案的定义

文案，是广告的一种表现形式。文案来源于广告行业，是“广告文案”的简称，也是企业为达成商业目的的表现形式。广告文案有广义与狭义之说，广义的广告文案是指广告作品的全部，包括广告的语言文字、图片、创意等表现形式。狭义的广告文案仅指广告作品中的语言文字部分，如广告的标题、副标题、广告语、活动主题的文字等。这个定义看似简单，其实并不严密，因此针对广告文案定义有三个具有代表性的观点：第一个是张微《广告文案写作》中的“所谓广告文案，是以语言为物质媒介符号，传达出创作主体某种特定的广告构想和诉求的篇章。”第二个是徐智明在《广告文案写作》中认为，广告文案是指“某一广告作品中为传达广告信息而使用的全部语言符号所构成的整体。它与非语言符号共同构成有效传达信息的广告作品。”第三个是丁柏铨在《广告文案写作教程》中的定义：“广告文案应当是广告作品中的文字部分。”综合已有定义，可将广告文案定义归纳为：广告文案是手段，是传达信息的手段文案；广告文案是符号，是有声语言和文字传播符号；广告文案是工具，是沟通商品与消费者的工具；广告文案是传达，是受到策略和创意限定的戏剧化传达；广告文案是环节，是创意符号化的环节。

文案写手还是一种职业的称呼，并作为职业出现。英文单词为 Copy Writer，译作文案写手，指的是专门创作广告文学的工作者。美国零售广告公司总裁朱迪思·查尔斯对于文案写手的定义为“文案写手，就是坐在键盘后面的销售人员”，这直接说明了文案工作人员的作用。美国权威调查机构经过科学的测试，认为广告效果的50%~75%来自广告文案。世界著名的广告文案大师大卫·奥格威曾经指出："广告是文字性的行业。在奥美公司，员工通常写作越好，提升越快。"著名广告学者H.史载平斯也强调："文案是广告的核心"。广告文案在整个广告中所处的重要地位，可见一斑。

二、新媒体广告文案的概念和特点

新媒体广告文案主要是基于新型的媒体（移动互联网媒体）而重点输出广告的内容和创意。它遵循循序渐进的原则，在充分占有各种资料的基础上，调动广告文案人员的智慧，完善广告案头准备、文案构思、文案初稿自我检测、文案发布前的文本检测四个阶段，实现新媒体广告文案创作。文案人员的职业角色就是要对传播的信息进行设计，使其更容易被人理解，更容易在诸多的信息中被发现、被记住，甚至被再次传播。

新媒体较传统媒体具有发布成本低、传播渠道及形式多元化、互动性强、目标人群更精准、文案易被用户再创作传播等特点。因此，新媒体文案的写作与传统文案的写作虽有共通性，但因新媒体文案投放渠道的不同，读者阅读习惯的变化等，广告文案具有以下特点。

1. 发布成本低

传统媒体广告成本动辄上百万，而随着新媒体的兴起，企业的广告信息发布成本逐步降低，并不断将品牌推广预算转移到新媒体上。相关结果显示，2016年上半年中国整体广告花费仅增长0.1%；传统媒体广告花费呈负增长，而新媒体尤其是互联网媒体广告增长率达2.5%，这说明很多企业已经将广告投放渠道转向新媒体方向。

2. 传播渠道及形式多元化

传播渠道及传播形式均多元化，新媒体文案传播渠道包括但不局限于QQ空间、微信公众号、微博、支付宝服务窗等，很多企业为了占据多渠道，会将同一信息根据渠道人群的不同而运用不同的文案进行发布。传播形式的多元化，让广告不仅以文字的形式发布，更有图文、视频、游戏等多种形式，这让广告形式实现了多元化呈现。

3. 互动性强

相较于传统媒体，新媒体文案传播不再是单向输出，消费者可借助微信、微博等社交平台，直接与企业品牌方沟通互动，如通过游戏互动赠送优惠券，通过新媒体提供更好的售后服务等，从而达到品牌传播或销售的目的。

4. 目标人群更精准

新媒体各平台人群均有明显的特征，如“00 后”常用社交媒体为 QQ，常用视频网站则为哔哩哔哩；而职场人群则更喜欢通过微信订阅号和朋友圈进行传播。同时，由于用户在新媒体上的各种行为会被记录，企业可根据自己的目标人群有选择地进行相关信息的推送及广告投放，如针对孕妇推送母婴用品。平台自身基于数据的处理，也能够对不同人群推送不一样的信息内容。例如，今日头条新闻客户端根据用户往期浏览的新闻风格类型，可做到有选择地推荐对应内容；淘宝可根据用户的浏览记录、往期购买服装的风格类型、所购买服装的价格段等推送对应的服装，以便更好地促成交易。企业也可运用对应平台的与自身相关的数据对不同目标人群进行精准营销。

5. 文案易被用户再创作

凡客体曾在网络上引起用户跟随自主生产内容，以此带动了凡客品牌被大量地再传播。类似凡客体的这种用户跟风再创作的形成，被称为 UGC（User-generated Content），也称 UCC（User-created Content）。新媒体文案更乐于让每个目标人群都能够进行二次创造，并鼓励用户分享其再创作内容。

基于以上特点，新媒体对文案的要求较传统文案更为平民化，更加短、平、快。短，即文案能短则短，这样能够快速吸引用户的注意力，并将最核心的信息表达出来。平，即平实、亲近。新媒体的特性决定了品牌不能再高高在上，而是要通过最平实亲近的语言与目标人群进行有效的沟通。快，即因传播速度快，新媒体文案的反应也需快速，如跟进网络热点快速产出等。

三、新媒体广告文案的重要性

随着智能手机移动端的普及，越来越多的消费者已经把注意力放在移动手机阅读上。这种趋势使大部分企业都必须深入新媒体传播。一方面，受移动客户端屏幕大小的局限，消费者能接收的信息是有限的，移动状态下消费者注意力又很难持续集中，最终导致了爆发式增长的新媒体推广信息和消费者有限的注意力之间的矛盾。另一方面，随着新媒体投放企业的增多，企业在新媒体上的推广成本也越来越高。若需要在新媒体上达到一定的曝光量也需要支付高额的广告费用。如果新媒体文案写得很出色，则可起到四两拨千斤的功效，不仅可以为企业带来最大化的传播，提升销量，而且还能直接为企业大幅减少广告传播的费用。

一直以来，广告的灵魂都被认为是文案。调查显示，50%~70% 的广告效果来自文案。但是自从进入读图时代，户外广告及影视广告追求强烈震撼性的视觉效果，导致文案式微之声日起，出现了不少零文案的广告。新媒体带来了新阅读时代，广告文案被更多地应用在广告中，无论在量上，还是在促成广告效果的作用上，再一次成为广告的创作核心，可以说是这个时代促成了其复兴。

从上述的新阅读时代特征分析中，我们可以鲜明地感受到阅读行为已经突破了传统条件的束缚，无时无刻地以任何内容、多种形式存在着，渗透到人类生活各个方面。阅读的泛化，本质上使它越来越融入世俗生活，为广告的传播提供了最佳的途径。广告文案将以更多种形式与更多变的面目出现在世人的面前，其产生的影响力将大大超越一般的视觉冲击。

以微信为例，微信从诞生开始，就是一种社交软件，为社交服务。每一个微信账号都是朋友圈的聚合。因此，微信几乎囊括了现实社会的社交圈，以及在网络虚拟世界结交到的朋友。目前，微信朋友的交往以文字交流为主，短则几个字，长则一篇文章。微信公众号无论是公共服务账号，还是订阅号，目前来说，也都是以平面文字传达为主，图文并茂的短篇文字成为常见形式。不容忽视的是，微信公众号的文字营销中，标题至关重要，在绝大多数的情况下，决定了该篇文章能否被打开阅读。随着微信的普及，我们在日常碎片时间可以无声地阅读文字并发表文字，文案成为微信营销的重要载体（如图 5-1-1）。

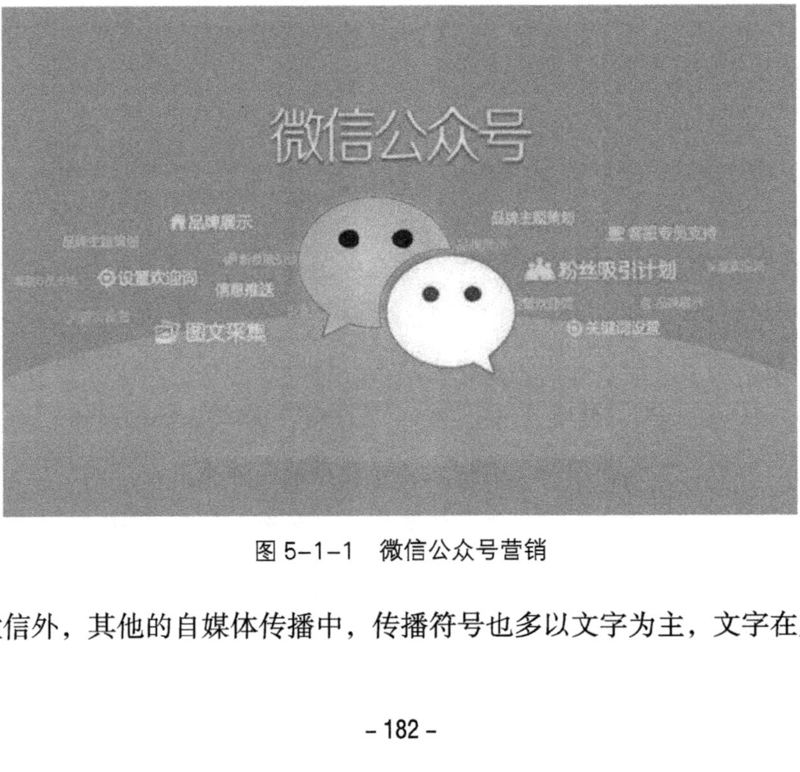

图 5-1-1　微信公众号营销

除微信外，其他的自媒体传播中，传播符号也多以文字为主，文字在虚拟的网络突破了长期以来的书写物体的物质性局限，再一次发挥出其在信息传播上的优势。正是这一点从根本上促进了文案的复兴。

新媒体的广告相对于大屏大空间的视觉表现空间而言，更注重的是与用户的双向深度沟通。近年新兴的微博微信营销等无不细致入微地关注用户，无时无刻不在与用户保持联络，在深入沟通的基础上为用户提供个性化的产品或服务。新媒体时代，无视用户意愿的单向传播已无法立足于广告传播领域。新媒体为广大的用户提供了反馈的渠道，尽管图像摄制已经成为人们简单易操作的平常化技术，但语言符号先天具有超越图像符号的主体表现优势和陈述功能，能更直接更准确地传达用户的消费意见和消费意图，在诸多的新媒体广告中担任了信息传达、深度沟通及促成购买的核心角色。因此，广告文案在新媒体广告中的重要性相对于以往的大众媒体环境下得到了更大的凸显。当然，新媒体广告文案的表现形式也大大突破了大众传播时期的模式，呈现出新的特点。

四、新媒体广告文案常见的类型

文案按企业广告目的可分为销售文案和传播文案，按文案篇幅的长短可分为长文案和短文案，按广告植入方式划分则分为软广告和硬广告，按文案的投放渠道的不同则可分为微信公众号软文、朋友圈营销文案、微博文案、App 文案等，按表现形式的不同又分为纯文字文案、广告图文案、视频文案等。

（一）按广告目的分类

企业的所有广告文案都是为销售服务的，但为了更好地区分文案类型，可根据企业广告的主要目的分为销售文案和传播文案。

销售文案，即能够立刻带来销售的文案，如商品销售页介绍商品信息的文案、为了提升销售而制作的引流广告图等。传播文案，即为了达到扩大品牌影响力的文案，如企业形象广告、企业节假日情怀营销文案等。不同的文案类型，写作创意方法也有所不同。如销售文案须能够立即打动人，并促使人们立即行动；而品牌传播文案则侧重于是否能够引起人们的共鸣，引发用户自主自发传播。

（二）按篇幅长短分类

按照文案的篇幅长短，可分为长文案和短文案。长文案为 1 000 字以上的文案，短文案则为低于 1000 字的文案。通常来说，长文案需构建强大的情感场景，而短文案则在于快速触动，表现核心信息（如图 5–1–2）。

图 5–1–2　大众甲壳虫文案

另外，行业属性不同，文案的运用也有所不同。在价格昂贵、顾客决策成本较高的行业通常要运用长文案，如珠宝、汽车行业；而在价格较低、顾客决策成本较低的行业，则一般运用短文案，如打火机、杯子等日用品行业。

（三）按广告植入方式分类

按照广告植入方式分类，可分为软广告和硬广告。软广告，即不直接介绍商品、服务，而是通过其他的方式代入广告，如在案例分析中植入品牌广告、在故事情节中植入品牌广告。用户不容易直接觉察到软广告的存在，它具有隐藏性。硬广告则相反，是以直白的内容发布在对应的渠道媒体上的品牌广告。

一般而言，企业会根据不同情况进行选择。一般的品牌传播广告需要强度高的品牌曝光次数，并要直接带动销售，企业会选择硬广告，但企业在需要增加品牌曝光时一般会选择软广告。

（四）按渠道及表现方式的不同分类

传播渠道不同，文案的表现形式也有所不同。如微信公众号支持多种形式的文案表现，如纯文字、语音、图片、图文（图片 + 文字）、视频等；而微博仅支持 140 字，但可附图和视频。

五、新媒体文案的创作形式特点

新媒体广告文案突破了传统大众媒体环境下的广告文案固有的形式及创作规律，其创作形式具有以下特点。

（一）广告文案的形式多样化

电视广告文案写作的是脚本，平面广告写作通常具备“标题、正文、口号、随文”的“八股文”形式。广告文案在多样化的媒体渠道下，体现出灵活多变的形式。网络广告中，广告文案会呈多级链接的形式出现在门户网站网页的广告按钮或条幅中，先会以标题的形式出现，通过点击，链接到相关的广告网页或网站，文案又以网站文字或其他形式出现。在社交网站中，广告更多会以软文形式出现，文案的创作空间得到了前所未有的扩大，广告文案创作也进入了“大文案”时代。

（二）点击促使文案标题的重要性更为凸显

在平面广告文案中，文案标题一般出现在一则广告的醒目位置，并以大一号字体出现，往往给读者留下第一印象，决定了读者是否进一步阅读正文或了解产品。新媒体的互动特性，促使用户通过点击标题链接以后，才能进入到阅读正文的界面。相对于平面广告而言，新媒体广告标题本身需要有更强的吸引力，或者说需要做出更大的努力来吸引用户点击、打开链接，而不是平面广告中仅仅视线下移那么简单。因此，在新媒体文案中，标题的重要性更为凸显，标题写作需要更多的创意。

（三）促使话题成为诉求重点

具有讨论空间甚至争议性的内容，更能在社交圈广泛传播，新媒体广告文案需要提供类似的内容，产生话题效应。硬广告在新媒体空间很难有所作为，而具有话题效应的一句话或一段文字，则能够迅速激起用户的广泛关注，产生硬广告无法达到的认知广度和深度。很多品牌意识到社交网络营销的发展潜力，很早就开始利用微博等社交平台展开营销活动。

（四）文案形式追求简短冲击力

各种新媒体之间的融通已经成为发展的趋势，同样的内容能够在不同的终端上进行浏览，手机、平板、电脑乃至手表等未来的智能终端互相融通，能够实现用户在不同时间不同地方阅读到同样内容的目的。简短的文案相对于长篇文字来说，更能适应不同的终端表现。强有力的文案能够在众多的信息海洋中脱颖而出，引起阅读的欲望。

（五）丰富的阅读体验要求文案多媒体化

日新月异的新媒体技术使用户对使用体验的要求越来越高，给予用户良好的品牌体验、提高用户体验好感度一直都是广告追求的目标。今天，死板说教的广告早已鲜见踪迹，广告文案作为广告的重要部分，将竭尽所能地利用语言文字符号，丰富用户的阅读体验。实现文字图形化或图形文字化或原始的图文结合，以及视频游戏的穿插互补等，新媒体文案将不仅仅是孤立的文字创作，其写作的目的不仅是用来看，也用来听，用来唱，用来互动。换句话说，文案必须适应多媒体化的执行。

综上，新媒体带来了新的阅读时代，这种阅读行为和以往相比，具有极大的不同。阅读的泛化、日常化、任意性等特征，为广告文案的创作带来了新的繁荣机会，同时也提出了文案创作形式上的新要求。

六、新媒体广告文案的创作技巧

新媒体广告文案的撰写是一项非常复杂的工作，要求对产品信息及市场情况进行综合把握。在竞争激烈的商品市场当中，要想成功捕获消费者的购买心理，必须要有自己的一套创意诀窍。在文案撰写过程当中，应根据广告、产品本身的特征和市场上同类产品的竞争状况等因素来综合考虑。

（一）用情感传递信息

俗话说，“感人心者莫先乎情”。人是一种情感动物，在广告文案的撰写过程当中我们不可忽视的一个元素就是以情动人。如果我们能找到产品或产品的使用情境与之相关联的事物并充分利用，建立某种联系，那么它们就可以成为广告中有效的情感诉求工具。适合在广告文案中表现的情感主要有亲情、乡情、爱情、友情，或是价值观、自我实现价值等。例如在使用亲情的广告标题中，常用的典型词语有温馨、美满、幸福、亲爱、深情、温暖、和睦、浓情、蜜意等，这类成功的广告文案范例有很多（见图 5–1–3）。

图 5-1-3　情感文案

（二）巧妙使用口语俗语

口语、俗语源自于我们的生活，为人们所熟悉读起来上口且容易被记住，在生活中使用频率高。如果将它恰当地运用到新媒体广告文案中，可以达到借他人之口扩大自己诉求的效果。此外，新媒体广告文案语言虽然源自于我们的生活，反过来它又丰富和充实着我们的日常生活。所以说，一则广告语能否取得成功的决定因素是它在社会中能否迅速流传开来，成为“流行语”。俗语在用词上比较讲究，稍有变化便会引起人们的注意。如果在文案中巧妙地一反传统，就会收到意想不到的广告宣传效果。不过值得注意的是，由于俗语太为人们所熟悉，从用户的阅读习惯来说，其文字数量及平仄也是在撰写新媒体广告文案中应该考虑的因素。

（三）恰当使用修辞手法

语言与创意一样都是新媒体广告的灵魂，成功的广告语言能在瞬间拨动用户的心弦，既能充分表现广告的作用与特点，诱发消费者的购买行为，又能反映一段时期的流行因素和文化时尚，带来可观的社会效益。从大量的广告文案作品中我们可以看出，绝大多数文案作品都使用了修辞手法，最常见的是比喻、夸张两种修辞手法。

新媒体广告要吸引人、打动人，就要讲求形象生动；如果要写出生动形象的广告文学语言，就要使用贴切的比喻。比喻这种修辞手法常在广告文案作品中运用，适用于有广告内容类似特点的事物与广告内容进行类比，形象突出广告的特点。例如澳雪沐浴液的广告文案——皮肤嫩嫩的，就像刚长出的新叶子那样柔嫩光泽。在这个广告中，把沐浴后的肌肤比喻成新长出的树叶，非常贴切、生动，有质感，更容易调动观众的购买欲望。在广告文案中还可以使用夸张的手法，借助想象对商品的特征、功能进行有意地夸大和强调，可以给观众留下强烈深刻的印象，进而很快认识并接受该商品。比如麦当劳在推出它的产品麦辣鸡翅时做了一个这样的广告：一对情侣来到麦当劳用餐，男朋友去排队买食品，女朋友则在一旁等候。当女朋友看到男朋友买来的食品当中有她喜爱的麦辣鸡翅时，竟然一反淑女的斯文形象，拿起麦辣鸡翅狼吞虎咽地吃起来。这个广告就采用夸张的手法说明麦辣鸡翅确实是太美味了，以至于矜持的少女面对它时都顾不得维护自己的形象了。

（四）巧用逆反心理

消费者往往对一些司空见惯的题材熟视无睹，淡然漠之。据说英国皇冠牌香烟在进入海湾旅游地市场时，由于那里市场饱和，困难重重。后来文案人员看到整个旅游胜地张贴着禁止吸烟的宣传画，于是计上心来，在“禁止吸烟”的标语下加上一行并不十分引人注目的小字：“皇冠牌也不例外。”结果一下子吸引了不少好奇的游客。这则广告利用禁止吸烟的广告语，反而吸引了用户强烈的购买欲望。这就表明在一定情况下，消费者对商品宣传会产生一种逆反心理，新媒体广告文案也可效仿此法，巧妙利用这种心态，运用逆反思维，采取“正面文章反面做”，往往可以产生出奇制胜的效果。

第二节　新媒体广告文案的创作

新媒体时代以不可阻挡之势到来，这给传统媒体的广告和营销带来了极大的冲击。相比于传统媒体，新媒体最大的革新就是传播方式由集团对用户的广播变成了用户自发的点击和定制内容。在这个基础之上，传统而粗暴的营销文案已经不能再赢得优质用户的点击和青睐。从“书籍—电脑—移动终端”生活方式的变化，给用户的阅读习惯带来了革命性的改变。新媒体到来之后，用户对纸质文本的接收能力和阅读兴趣正显著下降，在阅读上投入的时间也大幅缩水，也正是这样的变化，给了人们一个全新的词汇——快餐文化。新媒体的普及给快餐文化带来了又一个春天，而对应的阅读特征，也相应决定了新媒体时代广告文案写作的主流基调。

新媒体广告文案是广告文案在新媒体语境下的发展。新媒体广告文案须同时满足以下三个标准：一是新媒体广告文案须直接与用户产生联系。二是新媒体广告文案的最终目的是说服和诱导用户产生购买行为。三是文案由新媒体得到广泛传播并能产生双重效应。

一、新媒体环境下广告文案的变化

在新媒体环境下，广告的传播呈现出了新的特点，广告文案的创作也出现了新的规律。媒体成就了广告的繁荣，广告推动了媒体的进步，二者相互成长，相互影响。

（一）新媒体背景下广告传播的新趋势

1. 追求高精尖内容

碎片化带来的快速阅读时代，要求广告在发布时内容及形式应当专业和精良，只有如此才能在有限的浏览时间里吸引用户的注意力。

2. 个性化定向制作

由于用户的选择自主化和个性化，针对不同用户群体使用不同的传播方式和内容，比使用单一方式的效果更好。

3. 风格倾向娱乐化

生活压力不断增加的现代社会，各类平台成了人们释放压力的主要场所，各种槽点满满的恶搞话题、搞笑图片和幽默段子成了阅读的首选。传统的广告文案，相对生硬刻板、千篇一律，大量的文案像说明书一样冰冷，难以形成深刻的记忆点。因此现代的广告更多的是情感代入，阅读起来更为轻松。

4. 留有更多参与空间

传统的广告主要任务是传达信息，而现在的广告更多地像是在制造话题。一个广告出来了，其本身的创意可能还没有网友加工再二次传播的精彩。所以当下的广告更多的是在抛砖引玉，激发广大用户的互动和参与热情。

（二）新媒体传播中广告文案的特征

1. 广告文案标题创作上呈现出“标题为王”趋势

标题是整个广告文案的脸面，事关整篇文案甚至一则广告的成败，历来为文案创作人员所重视。随着新媒体的发展，以及用户媒介使用和阅读习惯的改变，广告文案标题创作上呈现出“标题为王”趋势，主要体现在三个方面：第一，标题成为用户决定是否阅读广告信息的第一标准，标题为用户决定是否进一步接触广告信息节省了时间。当下所处网络时代，信息爆炸所带来的海量信息正困扰着用户，用户要花费大量的时间来甄别信息以供决策，广告文案标题首先映入用户眼帘，理所当然地成为用户判别的第一标准。如新浪网邦楚仕男鞋广告文案标题“这鞋值哭了”和魅族手机广告文案标题“魅族 MX5 现货 1799”，显然这两则广告只针对有买男鞋和手机需求的用户。第二，文案标题“标签化”趋势明显，有利于用户区分广告与其他信息。如凤凰网手机版广告标题“平安车险，来电即送移动电源”、新浪网手机版广告标题“利息按秒给您的真活期理财”均贴有广告、推广的标签，方便用户区分和接受信息。第三，文案标题更加讲求吸引力与诱导性，众多标题均意图满足用户求新、求异、求美、求廉的心理，如淘宝网绍兴女儿酒的广告文案标题“酒不醉人人自醉”。

2. 广告文案内容选材上呈现出“话题为媒”趋势

文案内容选材方面，以往文案创作者主要从产品、服务、品牌、市场、消费者层面来提取素材，进行文案内容创作，尽量争取言人所未言，但现在由于新媒体的使用与普及，用户的传播力和二次传播行为受到了广告人员与广告主的重视，用户的信息喜好与传播习惯也成为众多文案创作者的考量标准。

广告文案内容选材上呈现出“话题为媒”趋势主要体现在三个方面：第一，话题成为广告信息的载体，众多的广告内容试图借助热点话题提升自身传播力。如针对网上出现的热点话题“有钱就是任性”，东风日产推出了“有钱就是任性”这一注重细节为消费者省钱的文案内容。第二，话题成为广告文案取材的资料库，一些文案创作者甚至刻意制造话题，力图寻求话题与文案内容的契合点和相似点来搭乘话题传播的快车。例如谷歌的“温情”传播内容——“请给我爸爸放天假”，就是一个经典的案例。小女孩凯蒂用蜡笔写信给谷歌公司为爸爸请假，然后谷歌回信同意，这则更像是话题的广告在谷歌上的搜索记录超过 7 500 万条，无形中提高了谷歌的知名度与美誉度。第三，话题成为借势营销的利器。如热点话题顾少强老师的辞职信“世界那么大，我想去看看”走红网络之后，立即就出现怡宝的“同意！愿你心纯洁，行至美”、英菲尼迪的“没有说走就走的勇气，哪有不期而遇的奇迹”等一系列的借势文案内容。

3. 广告文案视觉表现上呈现出“读图为主”趋势

“大文案”的概念将作为视觉表现的重要工具图片纳入其中，新媒体为各类型图片的展示与传播提供了条件。图片展示相对于文字而言更加便捷真实、简单直观，“有图有真相”的阅读背景下文案配图的重要性得以增强。

广告文案视觉表现上呈现出“读图为主”的趋势主要体现在三个层面：首先，文案配图数量增多、质量提高，文案创作一度出现了“大画面，小文案”的趋势。其次，文案配图更加强调创意，力求图片与文字的完美配合。例如平面作品《Sunlight洗碗剂》，图片用脏兮兮的猪紧紧抱住餐盘的场景，让人体会到餐具污渍给人的具体感受。文案仅用一句话“用 Sunlight 把那只猪从你的盘子上移开”点睛，充分展示了图片与文字的完美配合。最后，部分配图在广告作品中体现出“主体化”趋势。如戛纳平面获奖作品《企鹅有声书》中，将伟大的作家雨果、巴尔扎克等摆成了耳机的形状，暗示听有声书就好像亲耳听伟大的作家们讲他们的精彩作品，该作品以“零文案”的方式充分展示了图片的魅力。

4. 广告文案诉求上呈现出“感性至上”趋势

感性消费时代的到来改变了人类的消费观念与消费方式。一方面，商品经济的发展使得产品与服务之间的同质化趋势增强，导致很难有哪家企业能将长时间保持独一无二的功能特色；另一方面，由于生活节奏的加快和生活压力的增大，使用户内心深处更倾向于人性化的感性诉求。新媒体增强了广告的针对性与互动性，也深层次地触及用户情感，使得文案诉求上呈现出“感性至上”的趋势。

广告文案诉求上呈现出“感性至上”趋势主要体现在三个方面：第一，广告文案注重与用户进行情感沟通，深入用户心理并力图引起情感共鸣。例如《雅居乐·十里花巷》的广告文案将男人“40 岁现象”透彻淋漓地展现，该作品直戳 40 岁人群的痛点，引起众多共鸣。第二，广告文案娱乐化趋势增强，文案创作者希望用户能在心情愉悦的氛围中接受广告信息并进行二次传播。第三，广告文案故事化趋势增强。一方面，故事均带有某种情感，容易拨动用户心弦；另一方面，故事化也提升了文案的易读性。例如支付宝推出的真实感人的“郑棒棒的故事”，讲述了一位生活艰辛靠卖苦力为生的“棒棒”坚守诚信本分、不取不义之财的故事。该文案诉求体现出“感性至上”趋势，在传递正能量的同时也提升了支付宝的品牌形象。

二、新媒体广告文案的创作过程

（一）确定诉求点

新媒体广告文案的诉求点，也就是新媒体广告文案中所要重点表达的营销内容，这是新媒体广告文案整体构思中最为关键的内容。在相当大的程度上，决定着后续的规划内容。诉求点的选择，需要与企业的营销战略相配合，需要与写作之前的准备内容紧密结合。

1. 产品

产品类主题，是指新媒体文案集中在产品自身上的核心思想，主要表达产品的品质、特性、特质、功效、附加值、价格、工艺、技术、材质等内容。

产品品质的呈现是不少新媒体广告文案的重要任务，由于网购的普及，所以很多消费者没有办法接触到产品，只能通过有关产品品质的细节描述来了解。飞亚达的广告文案（见图 5-2-1），对其机芯及其强大功能、广角大表盘、内圈对角、刻度、高硬度镜面、表带等逐一进行介绍。

图 5-2-1　飞亚达某款男士高端手表在电商平台发布的文案

产品价格是影响消费者购买行为的重要元素。降价对于消费者通常有着难以抗拒的吸引力，因为确实可以省下若干“真金白银”。双十一网购狂欢节源于淘宝商城（天猫）2009 年 11 月 11 日举办的促销活动，当时参与的商家数量和促销力度均有限，但营业额远超预想的效果，此后每年的 11 月 11 日成为天猫举办大规模促销活动的固定日期。

2. 消费者

以消费者为诉求点，是指新媒体广告文案站在消费者的角度，挖掘消费者的需求，表达消费者的情感和态度，展现产品带给消费者的实际利益，这样很容易使消费者产生代入感。饮料场景化：小饿小困喝点香飘飘，针对都市女白领的下午茶时间发起进攻，香飘飘非常具有同理心，还把目标人群下午办公的状态描述出来（各位下午工作时是不是经常小饿犯困？），把场景描述出来，增强了消费者的代入感（见图 5-2-2）。

图 5-2-2　香飘飘奶茶广告海报

以消费者为核心的诉求点，对消费者心理特征进行挖掘，也是一个重要的方向，通常结合产品、消费过程进行一些拓展，也就是研究消费产品本身对于消费者的价值、意义和关联性，借此将消费者的人生态度、生活方式、信念、理想等表达出来，能够与消费者产生共鸣，甚至能够成为他们的代言人，从而在该群体中引发剧烈的反响。

3. 品牌

首先，品牌理念的建设需要长期投入，对于消费者的认知有着非常重要的影响。为了能够体现企业追求和产品的特性，近年来，企业经常通过社会公益活动表达品牌理念。“实际行动 + 理念”的做法，表明这种理念并非口号，而是企业真实信奉的内容。如耐克多年从事公益活动，常年推出一系列公益企划，帮助弱势团体，协助募资，每年固定推出的特别系列的产品，如争取同性权益的“BETRUE”系列、帮助儿童医院募款的 Doernbecher Freestyle 系列、协助乳腺癌基金会募资的 Think Pink 系列、诉求种族平等的 BHM 及 N7 系列等。

其次，品牌代言人是表达品牌理念和扩大品牌影响力的手段之一。品牌通常会选择与品牌理念、品牌气质接近的明星、知名人物等，一方面品牌代言活动本身就是一个网络事件，会得到大肆宣传；另一方面对该代言人有好感的粉丝会更为支持该品牌，积极购买产品等（见图 5-2-3）。

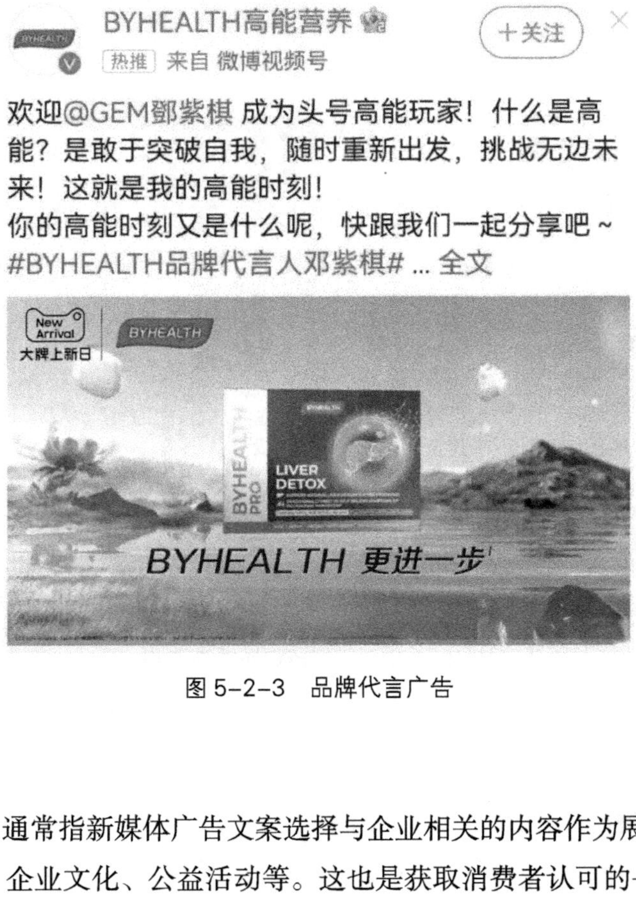

图 5-2-3　品牌代言广告

4. 企业

企业主题，通常指新媒体广告文案选择与企业相关的内容作为展现的主要内容，如企业的历史、企业文化、公益活动等。这也是获取消费者认可的一种方式，即通过企业本身的特质来影响消费者，使得他们对于企业产生好感和信任感，进而对企业推出的产品产生兴趣。美团买药的名为《真的值得更多人知道》的广告短片，一经亮相就吸睛无数，真诚又暖心的文案引人自发关注，不仅引发大众共情，更是获得无数转发，极大地助力了品牌形象提升（见图 5-2-4）。

图 5-2-4 美团买药广告短片

回顾企业历史是展现企业风貌的好方式，既能够让消费者更多地了解企业，也能够被企业一路发展而来的历程所震撼。此外，由于结合了历史的元素，更容易让消费者能够从更为广阔的社会历史背景理解企业。

2020 年是中国人寿 70 周年，特意制作了视频广告《中国人寿 70 年企业发展篇》，虽然时长有限，但对于企业的标志性的发展步骤都进行了介绍，展现了企业的积极进取精神，表达了企业的理念（见图 5-2-5）。

图 5-2-5 中国人寿保险“从心开始，从新出发”

（二）确定风格

广告文案的风格其实就是指广告文案所呈现出来的气质。新媒体广告文案的气质设定通常需要与企业形象、品牌气质和消费者的精神面貌相一致。

一是平实风格。平实的风格能够带给消费者亲切的感觉，让他们容易产生代入感，通常比较适合与日常生活紧密相关的产品或品牌。这类风格通常采用表现普通人的生活、情感、经历等的方式，貌似简单，其实很容易打动人心。

二是温情风格。温情风格同样适合一些与消费者日常息息相关的产品，或者一些主打温情路线的品牌，触动消费者内心的感情。

三是热烈风格。热烈的风格比较适合年轻群体，适合消费者用以表现自己个性、活力的品牌和产品，如饮料、运动产品等。

四是幽默风格。幽默具有强烈的共通性，可以跨越种族、年龄、性别，普适性很强。当今的网民更是热爱幽默风格，因为这种风格非常符合网络文化调侃、轻松、恶搞的风尚，也就是通过轻松、调侃的方式表达观点。

五是深沉风格。深沉的风格通常会用于一些形象稳重的产品或知名品牌、定位于中老年和高端市场的产品或品牌，以及一些侧重思想性、强调内涵的产品或品牌，使新媒体广告文案与消费者、品牌定位、产品定位吻合。

六是超脱风格。超脱风格同样是一些有着独特价值追求的品牌会采用的方式，这样的风格重要的是将品牌特立独行、不流俗的文化、精神气质表达出来。这种风格与其他风格之间也是一种强有力的区隔关系，容易引起消费者关注和追随。

七是另类风格。另类是指新媒体广告文案会采用与众不同的风格，让观者产生出乎意料、叹为观止等感觉，从而留下深刻的印象，这种风格大多会被中高端服装品牌采用，通过具有冲击力的视觉、听觉体验，或者文字，让人对品牌独特的追求过目不忘。如 2017 年 Gucci 超酷的老科幻电影风格广告视频，再现了 20 世纪五六十年代科幻电影中的“未来世界”，充满科幻气息，还有着星际迷航、星球大战的踪迹，背景音乐出自 1975 年的电影《太空：1999》（见图 5-2-6）。

（三）确定诉求方式

广告文案的诉求方式主要分成五种类型，感性诉求、理性诉求、情理结合、设置切入点和文案矩阵。诉求方法的选择，通常会根据产品特征、消费者消费购买决策行为特征和竞争策略等来决定。

图 5-2-6　2017 年 Gucci 创意广告视频片段

1. 新媒体广告文案的感性诉求方式

新媒体文案的感性诉求方式指的是通过感情的渲染让消费者的心灵产生波动或反应，从而促使消费者购买产品的广告方式，即“以情动人”。感性诉求主要是影响消费者的情感、情绪，引起他们的共鸣，进而使得他们产生认同感。感性诉求主要使用的元素有情感、氛围、格调、哲理等。感性诉求又分为正向情感诉求和负向情感诉求。

正向情感诉求就是指利用人的正面情感，如爱情、友情、亲情、乡情、同情、怀旧等，这些感情会带给消费者愉悦的情绪，激发他们积极的人生态度。

负向情感诉求就是指利用人的负向情感，如恐惧、哀伤、忧愁、无奈等，这些感情会带给消费者很复杂的情绪，冲击观者的心灵，激发他们的共鸣。

2. 新媒体广告文案的理性诉求方式

理性诉求方式主要是指通过摆事实、讲道理等方式为消费者提供购买产品的理由，从而促使消费者购买产品的广告方式，即以理服人。理性诉求比较聚焦产品本身的特征，并且借助科学原理、专业数据、专家解读、效果对比等方式来呈现。理性诉求方式，要求新媒体广告文案，能够传递准确、客观的信息，逻辑性强，并且偏重于产品的实用性等。

3. 情理结合方式

情理结合是指既采用感情渲染，触动消费者的心灵，也结合事实和道理，来说服消费者，双管齐下，所谓“晓之以理，动之以情”。理性诉求方法容易产生枯燥、生硬之感，感性诉求容易影响有效信息传递，因此情理结合的诉求方式实际上应用得更为普遍。

4. 设置切入点方式

跟随热点是让新媒体广告文案借助信息焦点和热点话题的影响力，以及用户近期对于某一类话题较为敏感的状况，围绕热点进行有针对性、延展性的广告文案创作。这样，既可以省去了大量的传播工作，还可以凭借热点的关键词吸引来更多关注，并在各种搜索中出现，增加点击量。

钟南山院士团队发表论文，证实连花清瘟胶囊等中药对新冠病毒感染引起的细胞病变具有抑制作用，具有抑制新型冠状病毒活性，减少病毒含量的作用，并能抑制炎症因子。（见图 5-2-7）。

如今，中国的“千禧一代”成了消费主力，明星的“带货”效应已经成为品牌开拓年轻用户群体最为有效的途径。

故事，是打动用户的一个常用的切入点。广告文案的本质是沟通，而讲故事就是一种好用又有效的沟通方式。利用故事与各类要素的有机融合，更容易感染用户的情绪，使用户产生情绪投射，从而引发代入感。

图 5-2-7　热点广告文案

消费者会有一个惯常的经验，即惯常思维，惯常之外的事情或观点、思想都会立刻调动起他的好奇心，借助新奇信息来组织调性要素，也是不少新媒体广告文案常用的手法之一。

作为一个个体，在生活中时时刻刻会遭遇问题，这些问题如何妥善解决是个体无法回避的问题。新媒体广告文案可以借助人们对于现实问题的关注，结合调性要素，激发他们的危机感和解决问题的决心。

当今的新媒体广告传播，已经不能仅仅依靠企业自己的媒体投放来制造影响力，因为这样做覆盖范围有限且费用颇大，如果能够制造“信息爆点”，通常为一个“梗”或者一个主题，并激发广大网友的兴趣和积极性，自主传播。那么，企业不仅会收获到广告覆盖面，还会收获到广大消费者对这一主题，或者对企业的深刻印象和好感。

事件营销在传统媒介时代就存在，进入新媒体时代，制造事件吸引眼球成为很多企业热衷的手法，跨界联合、首店首发、概念店打卡、自黑炒作、企业领导人言行出位、制造反差、饥饿营销、合作产品等，这些事件在网络上掀起热潮，吸引了众多的消费者去关注、参与，如线下打卡、在私人社交媒体上转发等，满足了人们追求新奇、凸显自己紧跟潮流的特征。

5. 设计文案矩阵

‘预热”是指广告活动正式执行前的传播造势，让广大网民知晓这一活动即将展开，从而产生好奇心，并有所期待。

一是制造悬念。为了预热，新媒体广告文案可以故弄玄虚，进行一些悬念的制造，吸引用户的关注。比如，预告即将有神秘嘉宾、神秘代言人，或者会有新款推出等（见图 5-2-8）。

图 5-2-8　618 预热广告海报

二是营造氛围。制造距离正式广告活动开始时间越来越近的紧张感，不断地预告准备情况和相关动态、推出各类人士的跟踪爆料等，引导用户关注、讨论、分享、参与，从而营造紧张、热烈的气氛（见图 5-2-9）。

图 5-2-9　小米爆款广告

三是邀请体验。还有一些预热活动会提前邀请忠实消费者、幸运消费者、“大V”提前体验活动，或者使用产品，并让他们在社交媒体上进行传播，从而引发关注度。

2016 年，淘宝运动做了网络话题活动“拉力撩挑战”，上线第二天，奥运大咖张培萌、张国伟等的参与带动了大量的运动达人和普通用户加入其中，使得这种全新的运动酷拍姿势瞬间覆盖微博、微信、秒拍等新媒体渠道，并连续霸占着微博话题排行榜。

在新媒体广告文案的发布结束之后，还需要进行后续的传播引导，尤其需要调动已经购买的消费者进行信息分享、使用评价等，这些信息能够与新媒体广告文案一起组成一个传播阵列，向其他人进行更有效的信息传播，还可以邀请意见领袖等进行评论与分享。

新媒体广告文案的矩阵安排，需要紧紧结合新媒体广告文案的媒体发布过程、传播过程，做出有针对性文案安排。传统广告文案对于传播过程考虑有限，基本就是制作好再投放，传播过程较为简单，但是新媒体广告文案需要在一个更为动态、复杂、不确定性明显的环境中传播，因此需要设计一个文案矩阵来应对。

新媒体时代，广告要想取得最佳的传播效果，必须深谙用户的阅读习惯和审美心理，用最合适的语言风格和方式与之沟通，既能轻松“撩起”话题，博得关注，也能用最快的速度、最形象的注解让用户了解产品信息，加强记忆，同时还能移情入境，获得价值认同，迅速提升品牌的好感度，以最终促成购买。

第三节　新媒体广告文案创作趋向

新媒体的诞生促使人们的生活方式和获取信息的方式发生了改变，用户逐渐在互联网平台、短视频平台上接收广告，快节奏的生活方式和科技化的传播方式使广告文案的创作方向及内容发生转变。新媒体时代下广告文案的创作趋向呈现出“标题为大读图为主”，内容“娱乐化”“热点化”，文案诉求“感性化”的趋势。

一、广告文案标题创作逐渐呈现出“标题为大”的趋向

广告文案呈现出“标题为大”的趋向主要体现在以下三个方面：

（1）标题作为一篇广告文案的精华所在，需要区别于其他信息。定位明确的广告会节省用户分辨信息的时间，便于用户甄别此篇广告文案是否值得阅读。

（2）文案标题向“精简化”的趋势发展。快节奏的生活导致用户难以花费大量时间来体会文案的内涵，这就要求广告文案的标题必须体现主题立意，凝聚文化内涵。

（3）文案标题讲求“吸引力和诱导力”。如今许多标题都注重“时尚元素”力求标新立异，以此吸引用户的注意力，诱导消费者了解产品、关注产品。

标题对广告文案的影响极为深远，它是广告文案的门面担当，手里掌握着一篇文案或一则广告的“生杀大权”，以至于备受文案创作人员的“青睐”。随着网络时代的到来，社会大众的媒介使用和读书看报习惯的改变，使“标题为王”的趋势逐渐呈现。

“标题为王”的趋势逐渐呈现体现在以下三方面：第一，标题是否吸引人成为社会群众阅读一则广告或者文章的首要判别标准。现下，网络时代高速发展，信息大爆炸的时代来临，愈来愈多的信息正在困扰着社会大众，因而社会大众需要花费较多的时间对这些信息进行筛选和甄别，方便对其进行决策。因此，最先映入社会大众眼帘的标题理所应当地成为了首要选择依据。例如，《给那些丈夫不会省钱的妻子的建议——一位妻子》，标题中的建议及其产生的影响是可以得到事实验证的。

大多数的人都渴望得到金钱，这则广告的标题增加了社会大众阅读的欲望。第二，在文案标题中，其标签化趋势愈发明显。“贴标签”也就是让读者直接对号入座，以某个标签来表明某一群人、某个事物等，引起情感上的共鸣；尤其是做产品的，一定要针对产品的分析用户画像，比如性别、兴趣、年龄等等，然后把这些标签提取出来，直接在标题中表明，引起关注。第三，吸引性和诱导性是文案标题的特点，众多广告标题都意图满足社会大众标新立异、追求物美价廉等心理。例如，某网站平台的广告标题为《衣服太牛了，借钱也需买》，某银行的广告标题为《100 部苹果，等你来拿》，其内容都存在诱导社会大众的目的。

二、广告文案在内容上呈现出“热点化、个性化、娱乐化”的趋向

（1）内容话题性增强。广告文案多以时下最火爆的话题为切入点设计系列相关广告文案，借势营销产品。除此之外，广告文案内容也可以制造热点话题以吸引用户进行二次创作来进行营销。通俗来说就是“蹭热度”，属于借势营销的一种，以当下最热的话题为切入点编写广告文案。其中有两个关键点：一是要速度快，敏锐地捕捉流行话题，在热度正浓时跟上；二要巧妙，环环相扣，趁热打铁，在借势带来的预热中持续跟进。麦当劳改名金拱门，本来只是一次证件层面的名称变动，却在网上形成了刷屏之势，各大段子手齐上阵，麦当劳叔叔变成金拱门大叔，麦乐鸡块变成金鸡炸串，甚至还掀起了一股为其他品牌改名的全民吐槽。麦当劳作为一个家喻户晓的洋快餐品牌，突然改名为“金拱门”，土里土气的新名字和麦当劳原先的品牌印象产生了强烈反差，这本身就很容易吸引大众的眼球。另外，舆论引导也非常出彩。其实在刚开始的时候，大部分用户并不接受这个名字，还有点反感。但是，第二天各种有趣好玩的段子在微博被疯转，金拱门就已经成了一个“梗”。不仅引起了全民讨论，还成了一个新的热点。一些品牌官微开始做热点海报，在蹭热度的同时也为麦当劳进行了二次传播（见图 5-3-1）。

本书中的上一观点提到“蹭热度”，但热点话题不是每天都有，广告作为主动出击的行业，在利用现有的热点话题的同时，还要学会制造话题。New Balance 在 2018 年世界杯期间推出了“Your Time to Shine”广告。这则广告以年轻人为目标用户，鼓励他们展现自己的才华和自信，通过自己的努力和奋斗，在世界杯这个舞台上闪耀光芒。广告通过以 New Balance 的 Logo 为灵感的图形和文字，传达了品牌所代表的自信和骄傲，同时也表达了对年轻人无限的潜力和才华的认可。在广告中，年轻

图 5-3-1　麦当劳改名金拱门

人被鼓励表达自己的态度和情感，而 New Balance 则以年轻人的方式为他们加油助威，同时通过产品展示和场景描述来展现出品牌的独特魅力。此外，广告还通过世界杯这一全球性的舞台来展现 New Balance 的品牌实力和影响力。在广告中，年轻人穿着 New Balance 的球鞋在球场上奔跑、传球、射门，同时品牌 Logo 也在广告画面中不断出现，展现了 New Balance 作为一家专业运动品牌的影响力和实力。这个广告案例成功地成了一个新的热点话题，通过鼓励年轻人展现自己的才华和自信，同时通过品牌实力和产品展示来展现 New Balance 品牌的独特魅力，广告得到了广大年轻人的认可和追捧。同时，这个广告也成功地借助世界杯这一全球性的舞台来扩大品牌的影响力和知名度。

在文案具体内容的选材方面，文案创作人员以往都是先提取素材，再开始进行文案的创作，尽量做到“言人所不言，言未尽之言”。由于新媒体行业发展迅速，其使用人数、普及速度、用户传播力和进行二次传播的速度受到了较多敏锐的广告人的注意与重视，社会大众的信息喜好和信息传播的习惯都是当下广告策划人员的衡量标准。较多文案的材料选取都与社会大众的生活和互联网热搜话题有关，因此“话题为媒”的趋势逐渐呈现在广告文案创作趋势当中。“话题为媒”趋势主要体现在以下三个方面：第一，群众热议话题将作为承载海量广告信息的载体，在线下海量的广告内容中找寻其中可成为热议话题的信息，并借助其提升自身的影响力和传播力。例如“有钱就是任性”这一话题就是目前较热的话题，某银行借助这一话题，推出网上购买高铁票、飞机票就有机会赢得现金红包的广告，其标题为《有钱不任性》；某品牌汽车也借助这一话题，将其改为《有钱就是任性》，广告内容为帮用户省钱。第二，话题将在同一时刻成为广告文案内容“本山取土”的材料库，较多文案的创作人员有时会极为刻意地制造出一些话题，从而寻求一些话题与内容较为契合或相似度较高的点来搭乘热搜的“和谐号”。例如，有一个可爱的小女孩给她父亲所在公司写信：“请给我爸爸放一天假。”然后，她收到公司领导回信，并同意了她的请求，而这则信息的搜索超过同期类似话题，使其信息发布平台大大提高了知名度。第三，话题成为营销借势的一种手段，例如某位教师的辞职信“世界那么大，我想去看看”红遍网络后，许多类似的文案借势而行，如雨后春笋般冒出来。

（2）风格逐渐娱乐化。新媒体时代，“娱乐”贯穿网络生活的始终。众多广告在文案创作中增加“段子”“表情包”等元素，制作反差和冲突，增加文案趣味性。MMs希望将品牌定位成一种有“趣味人格”的巧克力，以此提出了“妙趣挡不住”的口号，如“快到我碗里来”这一广告语极具娱乐性，在消费者的心里留下了深刻的印象。

创意是广告的灵魂，没有灵魂的广告达不到宣传效果，也很难激发人们的消费欲望。在现代多样化的环境里，消费者已经从被动接受广告的角色当中跳脱出来，进而产生主动选择的欲望，这无疑对广告创意提出了更高的要求。

（3）内容极具个性化。由于不同用户群体对于广告文案的接受力各不相同，新媒体为用户的选择自主化和个性化提供反馈平台，所以广告文案会根据不同用户群体进行风格创作，逐渐向“个性化”发展。

三、广告文案在视觉表现中呈现出“图文并茂，读图为主”的趋向

新媒体时代下，“微博、微信公众号、短视频平台”成为广告宣传的重要渠道，此类平台为各类型图片提供了展示和传播的条件。相对于文字，图片能够更加直观

地表达内容，而“文字＋图片”则能使广告文案更加充实丰满。如黑人牙膏杂志广告文案云、水系列，就是运用了文学语言，与背景画面一起，渲染了一种独有的气氛，建构了独有的意境，产生了独有的产品形象性、独有的消费魅力。由此来看，众多广告文案可采用“图文并茂”的方式，图文呼应有利于展现设计情感，增强联想力。

在大文案的概念之中，视觉表现最为重要的工具就是图片。新媒体的快速发展，为各种各样类型的图片展示和传播提供了较为便利的条件。利用图片进行展示，与文字相比更加方便快捷、简洁直观，一句“有图有真相”直接显示出来文案配图的重要性。现在的生活节奏较快，这样的生活方式改变了社会大众阅读的习惯。读图时代已经来临，所以在文案策划上也呈现出同样的趋势。

“读图为主”主要体现在以下三个方面：第一，文案进行配图的数量愈加递增，且配图的质量要求明显提高，导致文案策划人员在进行创作时曾一度出现“画面大，文案小”的趋势。例如，在某年的平面颁奖典礼上，一个新出电子产品被放在某著名杂志上。虽然尺寸未被公开，但消费者通过电子产品所占杂志外观比例就能知晓其具体大小，对其实际尺寸心知肚明，从而对其产生实际概念。第二，在文案中进行配图愈加强调其创意，要求文案中所配图片与文字要最大限度地匹配。例如在某平面作品中，配图是一只邋里邋遢的小猪紧紧抱着一个餐盘，让用户直接体会到餐具有污渍时的感觉，从这可以看出文字与图片之间的完美配合。第三，以获奖作品《企鹅有声书》为例，它将一些伟大的作家如托尔斯泰、卢梭、普希金等摆放成耳机状，运用暗示的方法让社会大众听有声书，就好像亲耳听到这些伟人在为其诵读文章一样。这个作品用“零文案”这样的方式，向社会大众展现了其图片的魅力。

四、广告文案在诉求策略上呈现出“感性至上”的趋向

感性消费时代的到来改变了人们的消费观念及消费方式，人们更倾向于人性化的文案诉求，消费者与设计者的情感沟通则成为文案诉求的一大创作策略。所以，新媒体时代下广告文案呈现出“感性至上”的诉求策略。以怡宝广告为例，以陌生人之间的爱打动人心，其文案“心纯净，行至美”使用户能够联想到广告片中陌生人之间的温情。故事化的广告文案更具情感渲染力，抓住了消费者的内心诉求。

当今时代，科学技术飞速进步，经济大幅度走高，各类广告层出不穷，广告在企业宣传方面起着至关重要的作用，广告是最大、最快、最广泛的信息传递媒介。通过广告，企业或公司能把产品与劳务的特性、功能、用途及供应厂家等信息传递给消费者。新媒体文案与传统的报纸、电视台的广告相比，许多地方是相同的，都

要求真实、形象、简洁、吸引用户等。而现在，很多企业会使用新媒体广告。新媒体广告的主要特点是：成本相对较低、推广力度较大、定位较精准、时效性与互动性较强。此外，新媒体广告的表现形式呈现多样化，除文字外，可以运用图片、动图、视频、超链接等的灵活多样组合，使文案在不同的网络平台得以展示。

新媒体文案可以根据不同主体的要求，通过微信公众号、微博、论坛、QQ 群、直播平台等加以发布。有的文案是纯文字，有的可以是图片加文字，还有的可以是视频加文字，甚至可以用语音。不论用何种形式，目的都是要引起用户关注。

新媒体广告有的是直接宣传推广，用的均是广告语，直白而真切；还有的则是用“软文”，不是开门见山地介绍产品或服务，而是讲一个故事，讲一个道理，然后巧妙地植入想要宣传的广告内容。

第四节　新媒体广告文案的创作特点

第一，新媒体广告文案的创作具备简洁性。广告语言要简洁精炼，通俗易懂，并且赋予新内涵。同时广告语言尽量使用短标语、短文案。广告的标题和正文往往合二为一，用简短的几个词组甚至几个字，起到吸引用户的注意力和传达信息的作用，要具有诱导性、号召性。至于对详细的广告信息和电子商务内容的展示，可以通过吸引用户点击链接到企业主页当中。广告文案的写作，一定要做到开门见山、直截了当，真正做到“立片言以居要”。广告传播的特性和广告盈利性的趋向决定了广告语言必须通俗简明，容易为目标对象所识记，晦涩拗口难以吸引消费者的关注。广告的目标用户是大众消费者，由于消费者的个性心理千差万别，对广告所投入的注意力又极为有限，因此广告表现如果追求高深莫测、曲高和寡必然难以得到消费者的关注和市场的认同。成功的广告作品和出色的广告创作，在其语言运用上都是以简明易识取胜的。作为广告的创作者，还需要明确的是广告文案应该表达企业最想传递给消费者的信息，且信息量不宜过多。什么都想说的广告最终结果只有一个，就是所有信息都淹没了，消费者什么信息都没有接收到。网络广告尤其如此，当一则广告中传递的广告主题超过 3 条，会给设计上更好地凸显关键信息，让消费者迅速注意和更好记忆广告都会造成更多的困难。因此，我们认为一则吸引消费者注意力的好文案，只需要 2 句话。一句作为标题，吸引消费者或传递最具竞争力的信息；一句作为描述，详细介绍产品服务信息或传递其他关键信息。文字过多的话，关键信息无法突出，用户抓不住广告要传达的重点，广告的宣传效果也就没有那么好了。

第二，新媒体广告创作具备主题明确性。广告主题是广告定位的重要构成部分，即“广告是什么”。广告主题是广告策划活动的中心，每一阶段的广告工作都紧密围绕广告主题而展开，不能随意偏离或转移广告主题。如果一个广告没有主题，只是随意拼凑一些内容，那么这则广告是没有重心的，带来的商业效果也会差很多。广告在商家推广商品和顾客选择商品过程中起着十分重要的作用。广告主题是商家推广商品要表现的中心思想，也是商家围绕商品向广大消费者要说明的问题。通过广告，商家可以强力介绍产品的时代新特征，显示自己产品在功能、质量等方面的优越性，用以加深消费者对企业和产品的印象，以造就新的销售优势和销售亮点。比如丰田汽车的广告语——“车到山前必有路，有路就有丰田车”（见图 5-4-1），就给人们留下了深刻的印象。这些好的广告语也是一个时代的印记。

图 5-4-1　丰田汽车广告

现在很多报纸、杂志广告都按字数收费，要在有限的篇幅里面，把一个问题说到点子上，必须要惜墨如金，把笔墨集中、尖锐地体现在一个主题上。因此，撰写广告软文必须要有非常强的针对性，特别是要有一个明确的主题。如果是促销档期的软文广告，必须与促销主题密切配合。确定好广告主题就等于汽车有了方向盘、自行车有了车把。消费者选择品牌的时候，都会对品牌有一个基本的认知。这些认知的形成，很多都是品牌运营广告宣传的结果。我们在确立广告主题、做市场调研的时候，就需要探知同一品类的不同品牌在消费者的大脑里都占据了什么位置，顾客选择他们的理由是什么。因为顾客选择的理由往往就是该品牌的强势所在，这就是定位理论所讲的品牌认知快照。

广告是对品牌战略的有效表达，脱离品牌战略谈广告主题很多时候都是无效的。透过对品牌所处行业的认知和对自身长处的理解，进行综合分析研究，从而找到品牌最佳的广告主题，最终让这一广告主题以艺术化的方式表达或呈现出来。

第三，新媒体广告创作具备新颖独特性。广告创意的新颖独特是指广告创意不要模仿其他广告，人云亦云、步人后尘会给人雷同与平庸之感，唯有在创意上新颖独特才会在众多的广告创意中一枝独秀、鹤立鸡群，从而产生感召力和影响力。新奇的事物常带给人新的信息，新颖的事物也更容易吸引人的目光。创新性的广告语言，借助其新奇、新颖之利，往往可以产生出其不意的效果。而广告语言的创新更有诸多不同的表现形式。突破常规地出奇制胜，化腐朽为神奇，皆见其不凡，显其独创。例如一些广告语在创作过程中主要以诙谐幽默为基调，也是一种新颖的、让人眼前一亮的广告语表达方式。诙谐幽默与广告的结合无疑是珠联璧合、相得益彰，在对谐趣的挖掘与使用方面，没有其他语言形式能与广告语言相媲美。广告把语言的幽默韵味发挥得淋漓尽致，从食品饮料到服装饰品，从医药保健到数码产品，从传媒交通到零售服务，几乎所有的产品门类都可以发现幽默广告的踪影。许多优秀的知名品牌借助幽默广告的形式征服了世界，积聚了不可胜数的品牌资产。如西门子公司的广告语“本公司在世界各地的维修人员都闲得无聊”，幽默的话语间显示了公司产品的技术过硬、质量卓越。广告不去宣传公司的生产技术如何领先，产品曾获几类大奖，而让人们在一笑之余欣然接受了这样一个信息：西门子公司生产的产品是值得信赖的。这与时下诸多动辄以奖项、技术、认证等来唬人的商业广告相比，在接受效果上不可同日而语。下面介绍一些创作新颖广告语的方式：一是词语活用法。这种方法就是把人们熟识的词语进行改编、活用。由于一些词语人们日常生活中经常说、经常用，所以运用这种方法拟写的广告语给人一种似曾相识的亲切之感。二是妙用谐音法。这种方法只追求语音上的相同或相近，而不讲其字义。运用谐音来进行广告宣传，往往会收到幽默风趣、令人难忘的效果。例如，“汾酒集团：汾酒必喝，喝酒必汾（分久必合，合久必分）”。三是自相矛盾法。这种方法的妙处就是先说出一般的情况，然后引出要广告的对象与一般的不同，从而突出要广告对象的特征。这种方法在比较中彰显个性，结果鲜明独特，令人过耳或过目不忘。四是借用修辞法。运用修辞法，能把广告对象某方面不为人知的特征比作人们熟识的事物，从而使人们对它有感性的了解。五是突出效果法。运用这种方法把事物的奇特效果先突出出来，往往更能吸引人们的好奇心，让人产生一试为快的欲望。例如，“杉杉西服，不要太潇洒”。六是一语双关法，运用这种方法既能道出自己所宣传的产品，又别有深意，令人回味无穷，产生持久的动人魅力。例如，太平洋保险公司“平时注入一滴水，难时拥有太平洋”。七是妙用韵律法。如诗歌一般的韵律，易读好记。如古井贡酒的广告语：高朋满座喜相逢，酒逢知己古井贡。八是利用反语法。利用反语，巧妙地道出产品特色，往往给人印象更加深刻。例如，牙刷广告语：一毛不拔。九是展现情感法。以轻松的词语向消费者倾诉，如一家咖啡厅以“有空来坐坐”为广告语，虽然只是淡淡的一句，却打动了许多人的心。广告准确把握消费者内心的情感因素，通过语言激荡起他们内心的情感涟漪，这也正是广告语言的一种用心的创新。广告是瞬间的艺术，要想在刹那间抓住公众的心，就要在创意上下番苦功夫不可，同时要真实生动、通俗易懂。

第四，新媒体广告创作具备情趣生动性。广告创意要想将消费者带入一个印象深刻、浮想联翩、妙趣横生、难以忘怀的境界中去，就要采用情趣生动的表现手段，立足现实，体现现实，以引发消费者共鸣。但是广告创意的艺术处理必须严格限制在不损害真实的范围之内。广告语言具备一种令朽败生辉、凡俗化奇的魔力。语言宝库里有很多可资借用的素材，平淡无奇的词句披上创意的法衣，往往能散发出绚丽多姿的七彩光。广告语言在这方面有很多的独创，风马牛不相及的事物依附于某种产品也可以配合得天衣无缝，贬斥嘲讽借助灵思妙想也能重焕光彩。正是广告语言的独创，使得词语的内涵延展出料想不到的新意，却又合乎情理之中。某打印机的广告“不打不相识”，借人际交往中的一句戏言，诉求该打印机产品值得信赖，大有与消费者相见恨晚之意。“一毛不拔”本是形容人吝啬得连一分钱也不肯掏，广告人用它来宣传牙刷，用贬义的“一毛不拔”形象生动地表现出牙刷的优点。

第五，广告语的创作具备形象性。广告创意要基于事实，集中凝练出主题思想与广告语，并且从表象、意念和联想中获取创造的素材，形象化的妙语、诗歌、音乐和富有感染力的图画、摄影融会贯通，构成一幅完美的广告作品。广告语言在追求形象性方面多有创新，创造了许多独具个性的出彩之作。广告借助准确的词语运用，独具特色地描绘出形象的感受或形象的体验，让消费者产生一种切身而实在的美好感觉。广告语言在描绘形象方面相比较于新闻语言、社交语言、公文语言等语言形式更具形象表现力，而同文学语言相比，仍具有许多新的创造。德芙巧克力的广告“牛奶香浓，丝般感受”，把巧克力甜美的味觉享受描绘成形象化的“丝般”的触觉体验和心理感受，让人产生一种美好的精神愉悦感，从而对德芙巧克力产生美妙难言传、喜爱无复加的欣赏和赞誉（见图 5–4–2）。广告语言追求通俗易懂、简明易识，但并不是干瘪空洞、索然无味。广告诉求对消费者要“动之以情”，因而在语言表达上往往饱含浓烈真挚的情感。麦斯威尔咖啡的“滴滴香浓，意犹未尽”

让人在感受咖啡味道香浓的同时，也深切地感触到情感的真挚深沉，意味深长。

图 5-4-2　德芙广告文案

第六，新媒体广告创作具备通俗性。广告最原始的目的，毋庸置疑，就是宣传商品。因此，原始的广告总是“说辞”占优势，要打动人心，最直观的体现便是通俗性。如“只买对的，不选贵的”“我们一直在努力”“今年过节不收礼，收礼只收脑白金……”（见图 5-4-3），这类广告词都是妇孺皆知、耳熟能详的，品牌也就因为它的通俗打动人心了。

图 5-4-3　脑白金广告文案

广告语事实上就是品牌的一个口号，是品牌的魂，是产品所具有的价值观，也是产品品牌化最重要的环节。广告语一旦通俗，接地气，威力自然就起来了，就挡不住了。口号，就是行动力，就是战斗力，好的口号可直抵人心，可抵千军万马。阿里巴巴："让天下没有难做的生意。"巴奴："服务不是巴奴的特色，毛肚和菌汤才是。"汉庭："爱干净，住汉庭。"安东尼绘本馆："读好书，做好人。"口号，不用解释，一听就能触动你，直抵人心。当然，在整个品牌构建当中，口号也是最难的。口号，是企业或产品对天下人、对市场的承诺，是要说到做到的。但是，不能为了口号有煽动性、出彩就信口开河，或者文过饰非。现在信息这么透明、发达，说了做不到，消费者很生气，后果会很严重，那就是很影响品牌形象的事了。口号，要有清晰的卖点诉求。确切地说，口号要有功能性诉求。清晰明白地告诉消费者，自己的优势是什么，能带给消费者的最大价值是什么。比如，"农夫山泉有点甜"，就告诉消费者自己的优势是喝着甜，一下在众多矿泉水品牌中脱颖而出。鲁花，"5S压榨一级花生油"，一句话将自己的价值体现得淋漓尽致（见图 5-4-4）。食用油市场竞争那么激烈，可谁也无法撼动鲁花在花生油品类上的霸主地位。

图 5-4-4　花生油文案

"经常用脑，多喝六个核桃"（见图 5-4-5），也将消费价值观体现得清晰明了，非常有杀伤力。所以，产品品牌化最重要的一环——广告语的创作，也就是喊口号，特征是一定要有清晰的价值诉求，是产品价值的最大化体现。广告语切忌言之无物，假大空。

图 5-4-5　六个核桃广告文案

第七，新媒体广告创作具备文明性。顾名思义，文明性即广告语言在成型过程中形成的文化积累。文明是中华民族的优良传统之一，所以文明也是广告语创作中非常需要考虑到的元素。鲁迅先生曾说：“语言有三美，意美在感心，音美在感观，形美在感目。”简洁的“三美”点出了语言和谐的要义。换言之，语言和谐重在思想美、规范美、艺术美，体现智慧，蕴涵情感，讲究精确性、简明性，富有文采、韵律、情趣。和谐的语言读来赏心悦目，听来悦耳动人，用来倍感享受。文明用语是文明社会的缩影，渗透于日常生活的方方面面。人们在做各种各样广告的同时，借助各种丰富的语言文化，以其精美、巧妙的语言传递信息，驱动着观看者心灵，激发人们的热情，从而达到广告者的目的。广告语言中体现最明显的就是语言中的修辞。有一些广告语虽然具备了其他广告语创作的条件，但是忽视了文明，一些广告包含淫秽内容给人们带来精神污染，那些不文明的广告语永远不会为企业品牌带来好的销售效果，反而会成为品牌销售的“拦路虎”，没有宣传效果，成了人人喊打的“过街老鼠”，得不偿失。而且所有广告发布前都应该经过有关部门严格审查，那些发布不文明广告的企业将遭受严厉惩罚。

第八，新媒体广告语创作具备交互性。广告的交互性在广义上是指广告传播者通过网络或周围环境工具，创造性地使用不同元素和广告接受者进行交互，它包括简单的潜意识交互性到复杂的可强烈感受的交互性。与传统广告相比，交互广告会注重广告接受的参与度和体验感，交互广告能充分调动消费者的感官，例如，支付宝上的扫福活动，肯德基跟着太阳一同升起的广告牌，微信上的一些互动的小程序，抖音上的抢红包等。增加广告的交互性确实可以增加消费者的知觉，在游戏软件广告中增加消费者的反馈想法，增强消费者的感官，双方共享控制权，会对消费者产生积极的作用，从而增强消费者的知觉。广告交互性的传播模式可以将广告的效益发挥得更大，广告认知作为中介变量起到了部分中介的效果，广告交互性可以带动消费者对于广告的认知和了解，互动理念是网络广告超越传统各媒体的本质特征，现在人们多关注那种依靠强制手段占领桌面的强迫性网络广告形式，而较少关注广告文案的表达技巧。从最早的固定图标到飘动图标、弹出广告、整屏广告，网络广告形式的不断发展使网民难以躲开强迫性网络广告的干扰，无法浏览一个干净的网页。网络广告文案写作应针对个性化的网民需求，吸引他们的主动注意和兴趣，采用能够促使网民积极参与的文案形式，有效引导网民关注广告信息。由于网络广告的载体基本上是多媒体、超文本格式文件，因此，只要用户对某样产品或服务感兴趣，仅需轻按键盘鼠标就能进一步了解更多、更为详细生动的信息，甚至可以在虚拟环境下，让其亲身“体验”产品和服务。网络广告媒体的交互性，是其他广告媒体难以做到的，这有助于提高广告信息对用户的相关性，广告代理商能够顺应客户的要求投放广告，并为不同的用户制作不同文案的广告内容，从而增加网络广告的宣传效果。个性化的网络广告文案能够使网络广告回归“双向互动”的本质，回归“用户本位”的优势，树立网民对网络广告的好感与信心。

观察新媒体广告文案的创作趋势，对于笔者在广告语创作方面有着非常大的启发，广告语创作的重要性不言而喻，广告语创作作为广告创作的重要组成部分，对于广告能否起到预期的宣传效果、能否达成预期的广告目标起着至关重要的作用。好的广告语创作在广告策划中有着不可替代的作用，是无形价值的体现，一个成功的广告策划案例最重要的部分就是广告语，否则一切都无从谈起。广告语言在智慧的广告人精彩创意的法衣下，凝聚起无穷的创新能量，充实了绚丽多姿的人类语言宝库。广告语言的创新不会终止，它会在未来的无尽发展中更上一层楼。

第五节　新媒体广告文案赏析

互联网的发展带动新媒体技术的不断提高，视听技术、图像技术、动画技术在新媒体中的应用，使得广告文案的传播空间得到拓展，广告语的传播力大幅提升。在新媒体环境下，广告的传播呈现出新的特点，广告文案的创作也呈现出新的规律。在新媒体时代，广告想要取得最佳的宣传效果，其文案必须要深谙用户的阅读习惯和审美心理，用最合适的语言风格和方式进行沟通，既能轻松地引起话题，博得关注，又能用最快的速度让用户了解产品信息，加强记忆，甚至获得价值认同，迅速提升品牌的好感度，最终促成交易。

所谓精准定向化广告，就是通过 cookies 等其他的网络追踪技术，对用户按性别、年龄、地域、爱好、职业、收入等多种不同的标准进行分类，记录并保存用户对应的 IP 地址，分析用户消费行为，选择创意广告传播内容，然后利用网络广告配送技术，向不同类别的用户定向发布不同内容的广告。广告人可以依据广告内容、目标用户的不同特征，使用合适的广告表现形式，以达最佳的广告宣传效果。

手机作为新兴媒体，集多媒体、随身、交互和及时反馈等优点于一身，多种广告类型（图文、视频、H5 等）均可在手机上实现，因此是现在比较理想的广告发布媒介。在此平台上，互联网广告创意作为吸引用户的核心，更多地会从单向的告知走向双向的互动，如朋友圈定向广告。

宝马中国、vivo 手机和可口可乐三个品牌同属于朋友圈广告，但每位用户的手机上只会出现一个品牌的广告。很明显，刷出宝马广告的、刷出 vivo 广告的和刷出可口可乐的都是根据数据筛选后分类出的人群。

微信后台可以根据每位用户的手机号（归属地）、性别、阅读文章类型、关注公众号类型、微信支付信息、第三方账号登录信息等多种数据进行分析，以此筛选出不同类型人群。于是广告创意和策划有更加精准的方向。

与之相同的还有淘宝的推荐系统，每个人登录淘宝后获取的广告推荐都是不一样的。淘宝会根据你搜索商品的类型和其他各种数据，向你推荐一些你更愿意购买的商品。支付宝推出 AR 实景红包活动（见图 5-5-1）。

图 5-5-1　支付宝 AR 实景红包活动

这个活动能看出支付宝的广告创意放在了AR技术上。用户可以通过手机屏幕，把虚拟世界套在现实世界上并进行互动。互动的内容既新颖，又贴近用户日常生活，淡化了商业化的营销色彩。

这个例子可以看出，支付宝的广告创意策略更加注重用户的体验，实现了广告产品和用户的结合。继支付宝之后，手机QQ和苏宁易购均宣布也将推出AR红包。所以，未来互联网广告创意形式将会从单一走向交互。交互式广告的最大优点就是能让用户主动参与进来，不认为“广告”是“广告”，放下以往的那种对广告的排斥心理。

一、网易云音乐新媒体广告文案赏析

（一）网易云音乐广告文案设计特点

文案型：网易云音乐主打“UGC（用户生成内容）歌单和音乐社交”，以音乐为载体，通过用户探索及分享音乐模式，实现音乐的传播和用户的互动。网易云搭建了以音乐为基础、用户可以自主沟通交流的平台。在这一平台上，欣赏音乐的同时可以分享心情，可以对音乐进行点评，可以与有相同爱好的用户交流。分享和评论是网易云音乐社交目标实现的主要方式，活跃的用户、多元的评论俨然已经成为网易云音乐客户端的特色与亮点所在。用户可以听音乐、写乐评，也可以关注其他人的乐评，在其中寻找情绪的共振与情感的共鸣。通过音乐的方式，实现与陌生网友的心灵相通，获得繁忙生活中的一片寂静。可以说，无数的用户就是网易云音乐广告文案的设计者。发自内心的情绪表达、故事性的情节描摹和极富文采的文字呈现，作为网易云音乐地铁广告文案的内容，极易收获用户内心深处的认可，也能使用户获得情感上的共鸣。有了对广告文案的欣赏，用户增强了对网易云这一音乐平台的认可，地铁广告的营销活动也因此收到更理想的宣传效果。

场景型：网易云音乐着力打造音乐社交平台，“999+功能”成为其特色，也是音乐社交的核心，是地铁广告文案的来源。杭州地铁1号线网易云音乐广告文案设计融入网易云音乐用户的心情与感受，将地铁内来来往往的人们带到了广告文案所打造的场景中。网易云音乐地铁广告共有85条乐评文案，这些均是经过精心筛选、能够获得用户共鸣、在网易云音乐平台上有极高点赞数的文案。比如陈奕迅的《十年》中，用户“月浪海花”的评论“多少人以朋友的名义默默地爱着”（见图5-5-2）收获了无数用户的点赞与评论。简洁的语言传递出爱而不得的哀伤，将用户带入情境中。在地铁这一封闭的场所，情绪情感得以放大，地铁广告文案营造的场景氛围令人沉迷。

图 5-5-2　网易云音乐地铁广告案例

互动性：音乐在人们生活中扮演着重要角色——欣赏艺术，调节情绪，放松心情。音乐可以传递出丰富的内容，为社会公众所喜爱，可以引发人们情感上的共鸣。网易云音乐主打音乐社交，鼓励用户分享音乐，引导用户表达聆听音乐时的感受与情绪、情感的变化，由此也形成了网易云音乐的乐评。UGC 模式下，网易云音乐充分考虑用户的体验，强调用户的参与和分享，增强了音乐产品与用户的黏性。如今，多数网易云音乐用户已经养成边听音乐边评论的习惯。网易云音乐的乐评中也涵盖了用户的故事、情感，与用户的生活息息相关。网易云音乐在杭州地铁 1 号线上发布的广告，体现出了与用户的关联性，形成互动。地铁不仅仅是高效的城市交通工具，也是信息传播的有效载体。地铁拥有庞大而稳定的人流量，空间相对封闭独立，可以呈现文字、图片及视频等多元信息，是地铁广告发展的基础，也成为企业品牌宣传的渠道。在地铁广告投放爆炸式增长的新时期，如何在地铁广告的内容与形式上下功夫，吸引用户的眼球，已经成为企业等市场主体关注的热点问题。2017 年 3 月 20 日，网易云音乐与杭州地铁合作，将点赞数最高的 5000 条优质乐评印满杭州地铁 1 号线及江陵路地铁站。这次活动在线下受到追捧，在互联网上引发热潮，形成现象级传播，成为一场成功的营销。而这次营销成功的关键在于网易云音乐另辟蹊径的 UGC，即用户生成内容式的乐评广告文案。曾婷研究动态联动型的文案设计特点。地铁广告文案本身就是社会生活中普通个体的心情分享。地铁广告中有了这样贴近用户生活又充分表达情绪和情感的文案，实现了与用户的互动，满足了用户在情感与归属感方面的需求，也深深吸引了来往乘客的关注，起到了扩大营销的理想效果。

（二）网易云音乐广告文案影响

地铁广告会更快带入品牌使用场景。网易云音乐选择地铁站作为营销平台进行广告宣传，主要是抓住了地铁站人流量大且人流稳定的特点。网易云音乐将乐评广告文案形式融入地铁空间之中，内容丰富的、点评到位的评论形成情感刺激，红色的广告背景直观地冲击用户的感官。用户面对大量信息的冲击，自然而然地进入到品牌使用场景中，并且对网易云音乐客户端产生强烈兴趣。网易云音乐投放在杭州地铁1号线中的广告文案，使乘客在欣赏文案的同时，也对网易云音乐平台产生好奇，想要知道精心选择的文案是如何与音乐有效衔接起来的。有了对广告文案的兴趣，以及对网易云音乐的好奇，就有可能成为网易云音乐的用户，无形中起到了理想的广告宣传与推广效果（见图 5-5-3）。

图 5-5-3　地铁车厢内部的网页云音乐广告

乘客在封闭的地铁空间内参与实景体验。在地铁空间中，人们的注意力不容易被分散，受到的干扰较小，能够使乘客获得一种心理上的静谧与安全感，放下戒备之心，融入地铁广告所营造出的情景之中，对地铁广告所传递出来的信息产生信任与认可，从而投入情感，参与实景体验。网易云音乐广告文案投放在杭州地铁 1 号线中，以红加白的色彩搭配带给用户以视觉层面的强烈震撼，用户的感官体验被放大，提高了用户对网易云音乐广告的认同感，也形成了群体归属感，从而提升了广告的说服力。在这次广告文案设计及实施中，科学地选择了地铁这一投放渠道进行推广，抓住了地铁宣传的优势；红底白字的视觉呈现方式，带给乘客强烈刺激，与音乐实现了有机结合，更能引发乘客的情感共鸣。以音乐社交为特色的网易云音乐，本身就有庞大的用户群体与较高用户黏性，再加上精心选择用户原创音乐评论作为广告文案，搭建了乘客与网易云音乐衔接的渠道，也支持乘客深入到网易云音乐所打造的情景之中，形成独一无二的体验。

互动性营销直达宣传效果，为品牌直接引流。网易云音乐在杭州地铁 1 号线打造的地铁广告，清晰传递出了音乐评论的力量，也淋漓尽致地呈现出网易云音乐社交属性的特色与优势。网易云音乐在地铁广告的宣传推广上，充分利用了微信、微博作为营销传播的主战场，依托微信、微博等平台展开进一步营销，在互联网中掀起热潮、形成热点，最大限度地实现了广告推广的目标。网易云音乐精选优质乐评作为地铁广告的文案，这些广告文案极容易引发人们的情感共鸣，可以通过微信等线上平台实现快速传播，形成现象级事件。通过微信公众号、微信朋友圈，网易云音乐地铁广告利用微信用户高黏度的优势，实现用户自发的二次传播。部分乘客选择与自己喜欢的广告文案合影，通过微信朋友圈等分享，又形成了自发的广泛传播。网易云音乐官方微博拥有超千万的庞大粉丝群，在通过杭州地铁 1 号线进行广告推广的同时，官博发起“看见音乐的力量”话题微博，与地铁广告遥相呼应，引发关注，形成微博热点。微博大 V 的点评，以及普通微博用户的评论与转发，推动了网易云音乐地铁广告营销的持续与深入，为品牌直接引流，营销效果显著。总体而言，杭州地铁 1 号线网易云音乐广告文案在设计时，体现出文案型、场景型、互动型等特点。这一广告文案之所以可以取得成功，引发广泛关注，形成刷屏式传播，是诸多因素共同作用的结果。在充分考虑到地铁广告特性的基础上，在充分分析用户心理的前提下，形成了契合用户需求的创新型文案，引发用户情感上的共鸣，起到了广告说服的积极效果，最终顺利实现营销宣传的目标。

二、美团买药新媒体广告文案赏析

2022 年 4 月，美团买药又拍了一支广告《寻找不愿过春天的人》，这一次聚焦换季过敏人群，却拍给不过敏的人看。

（一）洞察过敏人群真实痛点，以场景故事强化代入感

视频文案：如果你从小到大都不曾过敏，你真的很幸运，也许你会说，不就是

痒几天吗，打几个喷嚏？那我想跟你聊聊他们的经历……有些人叫自己花粉探测器，你看他眼睛肿起来，就知道附近的花开了……有人一到考试就要带着整卷手纸……还有人一到南方就浑身长满荨麻疹……所以我想说，如果你从小到大都不曾过敏，你真的很幸运。因为在这个美好的季节，他们并没有那么好过。还好，美团买药24h都能在线问诊，平均30分钟就把药送到。如果可以，把这个消息，和你的关心一起告诉他们，让关心比过敏更早来到。

短片中的三类人，有可能就在你的身边。区别于以往由患者讲述产品利益点的广告，美团买药的沟通对象换成了不过敏人群，旁白文案采用讲故事的方式娓娓道来，温暖的画外音配合情景写实的镜头，向观众讲述身边几种过敏人群的经历。没有夸张的演绎，而是借助一个个生活化场景和细腻化的镜头语言，去还原在真实生活和真实场景中，这些症状所带来的、很难被普通人察觉的烦恼，然后真实地呈现出来。这样的镜头语言强化了不过敏人群对过敏症状的感知，增强了角色代入感。

（二）唤起大众换季买药意识，让关心比过敏更早来到

视频中引用真实数据让人深刻感知到被过敏困扰的人群数量，并用文字的形式放置视频正中央，目的是引起其他人的重视。目前国内有过敏性鼻炎人数超过2.4亿，花粉过敏人数超2亿，哮喘人数也超4 500万（见图5-5-4）。

图5-5-4　国内过敏性鼻炎人数（视频截图）

紧接着，视频放出美团买药产品的相关数据：根据美团买药统计，2022年春季，线上下单过敏药的用户增长较去年同期超500%。在所有过敏药订单中，每天有接

近四成的订单被送往办公区域。在工作压力大、长时间密闭的工作环境等因素的共同作用下，一线城市“办公一族”成为过敏症状高发人群。

因此短片中的过敏患者，也主要以白领为主，同时还包括学生等极具代表性的使用群体，让观众联想到自己身边的同事、亲友。无论是在写字楼电梯里全身痒的尴尬，在上班路上迎风流泪的难受，还是贴上面膜戴上护目镜出门的烦琐，都让普罗大众感受到过敏人群的真实痛点。

有了前期的故事铺垫，在这样的情感共鸣下，美团买药“让关心，比过敏更早来到”的品牌主张被合理引出，给予大众柔软一击，彰显了美团的人文关怀理念，助力品牌形象塑造。

这个品牌主张本质是唤起大众的换季买药意识，呼吁不过敏人群能够将“美团买药 24h 都能在线问诊，平均 30 分钟就把药送到”的消息告诉过敏患者。这一小小的举动，不仅可以及时帮助他们解决问题，还能将你的关心带到。

广告结尾外卖小哥的出镜（见图 5-5-5），让美团买药以一种更人格化的角色、更亲切的形象出现在大众面前，让人倍感温暖。美团买药扮演的角色，就像是一个关心身边过敏人群的朋友，能在关键时刻提供贴心的帮助。24 小时在线问诊，平均 30 分钟送药上门，极大地解决了过敏人群半夜买不到药的难题。不仅强化了美团买药“解决方案提供者”的角色认知，也加深消费者对买药上美团的印象。

图 5-5-5　美团买药小哥背影（视频截图）

（三）一场换季寻人启事传播，提升品牌社会价值认知

为了扩大传播声量，美团买药在微博上还发起一场换季寻人启事（见图 5–5–6），寻找那些因为过敏而不愿感受春日美好的人，并鼓励更多看到广告牌的人，将这个讯息传递给身边人。这些不愿过春天的人，他可能有过敏性鼻炎、哮喘、也可能是对花粉过敏、对柳絮过敏、对紫外线过敏。

图 5–5–6　美团买药微博话题广告

同时美团在线下打造了户外广告牌，以大字报的形式制造醒目效果（见图 5–5–7 和图 5–5–8）。借助醒目的户外广告牌，美团买药进一步扩散“平台 24 小时在线问诊，平均 30 分钟送药上门”的信息，同时让更多看到广告牌的人将这个信息扩散，扩大声量传播。

图 5–5–7　美团买药户外广告牌之一

图 5-5-8　美团买药户外广告牌之二

此外，品牌还联合各类药企和健康相关的各领域品牌参与其中（见图 5-5-9），以实际行动为过敏人群提供温暖的守护，让每个人都可以过好这个春天。这样一场社会化传播，进一步扩大了美团买药的贴心服务，同时提升了品牌温度。

图 5-5-9　美团买药联合各大药房的手机应用软件开屏广告

从整个美团品牌传播策略来看，美团买药此次深入消费者生活场景的营销动作，增进了用户对美团买药的认知和好感，加深了品牌和大众的价值链接，树立了美团买药真诚和贴心的品牌形象，更进一步夯实了美团“美好生活小帮手”的品牌理念，让用户真实感受到美团给繁忙的都市人带来的生活便利。这一系列广告文案以细腻的洞察力让人感受到品牌的人文关怀。相信这样一支充满人文关怀的视频，会让不少观众看完后自动转发，因为它确实能帮助更多过敏人群解决买药难的问题。

第六章　新媒体广告媒介

第一节　新媒体广告媒介的内涵

媒介是传播活动得以发生的介质载体。从指代的范畴来看，媒介的含义可分为两类：一类是从事信息采集、制作、传播的组织，即传媒机构，这种传媒机构又叫媒体；另一类是指信息传播的中介物。

广告媒介则是应用于广告活动的媒介，其基本属性与媒介一致。广告媒介就是广告信息传播过程中的传播介质载体，它除了具有传播广告的信息功能之外，还能凭借广告信息传播这一商业模式为广告媒介机构创造经济价值。传统广告媒介的内涵主要分为两方面：一方面指作为广告传播要素的广告媒介，另一方面作为经济创作者的广告媒介。

一、媒介形态变化

在信息社会，我们无法忽视的重要内容就是媒介。媒介的变化与发展可以说是日新月异，新旧媒介的更替不断地实现着“昨天的将来，今天的过去”，引领人们进入新传媒时代。要说明新传媒时代的内涵与特点，就要沿着媒介产业从出现到现代的进化之路，根据媒介的三次形态大变化进行研究。

（一）口头语言与第一次媒介形态大变化

从头盖骨化石上搜集到的解剖数据可确认，距今 4 万到 9 万年前，人类有了说话的能力。由于没有现存记录，关于口头语言的起源一直是一种猜测。但可以肯定，它在现代人类中的扩散跨越了几千年，随着口头语言的兴起，人类传播体系的第一次媒介形态大变化和人际传播的加速发展，以及由此产生的人类生存的迅速转变开始了。

口头语言除了使人与人之间的外部沟通更加有效之外，也为人的内部沟通提供了更加有效的方式。口头语言给人类提供了一种将他们搜集到的知识、经验和信仰，或者说他们的文化传递给下一代的方式。说话和口头语言负载着人类走了很长一段路，但它们本身在穿越时空时却具有不稳定性和不可靠性。当故事从一个族群传递到另一个族群或代代相传时，它们势必会丢失许多原有的意思和来龙去脉，最终变得不可理解，甚至成了隐喻。

（二）书面语言和第二次媒介形态大变化

为了试图可靠地记录并保存知识和信息，克服口头传播的限制，人们开始使用书面语言。书面语言成为一种变革的催化剂，它激发了第二次媒介形态大变化。最初始于史前洞穴画时期，在动物骨头和石壁或其他不易腐坏的材料上画出了有意义的图案，进而产生了文字，更加准确地凝固下图案的意义。随着信息日益增长的流动性和复杂性，产生了对文献记录技术的改进需求——应比石头、竹简、皮革等更易于传出和运输，还要能方便地显示更大量的信息。因此，纸与印刷技术产生了。

随着15世纪印刷时代的到来，第二次媒介形态大变化才真正开始。早在11世纪，中国宋朝的毕昇就发明了活字印刷术，但书面语言自它出现以来，一直被视为赠予统治精英的神圣礼物。直到4个世纪之后，古登堡将活字印刷术变为实用技术，报纸、图书、杂志等印刷媒介才普及起来。19世纪中期，大批更先进的工业时代技术引发了印刷媒介的“爆炸”。1890年到1920年的这段时间被认为是印刷媒介的黄金时代。

（三）电子媒介和第三次媒介形态大变化

20世纪20年代起，由于更新和更强大的大众传播媒介——无线电收音机与电视机的出现，报纸等印刷媒体被迫重新定位。那时就有一些专家认为，电子媒介决定了印刷媒介的死亡。但60年代末引进的计算机排版和新的印刷技术，降低了制造成本，也增加了色彩和图像的运用。到80年代初，大多数报纸和杂志又经历了从内容、版式到技术上的实质性变化。

在过去的几十年中，我们明显地处于第三次媒介形态大变化的中间，它始于19世纪早期电在传播中的应用。自从电报发明之后，各个媒介领域都一直在发生着空前的转变和扩张。无线电广播、电视、录音、录像等一系列模拟式电子传播技术与媒介出现并普及，人类进入以模拟式电子传播为代表的大众传播时代。20世纪中叶以来，全世界兴起了以计算机为标志的信息技术革命，实现了从模拟技术向数字技术的转变。与之相应地，一种全新的语言——数字语言作为一种强大的变革催化剂出现了。这是一种不同于任何语言的语言，用数字编码并处理信息的数字语言，被开发出来以利机器和它们的元件之间的沟通。只有通过一种数学中介的转译程序，数字语言才能用于人类和人类之间的沟通。“经过半个世纪的发展，人们处理信息的能力得到了百万倍的提高。因为信息处理能力的增大，对信息交流和信息传输则提出了相应的要求，在这样的背景之下互联网诞生了。”1998年5月在联合国新闻委员会的年会上，时任联合国秘书长安南提出，在加强传统文字和声像传播手段的同时，应利用最先进的第四媒介——互联网。至此，正式提出了“第四媒介”的概念。它指的是继第一、二、三媒介的报刊、广播和电视之后出现的互联网和正在兴建的信息高速公路，也是目前流行的新媒介，后来又出现了被称为“第五媒介”的手机。数字语言的发展对人类社会的影响，比以往的任何一次媒介形态大变化所产生的影响都要更深远，人类真正进入了信息时代。现如今传统的印刷媒介如报纸、杂志等，更是受到空前的压力，纸媒将消亡的声音再次响起且越发强烈。生存原则似乎意味着各种形式的媒介包括媒介企业，将被纳入某一类或灭绝。但这个过程通常需要一些时间，虽并不意味着能永远成功地适应和演进，但其总会面对变化的条件做出适应和演进的反应。但我们也需要接受正面的事实，即印刷媒介的不断演进不是依赖油墨与纸张。

如何准确而全面地定义目前我们所处的新传媒时代，尚未有统一的结论，不过通过媒介形态的演变，我们可以对其有大致的描绘——随着第三次媒介形态大变化的发生，模拟技术向数字技术转变之后，以全球互联网络为平台，以电脑等数字多媒体方式进行信息传播服务、户外视频、数字电视等为代表的新媒介，以及由此而带来的传播方式、营销理念等的变化为其主要内涵，这标志着新传媒时代的真正到来。

新传媒时代简单来说就是——以电脑网络、手机为代表的新媒介全面应用与发展的时代。在这里有必要对“新媒介”（New media）这个概念做一个比较全面和准确的定义。“新媒介”的概念最早是由美国人戈尔德马克在1967年提出的，就是指传统媒介，如书籍、报纸、杂志、广播、电视、电影之外的新兴媒介，“利用数字电视技术、网络技术、多媒体技术、通信技术，通过互联网、宽带局域网、无线通信网和卫星等渠道，以电视、电脑和手机为终端，向用户提供视频、音频、语音数据服务、连线游戏、远程教育等集成信息和娱乐服务的一种传播形式，包括网络、手机、移动数字电视（无限的、车载的、公共交通上的）、有线数字电视、IPTV、楼宇电视等”。其中包括传统媒介的新形态，如楼宇电视、移动电视，以及不同于传统媒介的数字化形态，如网络、手机。

二、新媒体时代媒介的内涵

从广告学角度来看，新媒体时代媒介的基本内涵可归纳为三个方面：

（一）媒介作为广告的介质

体现的是“媒介”的中介性。媒介的中介性是媒介化社会探讨的核心概念之一，有学者提出：“媒介中介性蕴含着两层意思：第一，中介性是媒介的本性；第二，媒介能在各种关系中发挥中介作用，并可能对这些关系产生进一步的影响。”置身于媒介化社会的广告，显然不能脱离“媒介”的中介性。“媒介”这种介质属性所体现的中介性意味着广告创意可以将任何事物作为介质，并以任何事物为“中介”，找到彼此的关联，发挥广告的效力。因为“任何事物都处于被中介的关系之中”，由此观之，广告创意的“媒介”资源可以无限扩展，甚至可以是世间万物。

（二）媒介作为广告的载体

体现的是“媒介”的实体性。媒介的“实体性”意味着广告只是“媒介”这一实体上的一部分，“媒介”还要承载除广告之外的其他信息，比如新闻、资讯、音视频等多种文本。但通过创意，广告可以巧妙地与“媒介”这一载体上广告之外的文本产生“勾连”，形成所谓的“事件媒体”。媒介的“实体性”还意味着将本不属于广告“载体”的实体开发或转化成“媒介”，形成所谓的“人体广告”，由此衍生出“人体”各部位广告，从头到脚都成为广告的“载体”。在这里，人是作为延伸广告的“媒介”而存在的。

（三）媒介作为广告的通道

体现的是广告对“媒介”的依附性。广告必须借助“媒介”存在，而且广告必须为这一“通道”付出高昂的成本，由此形成了大批媒介型公司——媒介购买公司。“随着媒体价格不断攀升和媒介形态日益多元化，媒介购买公司在广告市场中扮演的角色越来越重要，成为影响世界传媒业和广告业发展的重要力量。”而且，强势

“媒介”还常以广告招标的方式进行媒介投放，更加剧了广告对稀缺“媒介”资源的竞争。每年11月18日的央视黄金资源广告招标，堪称中国广告投放的“晴雨表”。可以预见的是，在不久的将来，广告在媒介“通道”上的竞争将日趋激烈，由此应运而生的“媒介购买”或许会成为广告市场的第四大要素。媒介通道的昂贵，亦迫切需要高水平的创意，才能抵消高通道费带来的成本压力。在投放“通道”的压力下，广告势必以创意为导向，更加注重媒介的“介质性”与“载体性”的开发利用，由此形成媒介的多样化景象。

三、作为广告传播要素的广告媒介

作为广告传播要素的广告媒介在广告信息传播的过程中发挥着重要作用，是连接信息和用户的重要纽带。媒体是广告的沃土，在媒体稀缺的时代，广告赋予了媒体至高无上的地位。长期以来，人们甚至认为广告是媒体的附属品。

技术的快速发展带来了媒体的百家争鸣，推动了媒介的百花齐放。媒介不仅局限于报刊、户外、通信、广播、电视等传统主流媒介，Web 2.0的不断成熟，以“博客”为代表的新媒介层出不穷。在新媒体环境下，广告主会更加倾向于选择新媒体，如微博、抖音、快手，小红书等。广告主看中的不仅仅是新媒介的传播速度快、传播范围广、超时空等特点，更重要的是数字化发展下网络营销表现形式多样、低成本、精准投放、交互性极强等特点。广告主通过新媒介可实现广告相对的精准投放，直接面对消费者并与之沟通，利用互联网较好的交互性及时了解用户反馈，建立全面的广告数据库、营销数据库进行整合营销、大数据营销，广告投放走向集中化、专业化，而这些都是传统媒介无法比拟的优势。随着技术的不断发展，媒介形态出现融合趋势，不仅仅是旧媒介和新媒介的简单融合，在新媒体时代下的媒介融合更加突出了人作为媒介的作用，个人媒介整合了信息流、物流、资金流和商流，而每一个环节都有广告的空间，赋予了广告发展动力，推动了逆向广告活动发展。

（一）媒体是传播广告信息的媒介

媒体是指人们传达信息与获取信息时的中介，是一种高方便有效的工具或科学技术手段。媒体也是能够实现用户信息接受与信息传递的有效途径的重要介质。所以，媒体不但能够存储信息、传达信息和有效处理信息，并且是用户接收信息的桥梁。在飞速发展的当今社会，媒体也呈现出多种多样的形态，新媒体孕育而生。新媒体的发展与经济、文化、科学技术的发展有密不可分的联系。相对于传统媒体而言，新媒体更注意数字化、互动性和个性化等特点。报纸、广播、刊物、电视及广告牌等不能紧跟时代的潮流，在此背景下，新媒体得到大众的广泛喜爱。如手机、平板网络、电子读书媒介、数字电视等，新媒体涵盖所有的数字化的媒体形式，通过互联网、卫星或无线通信技术将信息完美地呈现，面向用户提供优质化的服务，满足不同用户的信息需求。在当代语境中，新媒体已经成为每个人触手可及的信息获取媒介。伴随新媒体技术的发展与普及，每个人所获取的信息也更加个性化。

在媒介传播环境细分化的趋势下，信息的个性化传播成为媒介新生态的一个重要特点。新兴媒介勃兴，传播通路激增，海量信息堆积，信息环境进一步加剧了用户碎片化、部落化、族群化的特征，无差异的用户被细分为各种小众部落。被各种划分方式和标准细分的小圈层群体，其圈层内部成员的媒介接触习惯、消费偏好较为一致；而不同圈层的群体，即使拥有较为一致的年龄、受教育背景和收入，也会因价值观和归属感不同而在广告媒介的选择上出现差异。如不同圈层的音乐爱好者对音乐媒介的选择便不一样，那些特立独行的青年人大多愿意选择网易云音乐，在以情怀落地的音乐社区中寻找久违的归属感；而追求个性的Z时代音乐爱好者则更喜爱具有完备曲库、听歌识曲、个性化推荐等实用功能的QQ音乐。由此可见，洞察小众化圈层群体的性别、年龄、兴趣爱好和媒介使用习惯，通过数据与媒介的深度结合进行精准的个众化传播是优化广告媒介传播机制的不二法门。广告媒介流量获取过程复杂化的主要原因在于：一是在“万众皆媒”的今天，自媒体进入门槛较低，加之大型互联网公司纷纷扩大自媒体生态圈，使得众多媒介投放平台分散了用户有限的注意力资源，导致平均关注量和流量减少。二是消费者碎片化与网络社群小型化。消费者对媒介的碎片化使用意味着广告主需要用更丰富的视听形态来吸引比以往更狭窄和更确定的目标用户；小型网络社群的社交语境具有私密与封闭的互动特征，用户不再像之前一样把自己的足迹公开在社交媒体之上，广告媒介在这样的私域流量池中很难捕捉自己的目标用户。三是用户媒介素养不断提升。随着对媒介功能和影响力的认识不断深入，用户对广告信息的识别及判断能力不断增强，并对广告采取有意回避的态度。总之，由于媒介环境的变迁，用户的信息获取习惯与渠道发生了深刻变化，媒介的信息传播方式乃至生态链都将逐步被改变。

（二）广告媒介是应用于广告活动的媒介

随着技术的创新和商业的发展，媒介的技术形式呈现出多样化的特征，如今互联网成了最具广泛性和普遍性的传播媒介。广告媒介也多以互联网为主，人们在使用手机和电脑上网时广告随处可见。

作为广告传播要素的广告媒介，是广告信息传播过程中必不可少的组成部分。传播者通过编码生成广告信息，然后通过广告媒介传播给广告用户，从而产生广告效果。在此过程中，广告媒介成为传播过程得以实现的介质或载体。广告媒介承载了传播者要表达的信息。

广告总是伴随着社会的进步不断演变并肩负着信息传播的重要使命，媒介技术的变革促使广告媒介向多元化方向发展。新媒体广告在技术整合发展现状下体现出共识性。全媒体时代，媒介并非单一存在，而是在彼此交融中共同发展，但这并不意味着媒介之间是此消彼长的关系，它们之间更多的是一种共融共生、协同演进的状态。两种独立的媒介形态通过融合可以形成全新的媒介形态，这种媒介形态既兼具了两种媒介的特点和属性，又演进出新的个性特征。以广告媒介形态为例，其在信息技术的支撑下，能够实现影音图文一体化发展，这些媒介形态在广告内容上又可以涵盖如购物理财、交易拍卖等众多内容，用户可利用互联网搜索引擎对相关的信息进行选择，以满足自身的个性化需求。可以说，这一时期的广告在媒介形态和内容上更具融合性、互动性和开放性特征，在新媒介技术的驱动下，广告媒介形态和广告内容也更加多元化，这更容易发挥各种广告媒介的价值。广告媒介形态的存在需要多种媒体形式的支撑，构成广告媒介形态的不同形式之间存在着一定的逻辑关系，而这正是广告媒介形态发展的历史性特征。回顾广告媒介的发展过程不难发现，传播媒介的发展始终处于被动状态，但随着传媒技术的迭代，共时性广告中的部分叙事结构已经不能适应新的信息环境，这就迫使广告制作者通过对媒体技术的创新应用，及时调整广告媒体形式，进而促进广告媒介的发展。可以说，技术迭代下的历史广告是广告媒介演变的重要转折点。此时的广告媒介形态并不稳定，而是存在诸多的演变可能。随着 5G 时代的到来，以移动互联网技术为根本驱动的全媒体广告，必然会适时性融入 VR、AR 等元素，这将会催生出全新的广告媒介形态，但我们无法确定哪种媒介形式会被取代。

（三）新媒体广告媒介与传统广告媒介的异同

新媒体广告媒介不同于经过互联网技术淘汰的过时广告媒介。传播领域中的淘汰主要是指部分媒介或媒介技术无法满足社会现实需求而最终被用户淘汰的现象，但这种淘汰并非真正的消失，而是以一种独特的艺术形式继续存留，就如同古董的复制品和手工艺品都是独特的艺术一样。以照相机为例，其工作原理就是将反射光线引入镜头中，然后通过感光材料的捕捉形成相应的影像，最后经过专业冲洗得到色彩鲜明的照片。最开始照相机使用光敏胶片作为感光材料，但随着技术的成熟与进步，照相机成像模式已经无法满足现实发展要求，并开始朝着数字化方向发展，出现了智能相机等全新技术。处于被淘汰状态的媒介技术与主流的媒介技术相整合，会逐步演变为具有新特点的新媒介。当广告生产者从这一独特存在中提取到多元化传播要素时，它就成为可以取代传统广告媒介的新媒介，此时就会再次形成技术整合下的共识性广告，然后在发展过程中又会出现新的媒体技术，最终完成技术整合—迭代—淘汰的过程，形成共识性广告、历史性广告和过时性广告的循环。不难发现，广告媒介的形态变迁主要是由媒介形式自身所带来的，也就是说媒介技术是核心驱动力，这使得媒介本身所具有的意义在某种程度上超越了媒介内容所具有的意义。从传统纸媒传播形态到广电传播形态的演变，用户始终处于被动接受的状态，是典型的单向传播模式。而随着媒介技术的发展成熟，信息技术与广告媒介的多维整合促进了广告媒介的创新发展，并让用户能够利用多种平台参与到信息传播中，实现了信息的双向互动，强化了用户的阅读体验。在此背景下，媒介技术的复杂深化，对阅读时空进行了极大压缩，并对用户思维和行为都产生了深远影响，在丰富广告媒介形态的同时，进一步拓展了广告媒介的价值空间。

新媒体广告媒介的作用还体现在广告媒介的作用上。广告媒介规范了现代广告的主要传播模式：广告的策略、定位分析、创意文案一起构成了广告活动的主要体系；广告媒介定位广告市场；广告媒介在选择和组合上，如版面大小、时段长短、刊播次数、媒介传播时机等，都对广告的运行进行了准确的把握；广告媒介决定广告是否能够达到目的；广告媒介决定广告效果。

虽然媒介生态环境在不断变化，但无论是在传统媒体时代向用户发布强迫式广告信息，还是在新媒体时代运用多种技术手段和优化投放策略进行诱导式的广告推送，广告媒介的本质是传输信息，最终目的也是实现与消费者的有效沟通。广告媒介形态多元化、广告信息传播个众化、广告流量获取复杂化共同形成了广告媒介的新生态环境。基于这一环境的广告媒介不再只是一个冷冰冰的信息发布工具，其价值不仅体现在传播广告信息这一基础功能上，还体现在调动广告用户情感、培养品牌忠诚度、传递品牌价值等方面。广告媒介要继续坚持以用户为中心的传播策略，明确与用户沟通的角色定位，把握好传统媒体、互联网媒体、生活圈媒体共生共存的关系，使用营销传播理念人性化、呈现形式内容化、传播形式视频化、服务功能深化等策略应对新生态环境带来的挑战。

四、作为经济创作者的广告媒介

作为经济创作者的广告媒介本身就具有价值，广告媒介在广告传播的过程中发挥重要作用。麦克卢汉曾用“媒介即讯息”昭示技术和媒介的巨大影响力。21世纪随着信息技术的发展和Web 2.0技术的不断成熟，新媒介不断出现并出现融合趋势。“媒介融合”就其表现形式而言，主要有两种：其一是在传媒业界跨领域的整合与并购，并组建大型的跨媒介传媒集团；其二是媒介技术的融合，将新的媒介技术与旧的媒介技术联合起来形成新的传播手段，甚至全新的媒介形态。如果说科技是第一生产力，技术则是推动媒介发展的根本动力，在技术发展下所产生的媒介融合将会引发媒介生产方式的变革。媒介融合到来之前，是传统媒介较为独立单一的线性生产模式，媒介融合之后为了满足不同的用户需求和获得更加优化的传播效果，往往会运用多种媒介和传播手段，很难区分某一新闻报告的完成是从属于某一单一媒介。媒介融合所带来的还有融合化的广告沟通模式、逆向广告活动和基于数据库的精准营销等。在新媒体蓬勃发展的今天，媒介价值将会更为凸显，也将会为未来社会发展带来各种可能。

作为价值创造者的广告媒介，为需要信息传播的广告主提供了传播价值，同时为媒介本身创造了经济价值。因此，作为价值创造者的广告媒介，既能为广告主服务，将广告主意欲传递的广告信息有效地传播给用户，促使用户形成对广告主有利的认识、态度或行为，同时也能够为媒介自身带来广告收入，获得盈利，增加媒介的经济价值。

21世纪兴盛的互联网媒介，为广告媒介的价值加码。互联网作为广告媒介，减少了媒介的实际花费，不同于以前在报纸、杂志、霓虹灯、橱窗、路牌等媒介上宣传需要“版面费”或“占用费”等实际费用。在互联网发达的今天，新媒体广告更多以软广告的形式出现，传播主以UGC内容为主，经过一段时间的信息传播，改变用户的认知、态度和行为。在新媒体环境下，我们将全新的广告形态及一些主要特点如“互动性”“消费者主导”“广告主自主传播”等引入到“广告”内涵中进行审视。我们可以发现：作为广告主的企业已经不再将商业信息的发布只寄托于如上界定的纯广告，而是越来越多地付诸可自我掌控的、付费支出方式多元化的会展、活动、终端、新媒体、关系管理当中。

媒介作为广告投放的通道将更加立体多样，媒介的介质或载体的特征也将更加明显，专为广告投放而生的低成本“通道”，专为广告而生的“介质”“载体”日益纷繁复杂。广告媒介的未来多样景观，将为广告创意预留大量的空间和时间。传统广告的服务功能主要为向消费者提供产品信息、帮助其完成购买决策。新生态环境下，传统媒介和新兴媒介都处于迭代转型中，转型的核心为深化服务功能：一是加强对数字技术的运用，建立跨平台、多介质的广告精准分发体系，通过个性化、互动的方式提升用户对广告的接受度，如移动互联网与移动终端的可感知性、可移动性、可穿戴性等功能特性相结合，通过搭建场景提升用户体验，使用户享受个性化的服务；二是重视对用户数据的维护，打通旗下不同传播介质的用户数据，形成一套画像准确的用户标签体系，开发具有吸引力的用户服务系统，从而为进一步吸引用户、扩大传播影响力打基础。此外，广告媒介还通过对内容、平台和人才等各方面资源的整合，为用户提供多样化的服务。如通过内容生产、版权销售等实现知识变现的知识服务模式，搭建销售平台实现产销对接的互联网销售模式，以及媒体承接政府部分业务职能的政府服务模式等。广告媒介为企业进行线下推广的媒企合作模式，广告媒介既通过广告内容的推广促进销售，又借助社会资源拓展自身的服务功能，帮助品牌进行终端推广活动。例如，2016 年 OSENS 与三棵树达成合作，为三棵树提供年度整合营销策划、数字营销执行和品牌创意延展等系列服务，极大拓展了媒体的服务功能，掀起了一场高覆盖率的推广活动。总之，广告媒介须将互联网技术、创意等创新成果与广告服务深度融合，不断优化和创新广告媒介的服务功能，以应对新生态环境带来的挑战。

广告媒介作为广告信息传播的物质技术手段和传输窗口，其天然使命就是传播广告信息，转变人们对广告商品的态度，继而引发人们的购买行为。一直以来，广告对沟通功能的主张从来都不是口号。具体而言，一则广告是否成功需要从沟通的角度来看待广告目标，实现与消费者的有效对话。一个媒体的广告价值直接取决于沟通效果，即如何更好地帮助企业完成与顾客的连接。以20世纪为节点，20世纪之前，媒介生态环境较为单纯，广告媒介只需简单的功能告知就能产生效果；20 世纪后，广告媒介的劝服功能日渐凸显，开始诱导消费者购买，以达到营销的目的。但这种单向线性、信息不对称的媒介沟通方式，导致广告的公信力严重下降。在网络与数字传播时代，网络信息最突出的优势在于改变了传统媒介单向线性的传播形态，具有高度的双向互动性。消费者在通过数字媒体获取所需商品信息的基础上，以平等对话的姿态进行广告信息的解码、反馈和再传播。这种双向互动性拉近了广告媒介与消费者之间的距离，增强了消费者的参与感。

第二节　新媒体广告媒介的类型

广告媒介在自身发展的同时，在推动新媒体发展方面也起到了重要的作用。首先，广告促进媒体经营环境的改善，广告是各大媒体区主要资金来源之一。目前，我国电视频道出现专业化趋势，如专门的影视、音乐、体育、财经、娱乐、生活类频道，而频道专业化在很大程度上来源于广告主要求广告实现“精确传播”的需要，在广告精播的同时，也使观众在选择感兴趣的频道节目时可以了解自己感兴趣的广告，这些广告在该种播出状态下就会受到更多的关注，从而实现广告、节目的双赢。随着不断进化，媒体的广告形式产生了新变化，那就是软广告的出现。软广告作为一种新型的广告形式，因其以新闻或服务类信息的形式出现，不易引起读者的反感和排斥。服务性信息的出现，使媒体内容更加实用，广告使媒体不仅成为重大新闻事件的载体，也成了大众服务信息的载体。

广告的关键在于创新，为了提高广告效果，各种新媒体层出不穷，媒介技术日新月异。新媒体概念不仅局限于由科技发展带来大的媒体形式的创新，更包括媒体使用方式和地点的创新。楼宇广告、公交移动广告、M 杂志（免费杂志）……在现代都市中，这些新媒体不断涌现，其背后一个重要的动因便是广告。可见，广告在推动媒体发展方面有着不可磨灭的作用。总之，在新媒体的背景下，广告媒介也在不断地变换，寻求着新媒体下的最优状态，媒体广告的新形式、新内容层出不穷。媒体发展促进广告媒介的变化，而在广告媒介自身发展的同时，在推动媒体发展方面也起到了重要作用。二者相辅相成，互相促进。广告应用于新媒体中产生了新的媒介形态。大致可以从以下 8 个方面进行分类。

一、按表现形式分类

按表现形式可分为印刷媒介、电子媒介等。印刷媒介包括海报、报纸、杂志、书籍等。电子媒介包括电视、电影、广播、电动广告牌、电话、网络等。印刷媒介具有便携性和易存性，读者拥有主动权，更能适应分众化的趋势。但是它的时效性不强，不能像电子媒介那样进行实时报道，而要经过一个制作周期。随着科技的发展，现在户外的电子媒介占比也越来越高，伯亿车载媒体就属于电子媒介。

二、按功能分类

按功能可分为视觉媒介、听觉媒介和视听两用媒介。视觉媒介包括报纸、杂志、邮件、海报、传单、招贴、日历、户外广告、橱窗布置、实物和 VI 标识等媒体形式。听觉媒介包括无线电广播、有线广播、宣传车、录音和电话等媒体形式。视听两用媒介主要包括电视、电影、戏剧、小品及其他表演形式，比如车载广告（见图 6-2-1），通过视听结合，让用户与广告形成更好的互动。

图 6-2-1　车身广告

三、按影响范围分类

按广告媒介影响范围的大小可分为国际性广告媒介、全国性广告媒介和地方性广告媒介。国际性媒介如卫星电路传播、面向全球的刊物等，全国性媒介如国家电视台、全国性报刊等，地方性媒介如地方电视台、报刊、地方户外广告牌、楼宇、交通广告等。品牌主可以根据自己的投放需求，选择投放的影响范围，如果是地方性的活动宣传，只投放地方性媒介就可以了（见图 6-2-2）。

图 6-2-2　电线杆上的宣传广告

四、按接收类型分类

按广告媒介所接触的视、听、读的对象的不同可分为大众化媒介和专业性媒介。大众化媒体包括报纸、杂志、广播、电视、楼宇广告，专业性媒体包括专业的报纸、杂志、专业性说明书等，品牌主需要根据投放广告的产品特性选择合适的媒介。

五、按时间长短分类

按媒介传播信息的长短可分为瞬时性媒介、短期性媒介和长期性媒介。瞬时性媒介如广播、电视、幻灯、电影等，短期性媒介如海报、橱窗、广告牌、报纸等，长期性媒介如产品说明书、产品包装、厂牌、商标、挂历等。这些媒介的选择主要是根据广告活动的时长和品牌主的预算进行的。

六、按可统计程度分类

按对广告发布数量和广告收费标准的统计程度，可分为计量媒介和非计量媒介。计量媒介如报纸、杂志、广播、电视等，非计量媒介如路牌、橱窗等。

七、按传播内容分类

按其传播内容可分为综合性媒介和单一性媒介。综合性媒介是指能够同时传播多种广告信息内容的媒体，如报纸、杂志、广播、电视等。单一性媒介是指只能传播某一种或某一方面的广告信息内容的媒介，如包装、橱窗、霓虹灯等。

八、按照与广告主的关系分类

按照与广告主的关系，可分为间接媒介和专用媒介。间接媒介（或租用媒介）是指广告主通过租赁、购买等方式间接利用的媒介，如报纸、杂志、广播、电视、公共设施等。专用媒介（或自用媒介）是指属于广告主所有并能为广告主直接使用的媒介，如产品包装、传单、橱窗、霓虹灯、展销会、宣传车等。

广告媒介的分类形式多种多样，最终选择什么样的广告媒要考虑品牌主自身的产品和宣传的需求，根据如宣传影响范围、宣传时长等来确定，综合考虑更适合自己的媒介。伯亿车载广告，通过与网约车、出租车的完美结合，可达到广告全城流动的效果，投放时长和展现形式可由品牌主自由选择，自主定制。

第三节　新媒体广告媒介的特征

一、新媒体广告媒介的交互特性

互联网的出现，改变了媒介的传播方式，从传统的传者向受者的单向传播变为传者和受者之间的互动沟通，其交互特性打破了时间和空间的限制，带来了广告媒介的变革，广告媒介在信息内容、传播方式、沟通效果上都具有了新的特征。

（一）媒介大融合

新媒体时代最突出的特点即各种媒介的大融合。新媒介的传播方式是多媒体化，即平面媒体（报纸、杂志、图书、户外广告）、立体媒体（电视、广播、电影）和网络媒体的三维平台的大融合。新媒介不仅显示文本，还显示图形、图像和声音，打破了视觉媒介、声音媒介、阅读媒介之间难以逾越的鸿沟。这使得新媒介的表现形态呈现立体化、全景式的特点，使信息传播更加形象、直观。

（二）大众传播转为分众传播

21 世纪是信息时代和知识经济的社会，称其为“信息爆炸”并不为过，信息时代的知识经济本质上是一种“注意力经济”。然而用户注意力却是有限的，比前信息时代并没有实质性的增长。所以人的注意力日益成为稀缺的资源。这就需要从大众媒介的大众传播方式转变为新媒介的分众传播，根据不同消费者的喜好，有针对性地传播信息，才能更有效地吸引用户眼球。分众传播是新媒介独特的传播方式。

（三）信息的实时性和实效性

在新媒体时代，信息的发布要求实时、实效，新媒介可以随时发布信息，不像传统媒介需要排版、印刷、发行等多个环节，只要按一下键盘就可以即时传播到世界各地。在传播信息中，时效和速度是信息的生命。

（四）信息容量的无限性与传播范围的广域性

新媒体时代的新媒介突破了信息容量的限制，各种信息不再受容量的限制，这是传统媒介不能比拟的。同时，新媒介还突破了用户地域范围的局限，信息一旦进入网络，就可以实现全球化共享。因此，网络传播的影响力是不容低估的。这对广告传播来讲，可谓是机会与挑战并存，既要守住自己的阵地也要积极出击。

（五）信息传播的互动性与无中心化

以互联网为代表的新媒介的信息传播方式，能实现传播者、用户之间的双向互动传播，打破了传统大众媒体单向传送信息的格局。互动性的表现：一是信息的传者与受者之间的交流更加容易，二是传者与受者之间的界限正日益淡化。这与传统媒介相比，每一个网络信息提供的平台都不过是在互联网上不断延伸、不断更新的社会网络上的一个节点，谁也无法指出信息传播中心在哪里，也可以说任何一个节点都是信息传播的中心。

（六）信息的高效检索性

新传媒时代的信息可以通过新媒介，实现便捷的检索功能。只要输入你要寻找的信息或关键词，新媒介便可以快速地给你找出几十条、上百条甚至成千上万条的有关信息。这是大众媒介不能做到的。本书中关于新媒体时代讨论的重点，即新媒介种类的选择方面，主要是围绕“网络媒介”展开的。原因有两点：其一，以电脑、手机等为载体的网络媒介几乎涵盖新传媒时代的主要内容，新传媒时代的特点也可以说就是网络媒介的传播特点；其二，本书主要着眼于新传媒时代这个大环境下，从新媒介的发展壮大对于传统平面媒介（比如报纸、杂志等）地位的冲击和挑战这一现象，来分析传统平面广告由此发生的变化。而网络媒介的发展在相当程度上撼动着传统平面媒介，即纸质印刷媒介的原有地位。

二、新媒体广告媒介的互联网特性

（一）互联网特性

精准性：互联网上可以利用服务器的访问记录软件，记录用户在互联网上的行为轨迹，包括点击浏览过的页面、广告，或是曾经深入了解哪类信息，从而确定广告商品的目标对象群体，使信息沟通具有高度的精准性。

互动性：与传统的大众媒体一对多的传播方式不同，互联网能够多对多互动传播或一对一互动传播，颠覆了传统大众媒体由媒体主导的传播模式，在互动中大大增强了沟通的效率，催生出新的传播价值。

网络性：网络传播具有传统媒介传播无法比拟的开放性和交互性，它打破传统媒介传播的时间和空间限制，融合大众传播、群体传播、人际传播的传播特征，冲破传统媒介的单向线性传播方式，形成点与点连接的网状传播模式，将信息迅速辐射到全国甚至全球。

社区性：互联网的社区性体现在互联网为众多网民提供了一个平台。他们能够在网上记录自己的感情和生活，发起和参与各种问题的讨论，表达自己的看法和观点。参与各种兴趣、各种主题的活动，通过各种方法表达和满足个性的诉求，相互之间进行倾诉、交流、交易等，人们在这些活动中形成社会网络。

服务性：这是互联网最具变革意义的特性。传统的媒体只是传播信息，且信息传播具有二八定律的特征，即被传播的信息只占据所有信息的 20%，80% 的信息是没有机会被传播的。但互联网能够提供另外 80% 的长尾信息，而且不仅能传播信息互联网，还能让物质世界中的服务在信息沟通中得以实现，将虚拟世界与物质世界连接起来，实现了比特和原子的交融。媒介不仅能生产信息，还能生产物质，媒介的功能发生了变革。

（二）互联网类型

1. 按内容构成划分

可以分为综合门户型和垂直型。综合门户型是指通向某类综合性互联网信息资源并提供相关信息服务的应用系统。垂直型是指针对特定领域或特定需求，提供相关的信息和服务，如体育类、财经类、影视类、时尚类、育儿类、新闻类等网站。

2 按技术特性划分

一是 SNS 类，即“社交网站”或“社交网”。社会性网络是指个人之间的关系网络，这种基于社会网络关系建立的网站就是社交网站。SNS 的全称是 Social Networking Services，即社会化网络服务，专指旨在帮助人们建立社会化网络的互联网应用服务。国外的 Facebook、Twitter，国内的微博、微信，都属于 SNS。

二是视频类。视频网站是指在完善的技术平台支持下，让互联网用户在线流畅发布、浏览和分享视频作品，包括 P2P 播软件等，其中影视点播网站是主流，例如国内的优酷、爱奇艺、搜狐视频等，以及国外的 YouTube、Holo 等。

三是 LBS 类。位置服务（Location Based Service，LBS），又称定位服务，由移动通信网络和卫星定位系统结合在一起，通过一组定位技术获得移动终端的位置信息（如经纬度坐标数据），实现各种与位置相关的业务。LBS 包括导航查询、识别、事件检查位置等。服务的三大目标是：你在哪里（空间信息）、你和谁在一起（社会信息）、附近有什么资源（信息查询）。

四是 AR 类。增强现实（Augmentde Reality，AR）技术，是一种实时地计算摄影机影像的位置及角度并加上相应图像的技术，这种技术的目标是在屏幕上把虚拟世界套进现实世界并进行互动。

3. 按主导者划分

一是企业类网站，即企业自建的传播企业信息的平台。企业网站的作用就是展现公司形象，加强客户服务，完善网络业务，还可以与潜在客户建立商业联系。

二是融合类网站，即由传统媒体建立的网站，在媒介融合中因发展的需求向互联网延展。互联网网站成为其重要的内容渠道，但未来会向核心的信息沟通渠道发展。

三是服务商类网站，即由各类型的互联网服务商开发的网站，基于商业模式运营，最终要实现盈利。

4. 按交易模式划分

一是 B2B(Business to Business）。指企业与企业之间通过互联网进行产品、服务及信息的交换，例如阿里巴巴。B2B 模式是当前电子商务模式中份额最大，也是最具操作性、最容易成功的模式。B2B 网站的主要模式有三类：大型企业 B2B 网站、第三方经营 B2B 网站、行业型 B2B 网站。

二是 B2C(Business to Customer）。指提供企业与用户间交易的电子商务网站。B2C 模式是指企业通过互联网为消费者提供一个新型的购物渠道——网上商店，如美国最大的网上购物商店亚马逊、中国的天猫等。

三是 C2C(Customer to Customer）。是消费者面向消费者的交易模式。C2C 网络交易平台就是 C2C 网站为买卖双方交易提供的互联网平台，卖家可以在网站上登出想出售商品的信息，买家可以从中选择并购买自己需要的物品。例如拍卖类的 eBay 及其他二手交易网站等。

三、新媒体广告媒介互联网用户的特性

互联网用户也可称为网民。随着互联网的兴起和飞速发展，网民数量一直迅猛增长。互联网用户特性有以下三点：

一是聚集性。互联网用户根据自己的社会网络、兴趣爱好、动机目的、态度观点等聚集在相应的互联网平台上，具有明显的细分特征。

二是自我性。互联网空间相对自由，用户的语言、行为与现实世界相比更加自由，但也容易产生极端、偏激的情绪。

三是多样性。互联网用户在相对自由的空间下彰显个性，其语言、行为、观念都具有多样性。

这些特征决定了互联网环境下用户对信息的接收及传播、用户与用户间的互动具有主动性和情景性，并富有创意。

第七章　新媒体广告用户

第一节　新媒体广告用户的定义

从用户的研究史来看，此类的研究开展比较早，最早可追溯至人类的自我研究。而首次以“用户”一词开展研究，还要从互联网兴起开始，这是一项新的应用研究。通俗地讲，用户可以解释为人群画像，指的是通过调查用户，并获取人口统计学数据、不同用户之间存在的社交关系和不同用户在行为上有哪些偏好和习惯等基础信息，用恰当的词语来刻画成为这个群体的一些特定标签的方法。近年来，用户这一词语已经被普遍运用，并且其定义也越来越宽泛，只要符合用户的特定属性都可以被称为用户的范畴。

从以上对用户定义的解释可以看出，用户的刻画过程就是在对用户进行标签定制的过程，一般人们可以通过现有的两种方式来实现标签的定制：第一，利用统计学的方法，通过各种手段来获取用户相关的行为数据，将获取的这些数据在统计学的基础上进行分析，以获得用户行为标签；第二，如果用户行为是一些具体的指标，就可以通过一些机器学习的方式对这些具体指标进行挖掘分析。从以上解释可以看出，第一种标签获得的方式比较简单，用户在浏览网页的过程中，或者下载某款软件进行注册时也会填写一些自己比较感兴趣的内容，这些信息经整理后可成为用户客户的基础信息。除此之外，目前在很多平台上用户在注册时都需要上传一些个人真实信息，这种实名制的操作更是大大提升了用户刻画的准确性，为用户刻画提供了最为真实有效的信息。第二种方式相对于第一种方式来说，复杂程度提升了，比如要获得一个消费者的消费行为特性，不仅要对其历史消费行为进行分析，还要运用一定的关联规则将用户的历史购买行为进行准确的关联，通过这种手段推断这个用户会有什么样的购买习惯，最终有针对性地引导这位消费者未来的购买活动。

新媒体广告的用户，也就是新媒体广告的用户。新媒体广告依托于新媒体的发展，投放效率高、范围广，用户十分广泛。随着目前智能手机和互联网的普及，新媒体广告的用户是十分广泛的。随着科学技术的不断发展，传播形式也在不断地发生改变和优化，以基于互联网的个人终端、公共区域的数字传播终端等为依托的新媒体广告也在不断发生变革。本节将介绍新媒体广告用户的界定、新媒体广告存在的问题、针对用户该做出怎样的改变等方面内容，分析新媒体广告用户的定义和外延。

一、新媒体广告用户的研究意义

在实际生活中，我们面对的往往是不同的主体，这就需要针对不同的刻画主体分析不同的指标，从多方面入手，就不同的信息进行刻画，最终通过有针对性的关联实现不同画像主体之间的匹配。这个过程是通过不同主体之间的刻画衍生出用户所需要的特色服务框架。在我们生活中比较常见的是内容推荐系统，比如用户在京东上搜索了某一个商品，当他刷抖音的时候，竟然奇迹般地给他推荐了曾经在京东上搜索的产品。类似的还有精准营销系统等。另外，以上涉及的各个系统之间不是独立的，用户画像都可以跟这些系统做到互补。比如，用户在就为其推荐的一些产品做出了反馈，系统可以将他的这些反馈信息收集起来，用来进一步完善用户的消费行为数据，这样就进一步了解了用户的消费心理和消费行为，将来可以更好地提升其满意度。用户调查不是对用户进行一次性的行为研究，这是一个持续不断的研究过程，随着用户信息的不断更新和完善，可以不断地去更新这个研究的状态，进而不断地为用户提供更为精准的服务。

随着大数据时代的到来，为用户提供的服务是越来越精准的，同样也可以满足其特定的需求。对用户进行刻画，先要有针对性地将用户进行分类，按照实际需要，进行定制设计。当然，这个设计要将用户的所有需求考虑进去，其中成本也是为用户进行设计不可忽略的一个重要因素。

从上面提到的用户分类可以看出，用户分类起着关键的作用，因此选取合适的分类方式也是成败的关键。常见的用户分类方法有聚类、逻辑分析等。当然，针对特征的用户分类也是一个常见的分类方式。在实际的用户分类过程中，运用的不是一个单独的分类方式，往往需要将多种方式结合起来，只有从不同的角度去考量，通过更为全面的分类得出的用户标签，才能更为准确地代表了其行为特征。不积跬步无以至千里，用户分类的过程亦是如此，为用户制定完整且适合的标签就显得尤为重要。不断地积累用户的标签，就是在不断完善对用户行为的了解程度，只有真正做到了对用户行为的了解，用户行为预测才能更加准确，也才能更加有意义。用户在广义上有两种解释：一种是用户角色，源自于阿兰·库珀（Alan Cooper）[①]在1983年提出的概念，是描述一个自然人的属性，一般来源于调研问卷、电话访谈等；另一种是User Profile，是一种数据挖掘的高层次应用，通常是推荐系统的衍生产物之一。通过对现实生活中的用户行为数据建立单个用户或全体用户的标签。用户画像要对用户社会属性、个人习惯等信息进行过滤分类，进而形成带有标签的模型，标签源主要来自两方面：一是用户行为数据，直接从数据中获取；二是通过算法规则进行挖掘获取。

此外还需要解释标签化的意义：标签化是对用户信息的结构化处理，方便计算机识别和处理，方便进行分类统计、数据挖掘、推荐引擎、广告精准投放等；标签本身具有非二义性和准确性，有利于人工分类、分析和统计。在广告投放精细化运作过程中，采用用户画像技术提高新媒体广告的投资回报率，主要从两方面下手：一是目标人群对焦准确，制作合适的内容，找准渠道；二是通过大数据广告监测服务，杜绝广告虚假流量占用资源，降低广告成本，获取最大效益。广告投放的目的就是要达到广告主的目标，这就要得到用户准确的特征信息，而这就需要对用户画像进行刻画。

二、用户与广告用户的界定

（一）用户的概念

用户，通常指传播过程中信息的接受者，包括报刊读者、广播听众、电视和VCD等电子媒介的观众。然而随着新媒介的产生，其实际含义不断地更新和拓展。目前的新媒体经济环境将“用户”定义为在媒体指导下的拥有已知社会经济轮廓的潜在的消费群体。这种占统治地位的用户观又分为两类：

第一类是将用户理解为市场。丹尼斯·麦奎尔（Denis McQuail）[②]认为，如果

---

① 阿兰·库珀（Alan Cooper），交互设计的提倡者。他现在经营一家设计公司，并且著书讲述如何让软件的用户界面更加人性化。他的经典之作还包括《交互设计之路：让高科技产品回归人性》，这是一本基于众多商务案例，讲述如何创建更好的、高客户忠诚度的软件产品和基于软件的高科技产品的书。

② 丹尼斯·麦奎尔（Denis McQuail），英国传播学家，荷兰阿姆斯特丹大学传播学终身教授，“欧洲传媒研究小组”成员，《欧洲传播学杂志》三位创刊人之一。

从市场的角度考虑问题，用户可以定义为特定的媒体或讯息所指向的、具有特定社会经济侧面的、潜在的消费者的集合体。但是这种完全采纳市场模型的用户在新媒体经济下是不完善的。因为市场模型在介于制造者和消费者之间的现金交易中连接着发送者和接受者，而不是通过对话者之间的传播关系。这个模型忽略了消费者之间的关系。它只能描述传统媒介经济下的用户，因为在结构化的传统媒介环境下，无论是报纸杂志还是广播电视，媒介组织都是由上至下的，整个社会传播网络是结构化的整体，而没有消费者之间的互动。所以它并不适合定义新媒体下的用户。

第二关是将用户作为大众。规模巨大、分散匿名、无组织和同质性是大众的主要特点。大众是伴随着大众社会理论的形成而出现的特定概念，但是随着媒体技术的不断发展和媒体形式的不断增多，新媒介更为注重大众化下的小众和分众。

（二）广告用户范畴的界定

“广告用户”是广告研究人员从传播学理论中借用“用户”这一术语改造而成的广告学专用术语。上文说到，广告用户既具有一般“用户”的意义，又具有特定的含义，一是指在传播过程中广告信息的接受方，即接受广告信息的用户。这包含了两层含义：是指通过媒介接触广告的媒介用户；二是广告的诉求对象，即广告主的目标用户。关于“广告用户”的界定，本书只就上述所定义的两类新媒体下的广告用户进行分析。

1. 第一类新媒体——网络、手机等媒体的广告用户

通过对新广告媒体的分析可知，此类用户是基于网络、手机广告媒体等的。这一类广告用户具有较高的时间和内容的选择性，一般表现为主动发布和选择广告信息。由此，我们可以将此类“广告用户”定义为“在共生关系下的主动参与和选择广告信息的用户”。由于网络、手机媒体的广告用户具有主动选择及与媒体互动的特性，极大地增强了用户选择的机会与能力，因此也增加了广告投放的有效性。例如网络广告用户可以仔细阅读网页，寻找足够的决策讯息，可以点击感兴趣的广告，进入广告主的网页或网站；还可以进行网上购物或其他转换行为。

2. 第二类新媒体——卖场、楼宇等媒体的广告用户

楼宇视频是投放在不同楼宇的视频媒体，可以清楚地看到卖场中的液晶电视直接面对有某种购买需求的消费者，楼宇内安装的视频媒体则是定位为对生活品质要求较高的人群，而安装在医院的则是直接集中于有就医需求的人群。由此我们可以

认为此类“广告用户”是属于有特定需求的消费者的集合体。这一类媒体通过不同的投放地的选择，可以针对不同的目标用户进行广告诉求和投放。虽然较第一类新媒体，其用户的主动参与和选择意识较差，但由于投放环境的影响，他们更容易被媒体广告所吸引而激发最终的消费行为。

通过对广告用户的分析，我们对新媒体的广告用户有了更加清晰的了解，虽然广告媒介的发布者试图从用户类型、用户心理、媒介接触习惯、行为特征等角度研究广告用户的行为，但却缺乏对广告用户意识和现实生活语境的洞察，缺少对广告实际操作着力点的有效阐发。因此，对广告用户进行全面的结构性、行为性和文化性深度解读是广告人切实洞悉和把握用户、追求广告传播效果的必然进路。下面笔者将对传播学用户研究理论进行解析，以期在此基础上建构一个切合广告用户研究实际需求的逻辑架构。

三、广告用户研究逻辑架构

（一）广告用户的结构性分析

广告用户的结构性分析，是从广告主的利益角度出发进行分析，是广告媒体发布者争取广告主投放的一种常见手段。其分析的目的是获得对某些变量（消费者的类型、规模、媒介接触习惯等）的可靠的测评数据。这些数据有利于为广告主瞄准广告的目标用户，选择合适的诉求方式，制定高效的媒介组合，具有极强的必要性和操作性。

（二）广告用户的文化性分析

广告用户的文化性分析是从用户接受行为的社会文化语境的角度进行的。文化性分析认为，消费者的广告解读是特定社会文化语境的一种反映，同时也是赋予广告文本以意义的过程。按照文化性分析的观点，广告文本的意义来源于社会文化环境，与社会生活和消费体验具有较高互动性。消费者并不会按广告主和广告商的意图解读广告，而是受到消费者自身所属的特定亚文化群所拥有的社会经验和所处的社会阶层语境的影响，文化是赋予广告产品和广告主题以意义的核心要素。处于同一社会阶层语境的人们往往对广告会产生一致的解读，而不同的社会语境下的人往往会产生不同的解读取向和评价。

（三）广告用户的行为性分析

广告用户行为性分析则将焦点集中在广告用户选择性接触广告信息的行为过程，包括心理预期、搜索能力、解读取向、态度变化和一系列与消费行为相关的行为动机、行为特征、影响消费行为的因素及影响强度等问题。不难看出，这种行为性分析大多遵循社会心理模式，但随着媒体环境的不断丰富，对于广告用户的行为性分析逐渐趋向于将外部环境和内部心理过程的影响相结合。

五、从群体性身份存在的类型化用户演化为个体特征凸显的“我”

1989 年，美国学者威廉·阿伦斯在其著作《当代广告学》中提出，广告是由可识别的出资人通过各种媒介进行的有关产品（商品、服务和观点）的、有偿的、有组织的、综合的、劝服的、非人员的信息传播活动。在传统四大媒体为传播主体的技术时代，关于广告的定义，主要由三个核心内容构成：一是有明确的广告主，二是非人员的销售推广活动，三是商业广告的有偿性。从“广告是非人员的销售推广活动”这一点可以看出，广告的核心目的是营销，广告的传播手段与传播技术相关，当时的广告传播技术主要是报纸、电视、广播、杂志等大众传播媒介。

在传统大众传播技术的支撑下，广告用户以类型化目标消费者群的形象出现。传统广告传播中，对消费者的调查多集中于年龄、职业、性别、收入等群像化描写，对大众群体进行分类，并借助大众媒体进行批量化的宣传。其广告效果测量集中于对大众媒体的到达率、到达频次、知名度等批量效果的测量。

在新媒体传播技术的支撑下，社会化媒体成为广告传播的重阵。社会化媒体技术从对大众消费者群的关注转化为与大众个体的互动与交流，有效弥补了传统大众媒体传播目标欠精准、转化率不高且难以测量等问题。广告用户不再是群体化的信息接收者群，而是拥有提出疑问、发表评论、转发信息、自主发表信息等一系列主体权利的消费者个体。在社会化媒体平台上，他们可以享用虚拟网络上一对一的交流与互动，同时与卖方形成了交流性的社交关系。社会化媒体平台上的广告功能从到达演化为互动，消费者群自类型化的信息接收者演化为拥有权利与个性需求的“我”。

六、从市场消费者演化为充满匮乏感与焦虑感的消费主体

社交媒体平台上的广告传播者主要包括各平台上的专业意见领袖及用户身边真

实与虚拟的社交朋友。他们共同营造出强烈的“第三人效果”，触发消费者的匮乏感与焦虑感。

所谓“第三人效果”，最早由美国哥伦比亚大学戴维森教授在1983年发表的《传播中的第三人效应的作用》一文中提出。该理论指出，人们在判断大众媒体的传播影响力时，往往认为其对自己的影响较小，而对他人的影响较大，即人们容易低估大众媒体对自己的影响，而高估大众媒体对他人的影响。此心理暗示会影响人们在社会生活中的进一步决策，反而更受大众媒体的影响。

在社交媒体传播环境中，例如微博、微信公众号、微信朋友圈、快手等应用中的活跃者们，常常发布资本力量控制下的与广告主甲方相关的植入性、插入性广告信息。广告用户积极参与互动的社交媒体平台，总被不经意地布局着各类广告信息或泛广告信息，用户不断地被暗示或明示着当下所谓的潮流信息、最新资讯、相关指南……在“第三人效果”影响下，用户会认为他的生活圈子，尤其是周边的活跃者们越来越多地受到了新生事物（广告商品）的影响。由于人类个体对时间流逝所产生的无力感，会惧怕自己过时，甚至落后。并且，在群体效应影响下，惧怕自己被孤立，从而将网络社交关系扩展到与消费相关的社会关系中。

至此，广告用户从传统大众媒体的信息接收者延伸为社会化媒体平台上的焦虑者与匮乏者。他们广泛参与不同细化群体下的专业化服务，享受消费带来的社交满足与心理满足。

七、大众传播权利从媒介接近权演化为共建媒介内容的主体性权利

技术的进步，使互联网的操作更加智能化、便捷化，并赋予广告用户更多参与互动的可能性。用户从传统大众媒体的接受者演变为社会化媒体平台中的积极参与主体。

传播学研究中的“使用与满足”理论认为：用户的媒介接触活动是一种满足个人需求的活动，媒介信息能在多方面给用户带来满足，包括为用户带来有价值的信息的“实用功能”、解除疲劳的“休憩功能”、逃避现实生活压力和负担的“情绪转移功能”、帮助提高人际沟通话题的功能、消磨时间的功能、强化个人对社会认知的功能等。可见，用户在选择媒体内容时，是通过有意注意而形成的主动选择过程。在传统媒体的线性传播的影响下，用户仅具备选择有限媒体与媒体内容的权利。然而，在非线性传播的新媒体环境下，用户可以更自由、自主地选择接受媒体内容

的时间、地点、方式，可以通过多种媒体形式接收媒体信息。

社会化媒体平台赋予了满足用户更多需求的可能性，将线上虚拟平台与线下社会生活相交融，包含购物、娱乐、社交、工作等人们生活的方方面面，从衣、食、住、行各个方面满足人们的需求，因此获得了越来越多广告主的青睐，逐渐成为当代广告营销的重要切入口。社会化媒体的广告传播方式从传统的信息宣传扩大为泛广告传播。在社会化媒体平台上，广告的创意类型扩大为服务型与价值型。所谓服务型，即通过虚拟平台实现全方位的广告信息传递与服务。所谓价值型，即当下流行的病毒式广告传播，通过赋予消费者心理或物质的超值体验，实现消费者的主动传播。

例如近年来兴起的淘宝直播，已然成为很多淘宝店家的开店标配。广告用户在选择购买产品之前，除了获取传统媒体广告信息、研读淘宝店铺所提供的相关商品信息外，还会关注淘宝店铺首页、淘宝商品页面上所显示的淘宝直播通知。在淘宝直播平台上，通过商品主播的介绍、试用、推荐和优惠活动的推广等，消费者可以直观、全方位、立体化地了解自己感兴趣的商品。同时，在直播平台上，主播会回应每位顾客的具体问题，对其提出的各种问题进行详细解答。在社会化媒体的广告服务过程中，广告用户在获得满足的同时，更加主动、积极地获取相关广告信息，有效地提升了广告转换率。当这种满足获得超值的体验时，用户还具备了进一步传播广告信息的可能性。

可见，在社会化媒体所赋予的更多主体性权利基础上，广告用户形成了不同关系圈的线上朋友圈圈层，将线上虚拟关系与线下社会关系相交融，形成了具有一定传播影响力的主体性传播个体。广告用户通过再传播与扩散，具有了一定的传播效应。所以广告用户在社会化媒体平台上参与互动，不仅通过技术手段实现更多权利，而且成为具备进一步扩大传播与影响的主体力量。至此，广告传播者的创意视角发生了质的改变，从甲方视角或甲方以为的消费者视角转化为真正的消费者主体视角。

综上所述，在社会化媒体环境中，广告用户已不再仅仅充当信息的接受者，而成为具有一定传播效力的、将线上与线下关系进一步相融合的主体性身份个体。企业的广告传播更多地向社会化媒体平台转移或交融，并不断挖掘广告用户在社会化媒体平台上的传播价值。在广告传播过程中，只有充分认同并掌握广告用户在新媒体环境下的主体性特征，才能减少传播过程中的噪声干扰，增强传播的有效到达。

第二节 新媒体广告用户的分类

用户分类是基于不同影响因素考量进行细分的。新媒体作为新兴媒介，其细分的新媒体广告，具有巨大的市场潜力。同时，对于新媒体广告用户分类的相关研究也具有很高的学术研究价值。绝大多数情况下，广告都容易打扰用户，因为任何用户使用互联网或用于学习或用于娱乐，无效的广告推送占据了部分注意力使人反感。不过从另一个角度来讲，广告也并非一无是处：用户有时候也需要知道一些优秀的企业和商品，试想如果这个世界上的广告全部消失，那么用户也将失去很重要的信息来源。只要广告真实有效，投放精准，对于用户而言也是有积极意义的。

例如针对喜欢网络直播的人群。很多主播经常在直播间隙插入广告，如游戏英雄联盟主播卡尔，其直播间中午时流量达到顶峰，这时便有许多广告商找上门来，通过合作在游戏排队期间进行广告宣传，同时主播也通过点击广告参与抽奖等形式，提高了广告的互动率，高效进行广告宣传。如今这种方式已经屡见不鲜，它在一定程度上影响了观众收看广告的体验。面对这种形式的广告，目前很多直播平台已经出台了相关的规定，相信在未来发展中会不断完善，尽可能减少对直播的消极影响。

针对在评论区游荡的人群。评论区也是广告的重灾区，因为评论区往往有比较精确的用户群体，所以广告的传播效果很好，因此很多厂商会让人直接在有关内容的评论区里面留下自己的信息。此外，小说类软件有这样的做法：一本小说的作者想要让自己的小说出名，有时候会采用在排名前几名的小说的评论区里面留下自己的信息的做法。当然根据不同网站的要求，这种方式有时候是不被允许的，如果过度也有可能弄巧成拙被直接封号处理。

针对观看哔哩哔哩网及各自媒体的人群。随着 UGC 内容的普遍化，很多人都可以成为自媒体人，然后拥有大量粉丝的自媒体人本身就相当于小的明星。因此有不少的广告公司和他们达成合作，俗称“恰饭”。他们的方式是根据广告的内容来制作视频，如果不看到最后用户甚至都反应不过来这是广告。比如动漫类自媒体人可以讲一个当下热门的动漫，让大家都对动漫心生向往，然后到视频的最后说：虽然动漫的更新很慢，但是我们可以去某某手游中探索动漫背后的故事，某某手游完美还原了动漫的故事，由动漫原班人马参与制作。这样的形式相对于直接说出来的形式而言，显然效果要好得多，广告公司开心，用户也开心。但这很考验自媒体人的水准，将广告无缝衔接到视频中去并不是一个简单的工作。

针对喜欢翻朋友圈的人群。这种模式则是依靠用户自身的交际网络进行传播，但是一旦把握不好就会“友尽”被拉黑。使用这种模式比较多的一般是培训机构，比如英语学习机构，如果用户和他们进行沟通就会加他们的微信号码。随后他们在自己的朋友圈里就会经常展示一些学员考过雅思托福，或者成功拿到国外学校 offer 的成绩和照片，从而让用户有一种“这家公司我虽然不是很了解，但是看起来好像很厉害”的感觉。此外还有微商，但是这个模式不是很推荐，因为对于自己而言朋友圈人数有限且容易伤感情。培训机构用此模式相对而言还是可行的，因为和培训机构进行沟通的人一般确实是打算接受培训服务的，那些广告对于他们是有用信息。而微商就不行了，他们的内容常常会霸占整个朋友圈，严重影响了用户体验，而且通常产品质量没有保障。

针对观看短视频的人群。短视频也是很适合用来打广告的，比如短视频的播主可以试用一个新奇的产品，其他用户观看的时候好奇心得到了满足，同时可以直观地看到物品的使用过程，比淘宝等购物类网站上的商品介绍效果要好很多。此外，有不少企业直接进入短视频应用，而且都有很多的粉丝，可以说短视频给广告行业又提供了一个新的思路。

针对热爱浏览网页的人群。最常见的广告方式之一，即在自己的网站上放置一定量的广告，然后通过用户浏览的次数或点击的次数来收费。很多网站都是通过这种方式来盈利的，例如信息聚合类的网站、工具类的网站等。这种方式的优点是能够给变现能力不强的网站一个生存的途径，缺点是网站必须要有极高的浏览量才能够通过这种方式进行盈利，一般的小网站浏览量太低完全达不到要求。而想要将内容做好让更多的用户来浏览所花费的成本，很大程度上又难以通过广告赚回来。只能考虑做好内容，在有广告收入的情况下再将用户量导入到自己的其他产品中实现稳定盈利。流量引导也是现在很多网站的通行做法，比如网易云音乐和哔哩哔哩网都将一定数量的用户引导向自己开发的游戏。

现在的广告位种类越来越多，我们逐渐身处一个处处有广告的世界。不论是走在路上看到公交站的站牌广告，还是打开网页弹出来的广告都潜移默化地替用户决策。不管一个用户有多么的理智，广告的不断洗脑还是会影响到他的决策，因此所有的广告商和发布广告的公司都应该有自己的底线，不要传播虚假的信息，让广告成为优秀产品展示的舞台。

一、用户分类

随着互联网的不断发展，单一媒体正逐步向融媒体转变，媒体形式的丰富使用户的媒体行为趋于多样化，跨屏传播带来全新的用户收视模式。随着视频内容通过数字有线网、宽带、移动互联网等多种形式在大、中、小屏等各种终端播出，用户可以通过各种终端收看喜爱的节目等媒体内容的同时进行购物消费。自广告出现以来，广告的效果问题就一直受到人们广泛的重视，广告的评估与其目标有着密切关系。广告商通过定位有价值的目标人群来实现广告的精准投放，媒体运营商则根据目标人群的消费情况来分析内容用户的消费偏好等，进而对合适的产品进行招商，帮助商家、品牌商等提升产品销量。

（一）基于用户的静态属性划分

用户的静态属性是最早应用于用户分类的属性，用户的静态属性主要包括一些与用户相关并且不经常变化的数据，例如用户的性别、年龄、教育程度和收入等自然人口学属性。静态属性容易理解和获得，但随着技术的不断发展，仅通过简单的静态属性来分析已经不能很好地满足市场的需要了（见图 7–2–1）。

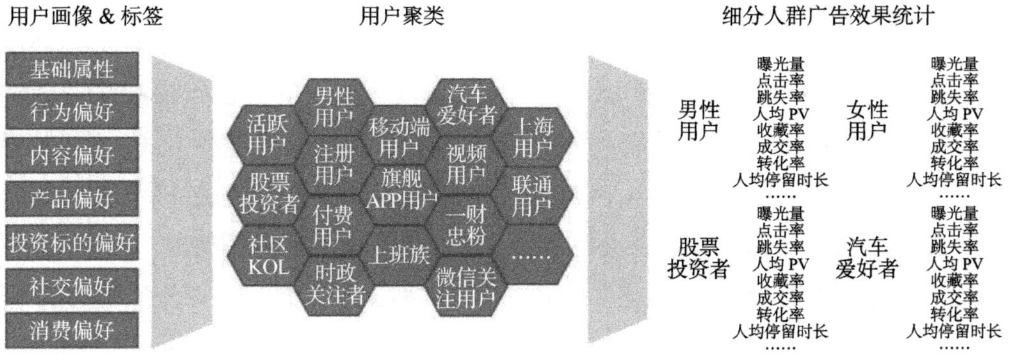

图 7–2–1　用户分类

（二）基于生活形态属性的划分

在传统的收视率调查中，曾使用过日记卡的调查方式。所谓日记卡，简单说就是在样本户中留置日记，请样本家庭中的每一位成员及时填写一周内自己收看的电视的情况。基于生活形态的消费者群划分的研究者通常会设计一些能体现用户的生活形态属性的问卷来让用户填写，回收问卷数据后再对数据进行统计分析。然而问卷中的问题由问卷设计者主观确定，而且大量的问题很可能导致用户答题缺乏耐心，用户不一定按照自身的真实情况填写，同时样本容量也十分有限。“生活形态”最早于 1927 年由心理学家阿德斯（Alfred Adler）提出，1963 年卡泽（William Kazer）首次将“生活形态”的概念运用到营销理论中，成为制定营销策略的依据之一。它与基于用户静态属性的方法不同，认为仅通过一些人口统计学变量来划分用户无法体现用户的生活习惯、价值观、消费观等一些非表面的心理属性。1998 年科尔特（Kolter）在研究中提出，生活形态是指个人的生活方式，具体表现在活动（Activities）、兴趣爱好（Interest）、个人观点（Opinion）等三个方面上。

（三）基于用户行为等动态属性的划分

动态属性随着时间会产生变化，通常为用户产生的一些行为数据，如消费行为数据、收视数据等。通过对时间维度样本矩阵及点播记录特征参数进行关联计算，对海量的 IPTV 用户群进行分类，分析出各个用户群的喜好、观影时段、增值业务的偏好等信息，为 IPTV 数据运营提供了基于用户群分类的数据支撑，指导 IPTV 具体的运营工作。

二、新媒体广告用户画像检测

一个典型的用户画像系统一般包含日志分析、用户画像构建和用户聚类三个基础模块和功能。日志分析模块通过对媒体端各类用户行为日志进行清洗、归并及统一，形成用户画像模型计算所需的基础数据；用户画像构建模块主要根据业务特性构建产品的用户标签体系，并对用户标签进行算法建模，最终将行为数据转化为用户标签和属性；用户聚类则根据用户标签、属性或事件，对用户实现智能聚类或分组，从而完成用户群体的定向。在系统设计层面，用户系统主要需要与广告投放系统、广告监测系统建立相应的数据及应用接口。对于广告投放系统，主要从用户画像系统中获取用户聚类信息，并由其投放策略模块完成对不同用户群体的定向投放。对于广告监测平台，则通过将数据报表模块与用户画像、用户群组等进行结合，形成用户细分的广告效果监测数据报表（见图 7–2–2）。

（一）细分人群广告效果分析

根据用户标签和用户行为特征，系统可以快速将用户按照不同维度进行分组。

同时，结合曝光量、点击率、跳失率、转化率等广告效果监测指标，实现更多具有决策辅助价值的数据分析报表。第一财经基于用户画像系统实现细分人群广告效果监测分析的案例示意。首先，通过基础属性、行为偏好、内容偏好、投资标的偏好、产品偏好、社交偏好、消费偏好等多个维度的用户标签对用户进行分组，形成了百余个典型用户群组；其次，通过 UID 等识别号将各个用户群组中的用户与广告监测数据实现关联；最后，分别对广告效果监测指标进行计算，最终形成针对各细分人群的数据报表。

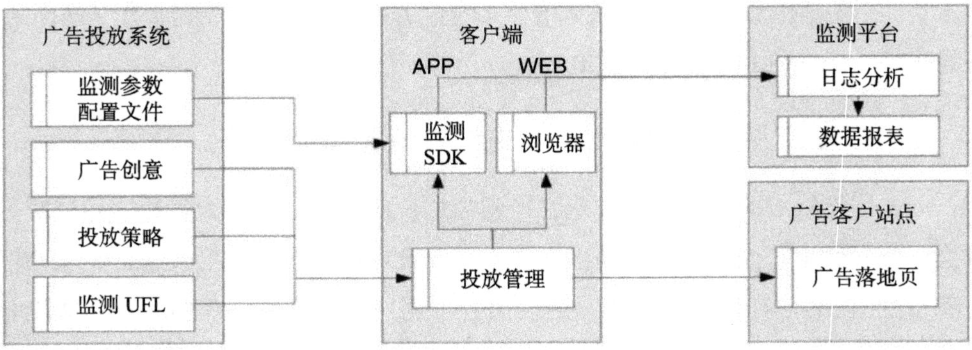

图 7-2-2　广告分类投放系统运作图

（二）广告访问来源及路径分析

以第一财经手机应用软件为例在用户画像系统构建的过程中，除了实现用户标签中第一财经软件部分栏目的访问来源及去向标签、画像、聚类等功能外，还可通过对访问日志进行分析，绘制出用户个人及群体的访问路径。在数据分析层面，通过将用户访问路径与广告监测相结合，可在常规的广告各项监测指标的基础上进一步实现新媒体广告的访问来源分析。在第一财经软件中，“大政”“全球”“金融”“汽车”等板块均有 50% 以上的用户来源于“要闻”，因而在广告投放时要考虑上述各板块与“要闻”的联动；而“今日股市”“公司与行业”等板块仅 10% 左右用户来源于“要闻”，用户群体交集较少，广告位更倾向于根据不同用户群体独立投放。

（三）广告定向投放效果分析

传统的新媒体广告投放系统一般具有基于地理位置、时间等基础的定向投放功能，但总体定向方式较为单一。通过接入用户画像系统，广告投放系统可获取用户标签、聚类及群组等多样化的人群信息，从而在投放策略模块中实现更为灵活的人群定向功能。与之呼应，在广告效果监测端，系统可通过载入上述信息，将每个广告位、广告创意定向投放后的点击率、转化率等主要指标进行分析，从而确定广告定向投放效果（见图 7–2–3）。

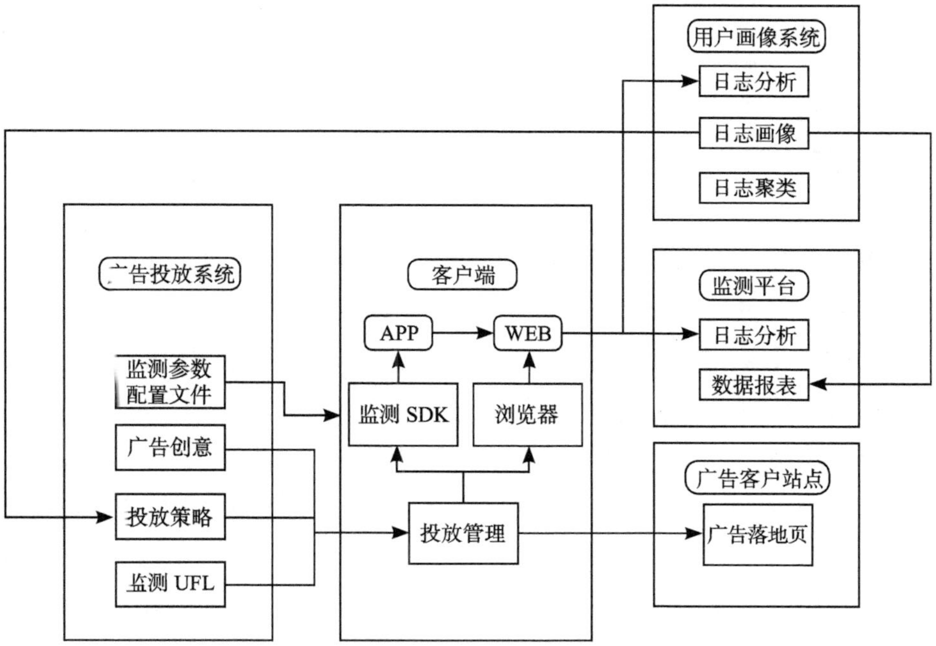

图 7–2–3　基于用户画像的广告投放流程

目前，虽然新媒体广告效果监测已经具备了较为成熟的技术方案和通用指标，但是随着广告主对于广告投放、监测等个性化需求的深入，曝光量、点击率等泛化的基础指标已经难以满足市场的需求，相反，以数据为驱动的个性化广告效果监测将会越来越容易获得青睐。通过与用户画像系统结合，无论是广告投放端还是监测端，都可以基于用户画像数据完成人群细分及定位，进而制定更为精细化的广告投放及监测方案。

第三节　新媒体广告用户分析的方法

新媒体广告用户分析就是针对新媒体广告用户进行数据分析。通过查阅资料和网络搜索，对于新媒体广告用户进行分析的分析方法有以下五种：

（1）用户特征分析。用户特征分析是指找出各类用户的行为特点。新媒体广告用户特征分析可以分析新媒体广告用户的具体特征。

（2）用户关联分析。关联分析发现关联规则。在新媒体广告用户行为分析中，可以把新媒体广告用户的一种使用习惯和另外的消费习惯进行关联分析，也可以把新媒体广告用户的使用习惯和使用新媒体软件的消费习惯进行关联分析，或者把新媒体广告用户的自然属性如年龄、性别、职业与使用新媒体软件习惯进行关联分析。

（3）异常分析。对新媒体广告用户的一种异常分析是对新媒体广告用户大数据分析推荐出错时所进行的分析，从而产生新的大数据分析；另一种异常分析是对新媒体广告用户行为特征异常的个体进行分析。

（4）TOPN 分析。TOPN 分析是新媒体广告用户行为分析的一种很常用的方法。因为对某类用户分析时，TOPN 用户最大限度影响了该类新媒体广告用户的特性，而且对 TOPN 用户采取相应的策略措施也是最有效的方式。因此，在用户广告行为分析中，一般需要对 TOPN 用户进行更深入的分析。

（5）分类与预测。利用分类技术，可以将新媒体广告用户归属为一个特定的类，然后进行大数据分析，推荐大量的用户感兴趣内容，以及和用户生产内容广告相似的内容。

新媒体广告用户分析方法是一个非常细小的点，但是新媒体广告用户的分析却是必不可少的。当下新媒体迅速发展，我们进入了新媒体时代，在使用新媒体软件进行新媒体广告宣传制作推送时，软件推荐给不同的新媒体用户不同的广告内容，使得用户产生兴趣，而这些精确的推送就归功于新媒体广告用户的大数据分析，分析方法必然是极其重要的，因此对于新媒体用户的分析方法需要认真总结，依情况使用。

第四节　新媒体广告用户特征

由于新媒体的互动性，在传播中，传播者和用户的界限十分模糊。通常情况下，新媒体用户既是传播者又是用户，用户强调信息传播的互动性，不只被动接受信息，还会主动发布信息。他们由被动转为主动，参与性大大加强。媒体和用户之间形成了充分的双向交流。根据市场研究分析，可以看出新媒体用户的特征如下：

一是多样性。用户自身有丰富的层次性，新媒体用户在相对自由的空间下彰显个性，其语言、行为、观念都具有多样性。一方面，新媒体广告的用户包括多种类型，既可以是消费者，也可以是工商组织，还可以是分销商。他们都对广告的效果和产品销售有直接或间接的影响。另一方面，新媒体广告用户扮演多种角色，既可以是普通消费者，也可以是媒介用户，还可以是社会成员。其中，媒介用户又可以细分为不同媒介的用户，社会成员也可以细分为不同群体的成员。因此，新媒体环境当中出现了更多的信息提供者，信息种类也变得多种多样。

二是自主性。在新媒体中，用户可以对信息进行自由选择，包括选择信息内容和信息的接收形式，以及接收的时间和顺序。面对媒体刊播的海量广告信息，用户注意到的是符合其接触特点和心理的少数广告，按照符合自己需要的方式来理解广告信息。研究表明，新媒体广告用户能较快地进行消费决断，也会更快地抛弃一个品牌。信息过载的手机新媒体时代，品牌更透明，传播碎片化，而用户注意力也更加分散。用户可以对不同的品牌产生冲动消费，但是培养用户对某品牌的忠诚度变得更难。此外，用户在广告信息搜索、传递、反馈乃至再生产方面都能与广告主体进行双向互动，体现了极大的自主性。

三是活跃度高。从中国互联网络信息中心（CNNIC）发布的第 45 次《中国互联网络发展状况统计报告》来看，截至 2020 年 3 月，我国网络新闻用户规模达 7.31 亿，较 2018 年底增长了 5 598 万，占网民整体的 80.9%。用户呈现出很高的活跃度，频繁地互动和信息的交互使用新媒体平台社交属性的需求被进一步放大，信息及时发布与社会化分享交互促进了新媒体广告的发展。大众在新媒体环境下不再仅作为媒体信息的接收者存在，通过互联网平台也参与了信息传播，这大大提高了用户的积极性与活跃度。新媒体广告的传播方式，为现代产品营销带来了新的契机。新媒体有效拓展了广告传播渠道，显著扩大了广告的覆盖范围。通过新媒体，能够将传统的静态广告转变为更具视觉冲击力和内容震撼力的影视形态的广告。由此增加用户体验，达到显著的传播效果。

用户的主体性增强。传统大众媒介“推”的传播方式使用户处于被动地位，这种具有强制性的传播方式在传播媒介资源比较匮乏、获取信息资源比较困难的情况下，是一种比较好的信息传播方式，大众也喜闻乐见。作为个体的人是社会的一员，但他更是一个完全的个体，具有鲜明的个性。个性首先表现为人的主体性，包括自主性、能动性和创造性等，是社会性和自然性的统一。个体既独立，又不独立。独立是指每个人都越来越以个体的形式存在，有其特定的思维、行为方式和需要；不独立是指其生命的活动空间乃至生命活动本身，都是在社会中发生和进行的。人是社会的人，人之为人，是在人与人的交往中逐渐形成的，个性之中蕴含着社会性。这样，人的个体性与社会性就统一起来了。从人类社会发展的历史形态来看，人类一步一步地从自然性过渡到主体性，主体性逐渐加强，促使人的个体性与社会性在更高的层次上寻求新的统一。以 Web 2.0 为支撑的互联网新一代传播模式打破了传统大众媒介的单向传播模式，从而使信息传播有了双向交互和“一对一”的特点。这就决定了用户获取信息的方式：一是主动的，二是个人的。也就是说，在网络传播中，用户不是被动地接受信息，而是主动地发现信息、选择信息、处理信息，这就彻底改变了用户被动接受的消费习惯。

一、广告用户的行为特征

新媒体环境下，广告用户的消费媒介发生了变化，因而不同用户有不同的行为特征。例如年轻人与父辈的生活方式就截然不同，年轻人对手机、网络媒体的消费时间大大超过其父辈们，科技的多样性使他们在不同媒介中转换自如，甚至可以同时使用多种媒体。新媒体环境下长大的用户，已经不满足于某一单一媒体，更愿意去尝试更多的信息接触方式。信息是驱动广告用户消费的动力，网络、手机使得信息的传播比以前更经济更迅速，“搜索成本”降低，广告用户对内容的选择拥有更大的控制力。今天的广告用户已经更趋理性地看待广告中的产品，更注重信息传播过程中的主动参与和寻求广告信息的真实可靠性。由于新媒体的互动性，传者和用户之间的界限已经模糊，用户正由被动的接受者转变为主动参与的信息制造者和发布者。

（一）作为目标群体的用户

1. 碎片化

“碎片化”是描述当前国际消费社会，尤其是准确认知消费者群体的一个形象性说法，是一个社会由传统向现代过渡的基本特征，表现在目标用户上则是：随着社会人群的细分，随着新兴媒介与传播通路的激增，随着每个个体受尊重的需求，目标用户不再是一个刻板印象的僵化群体，而是需要碎片化认知并进行针对性传播与服务的对象。

2. 多重性

多重性，指的是特定群体的成员往往具有多个群体的特性。在文明社会及现代社会，每个人均处于一定的社会细胞——家庭以及社会运转的组织中。在社会转型期，由于生产关系、社会变更、多元观念猛烈地冲击着每个人，这就使得家庭中、团体中扮演不同角色的主体，在相应的传播主体的视角中，会按照不同标准进行不同的群体归类。

3. 聚合性

如果说，目标群体既呈现碎片化趋势，同时又具有多重性特点，那么对于特定的媒体与传播主体来说，则需要按照自身的发展目标来对特定目标群体进行重新聚合。也就是说，碎片化、多重性构成了目标群体的重新聚合的可能，而只有特定媒体与传播主体有了自身的需求，并按照需求设定目标，这样聚合的可能就变成了现实。而这种聚合总是因为有明确的目标才形成群体，才定义为目标群体用户。

（二）作为消费者的用户

这里，作为消费者的用户不是广告产品的消费者，而是就媒介市场而言的信息消费者，即把用户作为市场、作为消费者而言。这多是从媒介所有者和经营者角度审视的。随着大众传媒的迅猛发展，尤其是以互联网为代表的新媒介在世界范围内的快速推进，今天的用户已不再只是游走于不同媒介之间的读者、听众或观众，也不再是单纯的信息接收者，而是具有自主话语权的信息发布者。而对于广告传播而言，其信息消费者同时又是指对于不同品牌产品存在着消费行为或可能产生消费行为的用户。因为按照行为心理的逻辑，任何人只有在接收到广告信息，产生一系列的心理变化后，才可能产生相应的消费行为。把消费者首先当作用户来认识，这是信息社会的一大进步，即更加尊崇消费者的主体地位，按照其心理需求与逻辑来传播品牌信息，从而进行消费方面的满足。从这一层面进行作为消费者的用户认识，其特性主要有：

一是两重性，即指作为消费者的用户具有两种身份。首先是广告信息的消费接受者，其次是广告产品的消费者。

二是动态性。在广告传播与接受中，作为用户产生了种种心理上的微妙变化，如知晓、好感、倾向、行动等；当然对应的也有消费者的角色变化，如潜在消费者、知晓消费者、倾向消费者、实际消费者、忠诚消费者等。但实际均指明了一个事实，即其具有动态性的变化。

三是变异性。变异指的是作为消费者的用户对于特定广告接受度的态度转变。其既包对于广告产品品牌原来有好感的在产生具体消费行为后，由于品牌产品质量、品牌客户服务、传播信息失误而对于广告的态度产生了一百八十度的大转弯，往往会对该广告进行负面评价。

（三）用户的“使用与满足”

1. 从用户动机出发的视角

20 世纪 40 年代，广播媒体在美国得到迅速兴起与普及，收音机家庭已经达到 80% 以上。但有关数据显示，为社会精英所看好的、格调高雅的启蒙、教育类的节目并不被用户欢迎，而那些格调低下的轻喜剧、肥皂剧、娱乐节目却收听率甚高。为此，哥伦比亚大学的学者对广播肥皂剧的听众进行了调查研究，发现人们的收听节目动机多种多样：有的是为了逃避日常生活烦恼，有的是寻求与剧中人一样的角色幻觉，还有的是希望获得生活的知识与经验。

2. 实现使用满足的形态

从对用户收听广播媒介的动机研究开始，其他媒介形态的使用满足研究也得到了重视。如贝雷尔森对于读者阅读书籍的动机研究，就指出鲜明的四种动机：实用动机——书籍内容对于学习、工作、生活的参考利用价值；休憩动机——消除疲劳、获得休息；夸示动机——能在谈论书籍内容中获得他人的赞赏；逃避动机——转移日常生活的烦恼。而贝雷尔森对于报纸读者的调查则显示：人们对于报纸的利用有“获得外界消息”“日常生活工具”“休憩手段”“获得社会威信”“利于交际”“充实生活”六种形态。在 20 世纪 60 年代，“使用满足”结合当时新兴的电视媒介研究，又进一步揭示出人们收看电视节目的四种基本形态与效用，即心绪转换效用、人际关系效用、自我确认效用、环境监测效用等。

3. 使用满足的局限与突破

“使用满足”理论提出的本身，其最具有意义的就是强调了用户的主体能动性，并具体观照了个性的媒介接触使用的心理，纠正了当时大众社会论中的“用户绝对被动”的观点。但其理论的局限也是明显的，即在大众媒体环境下，所考察的仅是用户的媒介接触行为，无法通过媒介内容的生产与提供过程来揭示用户与传媒的社会关系；在今天新媒体时代再来进行反观，显然用户在网络媒介上，通过邮件、论坛、电子商务、微博等的使用，已对传统的“使用满足”进行了大大的突破与拓展。

（四）新媒体广告用户的行为

若想通过新媒体广告说服、影响、改变用户，必须先要使用户与新媒体广告产生联系，也就是先得使用户接触媒介，我们称之为用户的媒介接触行为，这也是新媒体广告用户行为被引发的首要环节。

用户在接触媒介后，就有可能接触到曝光的广告信息，一旦对接触的广告信息产生兴趣，可以进行接下来的一系列行为，如搜索行为、对广告信息的二次传播行为、消费行为等都属于用户对广告接受的表现，即属于用户的广告接受行为。

随着信息杂乱性和媒介碎片化的日益加剧，特别是在新媒体环境下，消费者每天都会接触到成千上万的广告。因此，消费者慢慢开始过滤信息，通过多种方式来回避自己不感兴趣的内容和广告信息。近年来，随着新媒体广告的发展，广告回避也开始不再局限于传统的四大媒体，新媒体广告回避的相关研究也慢慢成为其中一个重要分支。有关专家学者在对于新媒体广告回避研究中验证了新媒体广告回避行为的存在，将新媒体广告回避分为认知、情感和行为上的三种回避反应类型。与此同时，研究还验证了“感知目标妨碍”“感知广告混乱”“过去的负面经验”会导致广告回避行为的出现。“感知目标妨碍”这一影响因素对于新媒体广告回避来说较为重要。当广告的出现妨碍了新媒体的正常使用，用户就会立即删除广告信息以彻底回避广告。“感知广告混乱”指的是用户感知到新媒体广告过多或否认广告媒介特性时，会区分不同的新媒体广告并回避那些与他们无关或者不感兴趣的广告。一旦把握了这些影响新媒体广告用户回避行为的因素，我们可以有效地减少用户对新媒体广告回避行为的产生，以保证新媒体广告的效果。

二、广告用户行为模式

新媒体环境下的广告用户具有了与传统媒体环境下截然不同的行为模式，从传统媒体环境下的知晓—了解—信任—欲望—购买，转变为现在的注意—行动—参与—传播。如何理解今天广告用户的这一系列行为方式？笔者认为可以从以下四个角度进行分析。

（一）注意

今天的广告用户对内容的“注意”实际上是为满足自身需求有选择地寻求和确认，即选择性需求确认，它出现在对同类产品中某一特定品牌的需求（选择性需求）被激发时。对于今天同质化产品充斥的广告市场，用户迫切需要进行选择性需求确认。例如对于比较性的广告，即描述某种产品胜过其他竞争者的优点，可以帮助用户对某一特定产品的选择性需求进行确认，最终确认购买行为。

（二）行动

在对选择性需求确认之后，用户开始采取行动，即针对需求的相关产品信息进行搜集，以确定选择某一具体产品。而搜集又分为内部和外部的，即包括有目的地激活记忆中的信息和获取来自外界环境的满足需要的信息。依赖于内部搜集的用户不仅要具备足够的知识，还要能够回想起记忆中的信息。这对于首次购买的用户明显是无法实现的，即使是有经验的购买者面对产品的迅速更新换代，对于产品的价格、特点、品牌等发生的显著变化也需要借助外部搜集。广告用户在通过外界环境搜集信息的多少取决于他们为搜索所付出的代价，即搜集信息花费的时间和金钱。搜索代价的不同直接影响着信息获取的容易程度的不同。在所花费的搜集“时间”代价上，网络、手机媒体由于不受时间、空间的制约，因此它使搜集行为更省时、更简单有效。最明显的特征在于搜索引擎的广告使用，只须输入“关键字”进行广告信息的查询，就可以在短时间内搜集到所需的信息；而对于所花费的搜集“金钱”代价上，在不同地段楼宇、医院、卖场等的视频媒体上投放的广告对用户来说是免费的，广告用户可以在特定的投放地搜集到所需的信息。还有专业化网站的不断出现，例如阿里巴巴商务网站就是一个很好的互动、搜集和沟通的平台。当然广告用户对于广告信息的搜集，并不仅仅根据搜集代价的多少去选择媒体，尤其是对于即将要实现消费行为的这一类广告用户，往往更多地会根据其个性和喜好进行搜集，这也是下面的内容中要具体阐释的问题。

（三）参与

在对信息搜集的过程中，用户实现参与行为。用户参与的方式主要表现为以下三种：（1）内容互动。新媒体环境下，广告用户能够参与品牌传播内容的创造，包括创意、脚本、视频、平面等。多芬的“真美运动”、百事的“百事我创”等都属于这类的互动。（2）形式互动。形式互动就是实现传播过程的娱乐化，让用户的参与成为广告变现形式的一部分。目前网络广告方面主要是通过互动 flash 的方式实现，用户通过键盘或鼠标的操作，达到参与的目的。比如为 IBM 制作的广告宣传片 IBM ThinkPad T40–“Wireless Freedom”（无线自由），当用户进入“移动鼠标，放飞无限自由”的页面，只需将鼠标放在风筝上轻轻一点，风筝就飞向远方直至消失在天空中，最后画面出现“全天无限自由，随时随地拥有”。（3）传播过程的互动。主要是通过广告用户之间的互动，引发口碑传播。在新媒体技术迅速发达的今天，这主要表现为人们在专业网络论坛上的口碑传播。事实上在今天的媒体产生信任危急时刻。广告用户在接收了媒体传播的信息之后，仍然犹豫不决，他们会在网络论坛（BBS）上与其他人进行沟通和咨询，以确定自己的想法。当产品使用者对广告主的产品进行评价时，往往更容易使其他用户相信其真实性，这是因为处于同等的用户地位使他们更容易建立信任。通过彼此之间的信息传播，使用户最终确认购买行为。

（四）传播

传播主要表现为广告用户在“参与”中的传播互动（具体如上所述），以及购买阶段的分享传播（具体如下图所述）。作为广告用户经过上述的行为阶段，有可能达到广告主的要求实现消费行为，也有可能最终无法实现。新媒体广告较传统广告媒体的优势就在于能够较为精确地锁定目标用户，也就是极有可能实现消费行为，成为消费者的广告用户。事实上对于广告主和广告媒体经营者而言，只有最终实现消费行为的广告用户才是他们投放广告的目的所在。

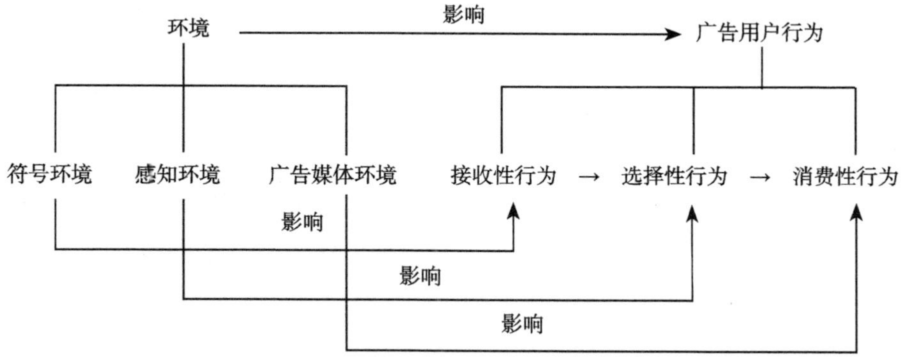

图 7-4-1　广告用户行为

由此可以看到，当广告用户从接收性行为、选择性行为到消费性行为的完成，就变成了真正意义上的消费者，因此消费者的消费行为对广告主和广告经营者具有很好的研究价值和意义。

以互联网为代表的新兴媒介的广泛应用，大大改变了人们的感官应用。网络将文字、图像、声音、视频等多种信息载体融为一体，人们在接受网络媒体带来的各种信息的过程中，自觉地将各种感官系统统一起来。任何一种传播诉求想达到预期效果，必须尊重用户的主体性。全媒体时代，大致将广告用户的特点总结为以下三点：需求的个性化、媒介接触习惯的多样化、媒介使用的交互性。

三、广告用户需求的个性化

新的传播观念，以及全媒体时代媒介的数字化、分众化、多元化、融合化等特征，空前地影响着广告传播环境，其中最为突出的影响就是用户信息的接收和反馈。多样化的用户需求和细分化的用户市场使得广告传播活动日益艰难，广告传播效果愈加难以把控。如何突出重围，已经成为全媒体时代广告业关注的重点。Web 2.0 时代的媒体传播不仅按照用户需求提供综合化服务，而且更加注重用户的交互行为，根据用户的使用习惯提供定制性服务。正如尼葛洛庞帝在《数字化生存》一书中提到的，“在后信息时代，大众传播的用户往往是单独的一人，所有商品都可以订购，信息变得极端个人化”。广告信息传授环境的改变，使得广告用户的消费行为越来越符号化、感性化、体验化，从而促使广告主调整投放广告的渠道，使得传统媒体与新兴媒体各领风骚。消费者的购买行为越来越多的是追求一种情感上的满足，他们更加注重个性的满足、精神的愉悦，以及优质的服务。因此，消费者开始接受并选择微博、微信等新兴的网络平台作为广告信息传播的载体。因为它们在某种程度上满足了消费者个性化的追求，符合快节奏的生活方式。

同类型的消费者在购买中也会表现出不同的行为特征。随着媒体技术的不断发展和人们生活形态的迅速变迁，研究者根据人们生活形态的不同，将消费者分为不同的族群，通过不同生活形态下不同族群的生活观、消费观和传播观，来发现和解读他们各自的“需求密码”，了解其消费行为的转变。在新广告媒体环境下，出现了一批新的消费群体，他们代表了现代市场的主流消费群体。

（一）新消费者的消费观

新的消费群体，即新族群，主要包括月光族、乐活族、御宅族、飞特族、辣奢族、奔奔族。

月光族崇尚超前的消费观念，即将每月赚的钱都花光。不仅如此，随着信用卡在国内的出现和普及更是使得月光族的超前消费达到极致。新华社曾经对 6 500 名城市青年进行的问卷调查显示，月光族主要集中在 IT、金融、出版、媒体、艺术等领域，其主要消费支出依次是服装、化妆品、外出聚餐、酒、旅行等。他们这一类群体不满足于标准化、模式化，具有独立的思考方式和价值观，追求个性彰显、与众不同。他们标榜“我就喜欢”，崇尚“我有我风格”“我的地盘我做主”，喜欢个性化、独一无二的产品。“月光族们”因其非理性消费成了商家最喜欢的消费者。

“健康、快乐，环保、可持续”是乐活族的核心理念，他们秉持着绿色和可持续方式的物质消费观念，希望通过消费和衣食住行的生活实践，使自己有活力。目前，在美国每 4 人中就有一人是乐活族，在欧洲约是 1/3。社会学家预估，10 年内美国将有一半的消费者都是乐活族，但在中国才刚开始流行。随着乐活族的兴起，广告主也开始转为向“LOHAS”的生活理念的广告诉求，即宣传绿色、环保、可持续的生活方式。从丰田到福特，所有尝试混合动力汽车和氢燃料汽车的制造商每年都要走秀上台，有机食品生产商们更是不遗余力地往乐活族概念上靠拢，甚至旅行社也针对乐活族认同者的增多，频繁打出绿色的自然之旅。按照美国《商业周刊》的说法，如果把所有跟乐活族概念挂钩的产业都统计在一起，一夜之间美国就出现了一个接近 4 500 亿美元的超级消费理念市场。由此我们可以看到，乐活族消费市场已经在新的消费理念的引导下，因广告主可以进行广告精准投放应运而生，其中包括持续经济（再生能源）、健康生活形态（有机食品、健康食品等）、另类疗法、个人成长（如瑜伽、健身、心灵成长等）和生态生活（二手用品、环保家具、生态旅游等）。

御宅族人对于自己沉迷的动漫、电玩中的事物投入了惊人的心力、财力，但对自己沉迷以外的事物却很少接触，因此，他们完全封闭在自己的世界中，不愿出门，喜欢待在家里，属于依赖电脑和网络的一群人。正是由于这样的生活方式，使他们形成了对其痴迷的领域出手大方、花钱毫不犹豫的消费观，他们主要将大量精力、金钱投入网络，迷恋网络游戏，网上购物成为他们主要的购物方式。御宅族带来的商机惊人，根据日本野村综合研究所（NRI）2004 年 8 月所做的调查，由动画（电影、DVD）、偶像（演唱会、CD）、漫画（单行本、杂志、同人志）、电玩（软硬件、线上游戏）及组装电脑五大领域所构成的日本御宅族市场，高达约 2900 亿日元。御宅族消费的动力在于追求理想的“热情”，他们将金钱摆在第二，对于各种时间及地点的“限定”商品相当敏感，不论多难到手，不论要花多少钱，都在所不惜。为此商家除了在上述五大领域不断推陈出新，满足他们的需要之外，还要与同伴交换情报（如网络社群、聚会场所）、帮助他们处理其他日常生活琐事（如专属发廊），甚至肯定他们（举办检定考试、设立相关科系的大学）。这些都能吸引他们的目光。

飞特族属于追求人生目的的自由派，他们更注重追求生活的乐趣和内心的感受。他们主要以短期的时薪工作生活，不求奢侈生活，但求更多的自由。他们秉承着“名利诚可贵，金钱价更高，若为自由故，两者皆可抛”的思想，因此，他们提倡的是幸福的消费观，即生活的自由幸福才是他们的消费追求所在。

辣奢族对时尚品牌和奢侈品有着常人难以理解的痴狂。崇尚名牌消费观，对品牌有着狂热的追求和偏爱。对于他们而言，品牌是购物的首要标准，不管经济状况如何，都不会熄灭他们对名牌的热情。据市场分析，服饰、美容上的开销是辣奢族排在首位的两项支出。

相对于月光族而言，奔奔族的消费观是趋于成熟的、理性的。他们在购买时善于“精打细算”，但他们绝不吝啬，却也不会浪费。“让科技在生活中最大化地为人类服务”是他们推崇的原则。

（二）新消费者购买行为

一般消费者在购买前都会经过信息的搜集、整理，最终确认之后，才开始实施消费行为，即购买行为。它主要分为两种形式，即商场购买和网上购买。

1. 商场购买

当消费者决定去商场购买广告产品时，不仅取决于其产品获得的便利性，还取决于商场的环境。包括电梯、灯光、音乐、空调、便利而易寻的卫生间、店铺布局、通道设置、停车设施、商场气氛等都会影响用户对商场内产品的选择。良好的商场环境和气氛能够延长消费者注意的时间，也可增加消费者购买没有引起他们注意的产品的机会。同时，它还能够引起用户的情感反应，例如高兴和奋发，这可以影响消费者在购物时所花费的时间和金钱。商场内的音乐也能影响购买。经典音乐和其他音乐相比可以使消费者认为此商店具有较高的档次。音乐节奏也会影响购物，研究显示，相对快节奏的音乐而言，慢节奏的音乐可以增加消费者在商场店内的购物时间和购物花费。

作为信息传播载体，不仅可以提升卖场的整体形象，还可以内容精彩的广告缓解消费者在收银口的焦虑状况，提高客户满意度。同时它还能够突破传统的店内广告形式，以音频、视频相结合的方式，更形象生动地向消费者推荐店内的商品，使消费者对商品了解更深入，并直接影响其购买意向。

2. 网上购买

媒体技术的发展，使网上购物成为一种崭新的个人消费模式，日益受到人们的关注。新的消费群体主要是以网络的形式实现消费行为。按照消费者需求的个性化和需求表述的强弱，可以把消费者网上购买行为划分为确定型、偏好型两种。

（1）“确定型”购买行为

实现这一行为的消费者对产品的信息十分热衷，每个消费者都可能是此种产品的“准专家”，对网上信息有很强的判断和识别能力，价格、品牌的影响很弱，更注重的是个性化需求，以及在探索产品过程中所获得的成就感和内在动力。“确定型”

购买行为具有很强的延续性，随着产品技术的发展，消费者会再次进行购买、定制。由以上分析可知“确定型”购买行为的特征与御宅族、月光族、乐活族购买行为极为相似。御宅族对自己沉迷的动漫、网络等产品具有很强的认知能力，只要认定这个产品，就不在乎产品的价格和品牌的影响；而月光族对服装、化妆品具有很强的购买欲，在购买时只在乎能够展示自己的个性产品，也不在乎其价格和品牌的影响，只要是认为对的，就会成为他们“确定”购买的产品；乐活族只对其认定的绿色、健康、环保的物质产品保有购买的热情，其他产品的价格、品牌都无法影响他们的购买决定，属于典型的“确定型”购买行为的消费群体。

（2）“偏好型”购买行为

“偏好型”购买行为多发生在产品能为消费者提供特别利益、个性化需求较高但需求表现模糊的场合。消费者对所购产品有其特殊偏好，但这种偏好更多的是一种主观、抽象的成分，因此在需求的表述上不能明确，外界情境的影响十分显著，购买决策容易做出临时改变。这种行为所对应的产品多为技术含量不高的个性化、形象化、象征性较强的产品，如服装、首饰、化妆品等。

第五节　新媒体广告用户策略

伴随着互联网和电子商务的深度发展，电商已成为品牌竞相入局的万亿级红海市场。与此同时，网络经济增速的放缓和流量红利的逐渐消失，也让如今的众多品牌时刻面临着获客成本升高、同质化竞争激烈、用户年轻化加速和传统营销方式收效甚微的发展压力。

一、新媒体广告用户策略的含义及其特征

广告用户策略是企业正确评估市场竞争格局，调集并挖掘企业自身优势，针对外部条件和用户需求制定出的有效的广告战略战术的重要决策。广告作为市场的产物，它主要是为了推销产品服务的，离开了市场活动，广告的存在也就失去了意义。任何企业的产品都只能满足一定的市场需求范围与市场需求目标，因此就必须根据市场的需求目标进行生产和销售，并制定相应的市场营销策略与广告策略。

从战略层面来看，新媒体广告用户策略是一种整体性、系统性的思考和决断。

它具有全局性、竞争性、系统性。针对市场形势制定相应的用户策略，需要我们站在企业自身状况、市场竞争状况、企业发展目标、市场未来趋势等方面进行系统性谋划与思考。

二、制定新媒体广告用户策略的主要手段

针对用户市场所制定的用户策略主要包括广告目标市场策略和广告促销策略。其中广告目标市场策略包括无差异市场广告策略、差异市场广告策略和集中市场广告策略。这三种广告市场策略，可以根据产品市场寿命周期的不同阶段有选择地使用。在某个时期可单独运用某种广告目标市场策略，也可综合地加以运用。

广告促销策略包括了馈赠性广告促销策略、文娱性广告促销策略、中奖性广告促销策略、公益性广告促销策略。广告促销策略是一种密切结合市场营销而采用的广告策略。制定新媒体用户广告策略需要告知消费者购买产品有什么利益，以说服其购买，而且结合市场营销的其他手段，给予消费者更多的附加利益，以引起消费者对广告的兴趣，在短期内收到即效性广告效果，有力地推动产品销售。

新媒体广告是指建立在数字化技术平台上的，区别于传统媒体的，具有多种传播形式与内容形态的，并且可以不断更新的全新媒体介质的广告。它是随着数字媒体时代的来临，人们对信息选择的个性化以及对新媒体选择的主动化，加之新媒体借助其高效的信息传播速度和使用便捷的交流特性，迅速引起人们的广泛关注和使用，至此新媒体广告应运而生。在新媒体平台上，个人可以通过新媒体抒发自我情感和表达观点，公司可以传播品牌价值，并通过新媒体平台的交互加强消费者的认同和关联。

用户目光在哪里，广告就在哪里，如何根据投放产品的特性定位目标用户、提高推广转换率是新媒体广告商的关注重点。新媒体时代的用户策略应该不只是微观地针对个体，广告的核心不再是在说服人，而是塑造人，这一变化对新媒体广告投放有着重要的意义。

三、基于沉浸体验的新媒体广告用户策略

1975 年，心理学家切克森米哈首次提出了沉浸理论（Flow Theory）。理论指出在沉浸状态下，人们的注意力会聚焦于一点，完全专注于当前的活动或内容，并且伴随着由该过程引起的心理享受。沉浸理论与网络交互广告的转型方向不谋而合，高强度

的交互过程所追求的本质就是沉浸状态。而现代网络信息技术的进步，为网络交互广告从各个角度展开用户沉浸策略提供了坚实基础，具体的策略展现方式如下。

（一）信息大数据式侵入策略

网络交互广告就是信息大数据式侵入策略的一个例子，网络交互广告之所以能做到精确的用户定位，正是因为其应用的“大数据”技术，使用了信息大数据式侵入策略，相比传统的广告用户分析，大数据的信息量更大，信息维度更复杂且分析更加精准，能快速在海量的数据中获得广告策划所需要的关键信息。而网络交互广告除了交互性这一最大特征以外，因为信息大数据的侵入，其同时也拥有了精准定位用户的特点。基于网络环境发展的交互广告，是最快适应并应用新型网络技术的载体之一。在信息化的时代，信息大数据式侵入策略可以广泛利用用户使用的手机、电脑等各种网络终端，在各类手机应用软件中不断留下自己的信息，致使人人都拥有独立数据库。随着网络化的加深，可以搜集的数据会越来越多。

准确分析并描绘用户的消费、偏好画像可以使网络交互广告更能针对不同的用户进行不同的交互体验。以性别为例，大数据判断出用户的性别与日常购物喜好后，信息大数据式的侵入也可以为不同性别的用户提供广告视觉、听觉上的差异。

（二）多感官组合式浸入策略

无论是以游戏为主要形式还是以 H5 静态或动态为主要形式的网络交互广告，都在使用多感官的交互模式以形成更好的用户沉浸策略。多感官组合式浸入策略是为多感官交互提供了良好的基础，以游戏为主的广告模式，通常结合了视觉、听觉、触觉等方法，推进沉浸策略。

多感官的组合相比单个感官，刺激用户的效果要强烈得多。朱云梅在《多感官设计在广告中的运用》中通过实证研究列出了视觉与听觉结合后用户对于广告记忆程度的差异。听觉与视觉单独作为感官时，用户在三天后对广告的记忆率分别为 10% 与 20%；而当听觉与视觉组合运用时，用户三天后对广告的记忆率依然高达 65%。感官设计可以让广告引导消费者进入一种仿真沉浸的状态，而用户的仿真沉浸水平越高，他们对于广告的信任程度就越高。当用户处于单个感官环境中时，可能对广告内容毫无兴趣，更谈不上信任。当加入多个感官时，用户能全面地了解广告中的产品，广告内容可信度会大幅提高。整合多感官交互的方法，就是不断深入交互使用户达到沉浸状态的过程，也是网络交互广告进行用户沉浸策略的重要方法之一。

（三）交互情感式浸入策略

沉浸状态本质上是一种心理状态，心理状态与人的情感是密不可分的两个因素。因此网络交互广告独有的交互性，能在广告与用户交互的过程中影响用户的感情，从而使用户更容易产生沉浸的心理状态。网络交互广告感情浸入策略的具体手段通常是运用交互广告中强烈的故事性。故事性，即广告被设计成漫画或连续图片的方式，内容上连贯成一个主题，且在漫画或图片中存在一定的交互性，如通过滑动以继续剧情的发展（见图 7–5–1）。

图 7–5–1　南方黑芝麻糊电视广告

通过交互的方式一步步展开故事，用户不自觉被激发兴趣，把情感投入故事的情节之中。运用交互与故事的结合，广告能产生强烈的代入感，如配合富有吸引力的故事文案，用户会快速集中精力进入沉浸的心理状态之中。网络交互广告因其互联网技术加上交互性的特点，在影响用户情感方面有着得天独厚的优势，这也是网络交互广告用户沉浸策略的有效实施方式。

四、基于用户接受度的新媒体广告用户策略

任何做投放新媒体广告的企业都希望取得良好的广告效应，但是所有的新媒体

广告效果只有被新媒体广告的用户所接受，才能转换成实际的购买行为。因此，在设计投放新媒体广告策略时，要充分考虑用户的接受度。

（一）避免或尽量少投放干扰式新媒体广告

干扰式新媒体广告会强制性地呈现给用户，干扰用户进行的事情。例如，弹出式广告、移动广告和某些巨幅广告等，被强行推送给用户，使用户不得不关注广告内容（图 7–5–2）。

图 7–5–2 弹出式广告

有的新媒体广告甚至没有设置关闭按钮，实际上此类广告的高点击率很大一部分是由于用户无意中的点击或尝试关闭此广告时的点击带来的。因此，笔者认为在投放新媒体广告时，应该尽量避免使用这些干扰式广告；如果坚持使用，也应对其显示位置、大小、数量和能否关闭等加以严格控制，否则会影响用户正常的信息浏览活动，引起用户的反感，反而降低广告的传播效果。

（二）适当使用植入式新媒体广告

植入式广告是指在影视节目、游戏、体育赛事中将产品或品牌的信息刻意插入，以达到潜移默化的宣传效果，其中网络游戏植入式广告的发展最为迅速。植入式广告和游戏内容融为一体，通过愉悦的游戏过程，使用户变被动为主动，接受新媒体广告。

另外，在一些软件中，尤其是免费软件中，嵌入部分企业广告也是植入式新媒体广告的一种常见形式。软件制作者把含有广告代码的插件或广告链接捆绑在软件中，在用户安装软件时，在默认安装方式下会将插件同时安装到用户的电脑上，这样就能把企业广告显示在软件界面中。植入式新媒体广告有着很好的前景，但是在使用植入式新媒体广告时，要注意植入的广告内容不能过多、过滥，否则会严重影响用户的观看和使用，引起用户的反感，产生抵触情绪，从而影响广告的效果。

（三）提倡精准式新媒体广告投放

精准式广告是依托各种途径所获得的用户信息，如用户注册时提交的信息，来判定网民的消费偏好和消费能力，并提交针对某个人的广告。其主要形式有直邮广告、关键词广告、窄告等。其中，关键词广告是指只有在用户将鼠标移至网页文章的关键词上时，才会出现一个广告链接，也只有在用户对广告内容感兴趣，用鼠标点击该链接时，才会弹出一个新的广告页面。这样既做到有效点击，又可保证正常浏览网页的速度不受影响。

窄告是精准投放的一种典型方式。所谓窄告就是把按客户需求定制的广告自动投放到与其内容相匹配的栏目周围，还可以根据浏览者偏好、地理位置、访问历史等信息，有针对性地将广告投放到相关网页。它只针对特定人群投放并进行沟通，因此有“网络定向广告”之称。企业通过对用户信息、关系和网上行为的数据挖掘，通过语义匹配系统对网页内容进行检索、分析，以及监控系统对用户行为的实时跟踪，筛选用户的注册属性和地域信息，进行精确的新媒体广告展现，真正实现了用户需求与广告供给的对接，最大限度地发挥所投放新媒体广告的效果。

（四）及时调整新媒体广告投放策略

专业新媒体广告服务商的广告管理系统一般都具有广告用户实时查看广告效果统计的功能，可以查看的主要指标包括每个新媒体广告的显示次数、点击率、广告费用清单等基本信息，一些高级功能还可以向广告客户提供改进广告组合效果的建议。另外，对新媒体广告投放期间的网站流量统计进行分析，并与非投放期进行比较，也可以看出新媒体广告所带来的访问量增长情况（见图 7-5-3）。

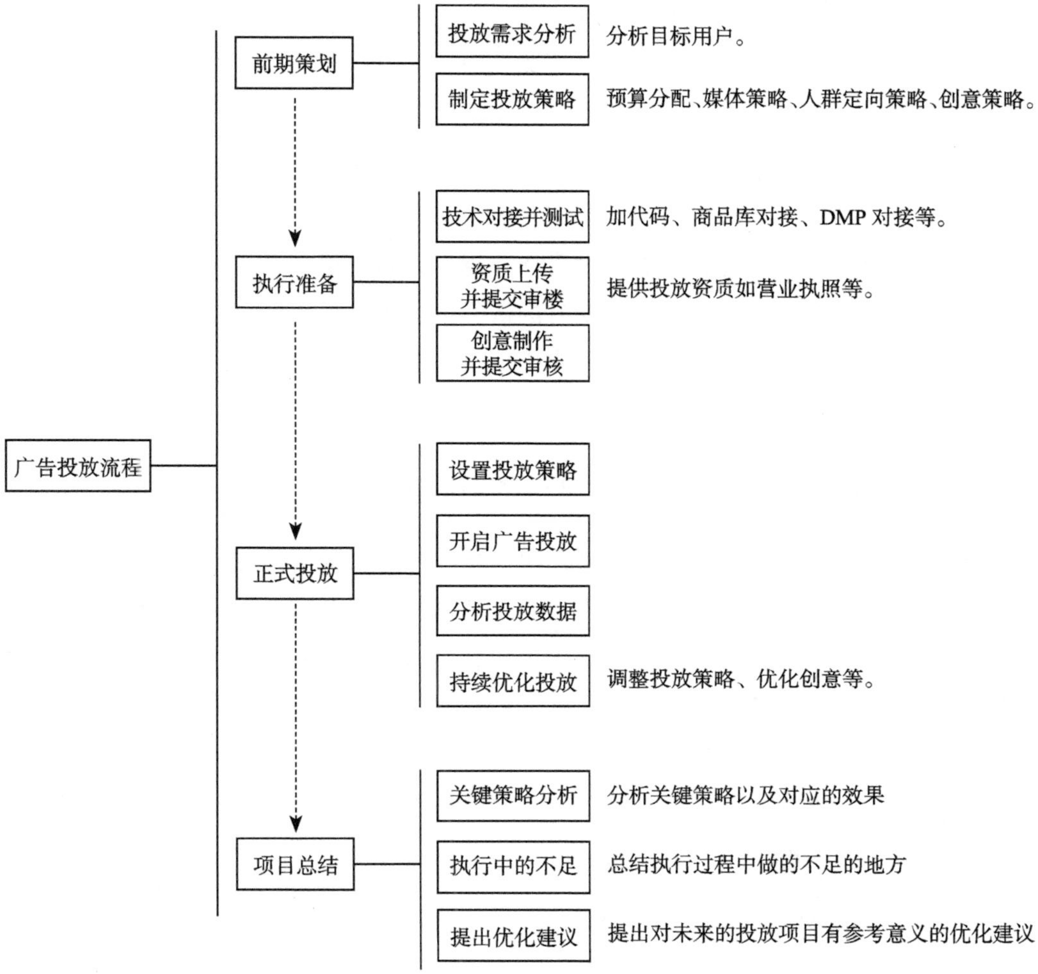

图 7–5–3　广告投放流程

根据对各种掌握的资料的分析，不仅可以明确新媒体广告所产生的效果，而且可以及时发现存在的问题，对表现不理想的广告和网络媒体进行必要的调整，从而对新媒体广告效果进行控制，最终实现整体效果最大化的目标。

（五）注意新媒体广告的生命周期

新媒体广告自身有一定的生命周期，超过这个周期的过时广告会降低效果，甚至浪费广告空间。有些具有一定实效的促销广告，在过了促销期之后仍然继续出现在网站或手机应用软件上，连广告所链接的页面都可能已经删除，这样的广告自然不会产生任何效昊。有些广告虽然看起来没有过期，但由于广告所投放的网站浏览者多为重复用户，在同样位置长期出现同样内容的广告会让用户产生视而不见的浏览习惯。新媒体广告生命周期与传统广告形式的生命周期有所不同，有调查表明，半数以上新媒体广告的生命周期在3周以内。

五、基于用户黏性的新媒体广告用户策略（以微信公众号为例）

黏性原是物理学概念，黏性越大流动性越小，黏性越小流动性越大。对微信公众号而言，用户黏性是指用户对公众号的认可度、依赖度或重复使用度，在传统营销传播中指顾客忠诚度。黏性越大说明用户对公众号认可度越高、依赖度越强。微信公众号用户的黏性高可以体现在用户阅读和转发文章频繁，经常留言互动等。

（一）微信公众号广告用户黏性的影响因素

微信是目前主流的社交软件，因其便捷性的特点，微信自身的用户黏性很高。但微信用户黏性高不等于公众号广告用户黏性高。除了微信自身的用户黏性是一个重要影响因素外，其他影响公众号广告用户黏性的因素还有很多，主要有：广告的定位、创意、设计及版式，以及广告推送针对性和用户使用感等（见图7-5-4）。

图7-5-4　用户关注微信公众号的界面（部分）

微信用户关注公众号通常是因为个人兴趣等因素，关注公众号的初期用户黏性一般较高，但如果公众号缺少原创内容，随着时间推移用户会逐渐减少，甚至取消关注。微信公众号不仅要追求用户数量，更应注重用户质量，才能增加公众号的用户黏性。每个公众号都从自身的定位、特色和用户群体及公众号的实际情况出发，及时关注用户的反馈，维持用户的高黏性状态。有魅力的公众号能像磁铁一样牢牢地吸住用户，吸引用户在推送的第一时间阅读。

（二）增加用户黏性在微信公众号广告发展中的现实意义

微信公众号主要依靠广告收入维持运营，其盈利模式比较单一，还需要学者们对相关内容进行研究，目前吸引更多的广告投放是确保其良性运营的关键。广告主更愿意把广告投放到符合目标用户、运营稳定、用户数量多、用户黏性高的公众号。从公众号角度看，增加用户黏性可获得更多忠实用户、加速公众号口碑营销、提高公众号知名度。从广告主角度看，增加用户黏性可锁定潜在目标消费群体，实现广告精准投放，提高广告转化率，增强广告效应，缩短企业与用户的距离，增加企业效益。广告投放的效果是广告主最先考虑的因素，微信公众号广告跟其他传统媒体相比制作费用较低，投放形式更加灵活多样。广告主选择用户黏性高的公众号进行广告投放，能起到事半功倍的效果。用户基于对公众号的信任，会尝试购买公众号广告推荐的产品。

例如公众号“黎贝卡的异想世界”，用户非常认可黎贝卡的穿搭品味，黎贝卡更是在此基础上推出了品牌合作款。黎贝卡跟 BATE 合作的高跟鞋加入了黎贝卡特色的珍珠元素，用户因喜爱黎贝卡的设计风格，进而购买产品，也因此造成该产品一度缺货。可见该公众号高黏性用户的广告转化率非常高。

用户黏性较高的微信公众号，其忠实用户会非常认可公众号推送广告产品的品位，相信公众号不会选择品味不符的产品进行推广。

（三）增加公众号广告用户黏性的策略

在高用户黏性的微信公众号上做广告，广告效果会明显提高。公众号须制定有效策略来增强用户黏性。要根据自身特色进行有针对性的、持续的、高品质的推送。

1. 精准广告定位，提升投放效果

微信公众号定位越清晰，越能获得更多的高黏性用户，广告投放也更精准。精准定位的公众号会吸引兴趣相投的用户，这些公众账号是基于用户的个人兴趣主动添加的，排斥率大大降低。在此基础上发布的广告，用户也会因为感兴趣而产生购买意愿。公众号在某一细分领域做得越专业，得到用户认可度越高，就越容易吸引广告主的青睐，提升微信公众号广告投放效果（见图 7-5-5）。

例如公众号“亲子营”的定位是“育儿经验与亲子教育公众号”，关注用户以准妈妈、父母为主，该公众号能准确吸引亲子类、教育类品牌的广告投放；公众号“IAMINRED 红控”的定位是“致力于分享专业、实用、时尚的口红资讯和试色测评”，关注用户以喜欢美妆的时尚女性为主，该公众号能够吸引美妆产品的广告投放。优质的广告投放给公众号带来可观的经济效益，也使公众号运营者能更用心地经营公众号内容，使公众号的定位更精准。

图 7-5-5　微信公众号广告位

2. 从用户角度出发，引起用户共鸣

公众号应从用户角度出发考虑推送的内容和广告类别，注意用户的接受度和兴趣点。用户只会关注自己感兴趣的广告，所以公众号运营团队在推送广告时，一定要分析此广告是否符合公众号的定位。如不相符，用户会有很强的违和感。公众号可以通过微信公众平台的后台数据分析及互动，对用户群的特征、兴趣爱好、阅读习惯、消费能力等进行全面分析，进而推送用户感兴趣的新闻、资讯、活动信息，选择用户购买率高的产品进行广告的精准推送。从用户角度出发撰写内容，更容易引起用户认同。例如一些公众号经常会在文末发出投票链接，让用户选择下一次希望看到的推送内容。用户看到自己选择的推送发布，既增加参与感，又提高用户黏性。

3. 优化广告版式，提高阅读体验

微信公众号须提高用户的阅读体验，尊重用户的感受。干扰用户阅读的主要原因有：视觉流程顺序紊乱、图片无序摆放、广告穿插生硬，文字编辑不合理。公众号“张弦哥”以推送合肥房产资讯为主，多次成功预测了合肥房价的走势，但其推送内容版式较乱、文字堆积，图片也未经处理，视觉效果较差。这样的推送，文章用户即使点开链接，也会产生不舒适的阅读体验，没有耐心看完整篇文章。公众号运营团队应重视推送广告内容的版式质量，聘请专业的视觉设计师，针对公众号风格对推送内容及广告进行设计（见图 7-5-6）。

图 7-5-6　微信公众号广告推广类型

广告的版式也要根据公众号特点及文章版式进行统一排版，使广告融入文章中。优化公众号广告版式的方法有：统一字体、行间距和段落间距，增加页边距留白，统一插图尺寸，减少段落文字内容，减少字体色彩，根据品牌形象选择应用色彩。因用手机观看，公众号推送的内容展示面一般是竖版构图居多，图文及动图混合排版时，划分明确的横向网格可使图文内容清晰有序。推送文章版式设计的精美度或舒适度影响着用户的阅读体验，进而影响着用户的黏性。

4. 增加深入互动，吸引用户参与

公众号可设计多种形式的广告活动方案，增加与用户的互动，如点赞、投票、抽奖、留言、问卷调查、参与送礼等活动的推送。变换多种与用户沟通的方式，吸引用户参与，使用户长期保持热情。不同形式的公众号互动活动可增加用户对广告产品的关注，使用户成为潜在购买客户。公众号与用户深度有效地互动能够增加用户黏性，用户的留言被回复会大大激发用户对公众号的兴趣，增加再次留言频率，为公众号带来用户忠诚度，用户忠诚度高就是用户黏度高。

很多用户留言专程来看公众号的各种巧妙回复，也会想看公众号如何回复自己。这种互动会激发用户对广告内容的好感。比起很多品牌公众号的官方腔调，用户更喜欢真实有特点的公众号回复。通过沟通挖掘用户兴趣点实现与用户的互动，并以此调整公众号广告内容，长期获得关注；还可通过互动了解公众号本身的不足之处，进而得以改善。

5. 提高广告质量，促成口碑营销

提高广告的创意质量对维持用户黏性有积极作用。针对不同产品特色，公众号可将广告文章进行区别化包装，找到激发用户主动传播的动力，通过用户分享获得推广，获得更多的用户关注。通常情况下，用户主动传播公众号文章的意愿是出于认同心理、归属感、展示欲望、成就感、比较心理、求知欲望或从众心理。立场鲜明的广告文章经转发后，能够起到隔空喊话、表达个人情绪的作用，有效地提高公众号品牌的传播力度，也会让公众号的用户呈现爆炸式增长，形成口碑营销。对一些让用户有认同感、归属感的广告，能引起用户强烈的共鸣，用户会自动转发传播，往往能形成病毒式的传播效果。如公众号“慢时光”2018 年 2 月 3 日推送的《陈可辛三分钟年度催泪短片》，通过陈可辛导演的广告短片《三分钟》引出了过年回家的故事，引发了用户的刷屏转发。该短片在春节前夕的背景之上，讲述了乘务员妈妈和儿子在春节期间仅有的 3 分钟见面的故事。短片时长只有 6 分多钟，但是却让很多人为之触动，可谓催人泪下。

影片仅在最后出现了“团聚的每一刻，你都可以留住”和苹果手机的图形标志，短片全程没有苹果手机产品出现，却让用户惊叹手机的拍摄效果，使用户对该品牌手机产生认同感，成为潜在消费者（见图 7–5–7）。

图 7–5–7 《三分钟》微电影广告

（四）新媒体广告用户策略有待深入挖掘

传统的品牌传播，主要以品牌为中心，是企业通过各种手段来传播品牌信息，维持品牌记忆，实现品牌销售。但是，品牌本身是一种虚拟的存在，是一个象征性的符码，真正支撑品牌屹立不倒的是符号背后所包含的、产品能够真正满足用户生理和心理需求的一系列重要特质。因此，满足用户的需求，才是品牌营销应该真正着力的目标。

要更好地满足用户需求，就要真正做到营销传播以用户为导向，精准把握用户特点，细分过滤用户群体，精选内容，善用媒体，随时调整服务，满足用户复杂多变的需求。所谓用户，从来不是一个明确、统一的整体，而是一个个有着具体需求的个体。用户导向的品牌传播，应该将一个个用户的反应作为衡量标准。在进行品牌定位时，不能只着眼于品牌和产品本身，而应着眼于产品能够满足用户的什么功能需求和精神需求。在分析目标用户时，要综合考虑用户的各种属性，找准目标用户。新媒体广告内容和形式也要围绕用户的需求和喜好进行创意构思。在广告投放渠道的选择上，则要结合用户使用场景，重点关注目标用户聚集的渠道。广告效果监测要以每个目标用户为监测点，追踪目标用户对广告信息的反应，实时进行优化调整。如今，借助大数据技术，借助智能手机，企业能够精准获得每个用户的特点数据，可以根据用户喜好与之进行平等互动沟通，还能监测和追踪每个目标用户的信息反馈，然后实时优化调整传播内容与传播方式。

新环境下新媒体广告的潜力有待深挖，其互动式的多向沟通模式取代了传统广告压迫式的单向传播方式，其强大的、精确的、真实的数据分析和挖掘功能，能够实现精准互动沟通，具有极高的价值。品牌方通过大数据和各种技术手段筛选广告投放渠道，设置广告投放的优先级，对广告投放进行频次控制，设置各个创意的播放顺序，能更好地输出品牌价值。依托大数据，如今新媒体广告过程的每一步都能用智能手段进行判断和管理。以前做广告是找准方向然后“摸着石头过河”，而如今，新媒体广告就是用 GPS 定位，然后用声呐探测到“河中”所有的危险，规划出最合理的路线，安全摆渡。

参考文献

[1]《广告学概论》编写组 . 广告学概论 [M]. 北京 : 高等教育出版社，2020.

[2] 陈培爱 . 广告学概论 : 第 3 版 [M]. 北京：高等教育出版社，2014.

[3] 饶德江 . 广告策划与创意 [M]. 武汉 : 武汉大学出版社，2003.

[4] 方迎丰，袁琳 . 影视广告设计 [M]. 武汉 : 湖北美术出版社，2005.

[5] 康初莹 . 新媒体广告 [M]. 武汉 : 华中科技大学出版社，2016.

[6] 舒永平 . 新媒体广告传播 [M]. 上海 : 上海交通大学出版社，2015.

[7] 魏晨 . 新媒体广告创意与设计 [M]. 合肥 : 合肥工业大学出版社，2020.